金陵全書

甲編·方志類·專志

江甯府重建普育堂志

（清）涂宗瀛　述

南京出版社
南京出版傳媒集團

圖書在版編目（CIP）數據

江甯府重建普育堂志 /（清）涂宗瀛述. — 南京：南京出版社，2015.11
（金陵全書）
ISBN 978-7-5533-1034-3

Ⅰ. ①江… Ⅱ. ①涂… Ⅲ. ①社會福利事業—概況—南京市—清後期 Ⅳ. ①D691. 9

中國版本圖書館CIP數據核字（2015）第179869號

書　　名　【金陵全書】（甲編・方志類・專志）
　　　　　　江甯府重建普育堂志
編 著 者　（清）涂宗瀛　述
出版發行　南京出版傳媒集團
　　　　　　南　京　出　版　社
　　　　　　社址：南京市太平門街53號　　郵編：210016
　　　　　　網址：http://www.njcbs.cn　　淘寶網店：http://njpress.taobao.com
　　　　　　電子信箱：njcbs1988@163.com
　　　　　　聯系電話：025-83283871、83283864（營銷）　025-83112257（編務）

出 版 人　朱同芳
責任編輯　楊傳兵
裝幀設計　楊曉崗
責任印製　楊福彬

製　　版　南京新華豐製版有限公司
印　　刷　南京凱德印刷有限公司
開　　本　889毫米×1194毫米　1/16
印　　張　36.25
版　　次　2015年11月第1版
印　　次　2015年11月第1次印刷
書　　號　ISBN 978-7-5533-1034-3
定　　價　1300.00 元

總序

南京，俗稱金陵，中國著名的四大古都之一，是國務院首批公佈的國家歷史文化名城。

南京有着六十萬年的人類活動史，近二千五百年的建城史，約四百五十年的建都史，享有『六朝古都』『十朝都會』的美譽。南京歷史的興衰起伏在某種程度上可以説是中國歷史的一個縮影。在中華民族光輝燦爛的歷史長河中，古聖先賢在南京創造了舉世矚目、富有特色的六朝文化、南唐文化、明文化和民國文化，爲中華民族文化的傳承和發展作出了不朽貢獻。然而，由於時代的遞遷、戰爭的破壞以及自然的損毀等原因，歷史上南京的輝煌成就以物質文化形態留存下來的相對較少，見諸文獻典籍的則相對較多。南京文獻內涵廣博，卷帙浩繁，版本複雜。截至一九四九年中華人民共和國成立，南京文獻留存下來的有近萬種，在全國歷史文化名城中名列前茅。以六朝《世説新語》《文心雕龍》《昭明文選》，唐朝《建康實録》，宋朝《景定建康志》《六朝事迹編類》，元朝《至正金陵新志》，明朝《洪武京城圖志》《金陵古今圖考》《客座贅語》，清朝《康熙江寧府志》《白下瑣言》，民國《首都計劃》《首都志》《金陵古蹟圖考》等爲代表的南京地方文獻，不僅是南京文化的集中體現，也是中華民族優秀傳統文化的重要組成部分。這些南京文獻，積澱貯存了歷代南京人民的經驗和智慧，翔實地反映了南京地區的社會變遷，是研究南京乃至全國政治、經濟、軍事、文化、外交和民風民俗的重要資料。

歷史上的南京文化輝煌燦爛，各類圖書典籍琳琅滿目。迄今爲止，南京文獻曾經有過三次不同程度的整理。

第一次是距今六百多年前的明朝永樂年間，明朝中央政府在南京組織整理出版了《永樂大典》。《永樂大典》正文二萬二千八百七十七卷，凡例和目録六十卷，分裝成一萬一千零九十五册，總字數約三億七千萬字。書中保存了中國上自先秦、下迄明初的各種典籍資料達七八千種，是中國古代最大的類書。

第二次是民國年間，南京通志館編印了一套《南京文獻》。《南京文獻》每月一期，從一九四七年元月至一九四九年二月共刊行了二十六期，收入南京地方文獻六十七種，包括元明清到民國各個時期的著作，其中收録的部分民國文獻今天已經成爲絶版。

第三次是二〇〇六年以來，南京出版社選取部分南京珍貴文獻，整理出版了一套《南京稀見文獻叢刊》點校本，到二〇一三年初，已經出版了三十六册七十一種，時代上起六朝，下迄民國，在學術普及方面作出了一定的貢獻。

新中國成立六十年來，尤其是改革開放三十年來，南京的政治、經濟、文化建設飛速發展，但南京文獻的全面系統整理出版工作一直没有得到應有的重視，這與南京這座國家歷史文化名城的地位頗不相稱。據調查，目前有關南京的各類文獻主要保存在南京圖書館、南京市檔案館，以及全國各地的高等院校、科研院所、圖書館、檔案館、博物館，少數流散於民間和國外。一方面，廣大讀者要查閲這些收藏在全國各地的南京文獻殊爲不便；另一方面，許多珍貴的南京文獻隨着歲月的流逝而瀕臨損毁和失傳。南京文獻的存史、資治、教化、育人功能没有得到應有的發揮。

盛世修史（志）。在中華民族和平崛起和大力弘揚民族傳統文化、全力發展民族文化事業的大背景下，在建設『文化南京』的發展思路下，中共南京市委、南京市人民政府於二〇〇九年十二月作出决定，將南京有史以來的地方文獻進行全面系統的匯集、整理和影印出版，輯爲《金陵全書》（以下簡稱《全書》），以更好地搶救和保護鄉邦文獻，傳承民族文化，推動學術研究，促進南京文化建設；同時，也更爲有効地增加南京文獻存世途徑，提昇南京文獻地位，凸顯南京文獻價值。

爲編纂出能够代表當代最高學術水平和科技成就，又經得起時間檢驗的《全書》，我們將編纂工作分成三個階段進行。第一個階段爲調研階段，主要對南京現存文獻的種類、數量、保存現狀以及收藏地點等進行深入細緻的調研，召集專家學者多次進行學術論證和可操作性論證，撰寫出可行性調查報告，爲科學決策提供依據，此項工作主要由中共南京市委宣傳部和南京出版社組織完成。第二個階段爲啓動階段，以二〇〇九年十二月二十四日召開的『《金陵全書》編纂啓動工作會』爲標志，市委主要領導親自到會動員講話，市委宣傳部對《全書》的編纂出版工作作了明確部署。在廣泛徵求專家學者意見的基礎上，確定了《全書》的總體框架設計，確定了將《全書》列爲市委宣傳部每年要實施的重大文化工程，確定了主要參編責任單位和責任人，並分解了任務。第三個階段爲編纂出版階段，主要在全國範圍内進行資料的徵集、遴選和圖書的版式設計、複製、排版及印製工作。

爲了確保《全書》編纂出版工作的順利進行，中共南京市委、南京市人民政府成立了專門的編纂出版組織機構。其中編輯工作領導小組，由中共南京市委、市政府領導以及相關成員單位主要負責人組成；《全書》的編纂出版工作由市委宣傳部總牽頭；學術指導委員會，由蔣贊初、茅家琦、梁白泉等一批全國著名的專家學者組成，負責《全書》的學術審核和把關。

《全書》分爲方志、史料和檔案三大類。自二〇一〇年起，計劃每年出版四十册左右。鑒於《全書》的整理出版工作難度較大，周期較長，在具體操作中，我們採取了分工協作的方式。市委宣傳部和南京出版社負責《全書》的總體策劃，其中方志部分，主要由南京市地方志編纂委員會辦公室和南京出版傳媒集團·南京出版社共同承擔；史料部分，主要由南京圖書館承擔；檔案部分，主要由南京市檔案局（館）承擔。《全書》的編輯出版，得到了江蘇省文化廳、江蘇省新聞出版局、江蘇省檔案局（館）、南京大學、南京圖書館、南京市文廣新局、南京市社科聯（社科院）、南京市文聯、金陵圖書館以及各區委宣傳部和地方志辦公室等單位及社會各界的熱情鼓勵和大力支持，尤其是得到了中國國家圖書館和全國各地（包括港臺地區）高等院校、科研院所、圖書館、檔案館、博物館等藏書單位的鼎力相助，在此表示深深的謝意！

我們相信，在中共南京市委、南京市人民政府的長期不懈支持下，在各部門、各單位的積極配合和衆多專家學者的共同努力下，這項功在當代、利在千秋的傳世工程一定能夠圓滿完成。

凡例

一、《金陵全書》（以下簡稱《全書》）收録的南京文獻，依内容分爲方志、史料和檔案三大類。

二、《全書》按上述三大類分爲甲、乙、丙三編，以不同的封面顔色加以區分；每編酌分細類，原則上以成書時代爲序分爲若幹册，依次編列序號。

三、《全書》收録南京文獻的範圍，以二〇一三年南京市所轄十一區，即玄武、秦淮、建鄴、鼓樓、浦口、六合、棲霞、雨花臺、江寧、溧水和高淳爲限。

四、《全書》收録的南京文獻，其成書年代的下限爲一九四九年。

五、《全書》收録方志和史料，盡量選用善本爲底本。《全書》收録的檔案以學術價值和實用價值較高爲原則，一般選用延續時間較長、相對比較完整的檔案全宗。

六、《全書》收録的南京文獻底本如有殘缺、漫漶不清等情況，必要時予以配補、抽换或修描，以保證全書完整清晰；稿本、鈔本、批校本的修改、批注文字等均保留原貌。

七、《全書》收録的南京文獻，每種均撰寫提要，置於該文獻前，以便讀者了解其作者生平、主要内容、學術文化價值、編纂過程、版本源流、底本採用等情況。

八、《全書》所收文獻篇幅較大時，分爲序號相連的若幹册；篇幅較小的文獻，則將數種合編爲一册。

九、《全書》統一版式設計，大部分文獻原大影印；對於少數原版面過大或過小的文獻，適當進行縮小或放大處理，並加以説明。

十、《全書》各册除保留文獻原有頁碼外，均新編頁碼，每册頁碼自爲起訖。

提要

《江甯府重建普育堂志》八卷，清涂宗瀛述。

涂宗瀛（一八一二—一八九四），號朗軒，安徽六安人。以舉人銓江蘇知縣，曾國藩督兩江時檄主軍糧，累保授江甯知府。同治九年（一八七〇）擢蘇松太道，次年遷湖南按察使。

江甯普育堂始建于雍正十一年（一七三三），由時署兩江總督的趙洪恩創辦，堂址位于南城外佟園一帶，分老民、老婦、殘廢、育嬰四堂。太平天國時期，普育堂毀于戰火。同治四年（一八六五），江甯知府涂宗瀛就城内秦淮河南之崇義堂舊址重建普育堂。此後四年間，在兩江總督曾國藩、馬新貽的支持下，普育堂規模不斷擴大。除恢復老民、老婦、殘廢、育嬰四堂外，又增修清節堂以處少嫠之守志者，并設四義學以教孤兒。

江甯普育堂在戰後發揮了重要的社會救濟功能。同治四年底，在堂收養人數即達到一千三百五十九人。作為官營善堂，普育堂在經費來源與管理模式上與同時期大量興起的官督民辦型善堂有所區別。首先，普育堂每年可從善後局獲得撥款，加之各項租息收入，運營經費相對充足，這是民辦善堂所無法比擬的。因此，普育堂的社會救助功能較民辦善堂更為全面。其次，普育堂不以地方士紳董事，總辦、幫辦委員皆由江甯知府從候選、候補官中選任，薪水由堂發放。普育堂職名錄中曾出現過三位委紳，分別是陳開周、謝學元與陳伯銘。其中陳開周與謝學元并未支領過薪水，可見其參與堂務時間較短。陳伯銘于同治四年五月幫辦清查堂產，同治八年轉為清節堂委員，後以委紳身份參與普育堂志纂修。

《江甯府重建普育堂志》刊刻于同治十年（一八七一），共八卷。卷一《原始》簡述江甯普育堂自雍正創建至同治重建之過程，相當于志序，後附各堂收養人數表。值得一提的是，該序文為江甯名士汪士鐸代作，亦收錄于《汪梅村先生集》卷八。汪士鐸曾于同治四年將自家房屋七間賣與普育堂，經改修并入油坊巷清節堂。卷二《基址》首先總述各堂坐落、擴建過程及規模；後附各堂圖說及堂用器具清單。卷三《田產》詳列普育堂名下收租之房、洲、田產；前為總目，逐一列明各處房地之坐落以及置買時間、價格，後附圖示。卷四《義捐》列同治四年至九年間所收捐款。卷五《章程》述善堂各項管理條例，以及委員、夫役人數并薪水、工食銀數。

先總述普育堂堂規，後附清節堂、牛痘局、育嬰堂章程。卷六《報銷》即同治四年至十年六月間之會計賬目，以收捐收租置產為一項，堂用銀錢為一項，堂用米薪為一項。卷七《職名》列同治十年前普育堂所有正辦、副辦及委紳姓名。卷八《碑記》收錄雍正、乾隆及同治年間與普育堂相關的碑刻資料。

江甯普育堂自同治四年重建之后，以官營性質運營了近六十年，直至民國十二年（一九二三）改制為紳辦善堂。除《江甯府重建普育堂志》外，又于光緒十二年刊刻《江甯府重修普育四堂志》。這兩部志書是研究晚清官營善堂制度與運行模式的珍貴資料。堂志中收錄房地產交易信息、房地租價格，以及房地圖說，亦可為南京社會經濟史研究提供有價值的參考。

《江甯府重建普育堂志》有同治十年刻本與民國十五年普育堂重印本。南京大學圖書館古籍部藏有同治十年刻本。民國十二年，該堂由官營改歸紳辦，推江甯人顧花巖為堂長。在顧花巖及襄辦堂務的李希伯等人推動下，于民國十五年將同治、光緒年間刊刻的兩部堂志分別重印。南京圖書館、吉林大學圖書館等處藏有民國十五年重印本。《金陵全書》收錄的《江甯府重建普育堂志》以南京圖書館藏民國十五年重印本為底本原大影印出版。

羅曉翔

江甯府重建普育堂志

同治辛未季秋增修

民國拾伍年歲次丙寅季春重印

江甯府重建普育堂志目録

目錄終

江甯府重建普育堂志卷第一　　潁川高福堂

升授蘇松太道江蘇江甯府知府涂宗瀛述　　江安傅　誠　仝校

原始　　江甯陳伯銘

昔先王以保息六養萬民三曰振窮鄭氏解之謂窮爲矜寡孤獨而月令中春亦曰

賜貧窮然聖人憂民深而其政下逮庶人之可考者不多見好古者病之我

世宗憲皇帝雍正二年五月諭　京師有普濟育嬰二堂

特詔各直省仿而行之十一年兩江總督趙公始創行於江甯南城外之佟園在聚寶門

外三里西街之西曰壩灣橋北抵城

濠南至賽虹橋之大道即古麾扇渡爲屋百八十四楹分以四堂曰老民曰老婦曰

殘廢曰育嬰規制宏密自時厥後海寓殷阜富商義民之好仁者增立清節堂以恤嫠在油坊巷秦淮東岍也就迴光寺以養老在東花園明時教坊也設崇義堂以課士在剪子巷道北義學堂以訓蒙清節堂東他郡效之惠澤旁布百二十年民不知困咸豐三年春粵匪倡亂公私掃地同治元年浙撫曾伯駐師金陵其明年於行營立撫卹局博拼難民又明年六月粵寇蕩平節相曾侯又設撫卹局於城內南城在評事街江西會館北城在北門橋全活難民男婦凡數千人四年正月兩局截止瘡痏遺黎倀倀無告余以不才適權府篆檄從九品桐城甘君紹盤訪尋佟園遺址地勢卑下屋宇灰燼殘碑斷礎略可辨識繪圖眎余余念舊制不可驟復爰就城內秦淮南岍之崇義堂修葺之爲門堂四楹聽事三楹西一楹爲

倉廒司事室一楹庖湢傔從室五楹其餘十五楹以處老婦並與道南李光祖空房以處老民殘廢四年夏月遂購李氏屋西民基爲門堂五楹聽事五楹司事室五楹倉廒庖湢傔從室五楹其餘三十二楹以育嬰孩四堂舊章由是粗具又增修清節堂爲門堂二楹聽事一楹司事室二楹學塾七楹倉廒庖湢傔從室七楹其餘三十七楹以處孀婦之少而守志者設四義學以教孤兒普育堂二清節堂二總其事於育嬰堂額曰

普育立恒產以繼之遴廉正以董之刊規約以久之蓋體節相宣廣

皇仁撫綏災黎之意也謹疏其梗概曰原始收養人數表附曰基址圖附曰田產圖附曰義捐曰

章程曰報銷分三項曰職名曰碑記其類有八以詔後賢

附收養人數表

四年春夏六月杪止

新收難民男婦壹千貳百叁拾七名內

開除自去三十六病故六十六名合共壹百貳名

實存壹千壹百叁拾伍名內清節堂壹伯貳拾貳名

四年秋冬十二月杪止

新收肆百肆名連前壹千伍百叁拾玖名內

開除自去九十四病故八十六名合共壹百捌拾名

實存壹千叁百伍拾玖名內清節堂壹百拾捌名

五年春夏六月杪止

新收壹百五名連前壹千肆百陸拾肆名內

開除自去五百三十名合共五百肆拾柒名
病故十七

實存玖百拾柒名內清節堂壹百五拾壹名

五年秋冬十二月杪止

新收壹百十貳名連前壹千陸拾玖名內

開除自去九十七名合共壹百拾叁名
病故十六

實存玖百伍拾陸名内清節堂壹百柒拾伍名

六年春夏六月杪止

新收壹百柒名連前壹千陸拾叁名内

開除自去一百一病故十四名合共壹百拾五名

實存玖百肆拾捌名内清節堂壹百柒拾名

六年秋冬十二月杪止

新收玖拾伍名連前壹千肆拾三名内

開除自去一百三十六病故十五名合共壹百五拾壹名

實存捌百玖拾貳名內清節堂壹百柒拾柒名

七年春夏六月杪止

新收壹百柒拾名連前壹千陸拾貳名內

開除自去一百三十七名合共壹百肆拾玖名
病故十二

實存玖百拾叁名內清節堂壹百陸拾肆名

七年秋冬十二月杪止

新收玖拾玖名連前壹千拾貳名內

開除自去九十三名合共壹百捌名
病故十五

實存玖百肆名內清節堂壹百伍拾陸名

八年春夏六月杪止

新收捌拾捌名連前玖百玖拾貳名新設育嬰堂在內

開除自去一百十二名 病故七名 合共壹百拾玖名

實存捌百柒拾叁名內清節堂壹百肆拾肆名 新設育嬰堂拾肆名

十二月杪止

新收二百拾二名連前壹千捌拾伍名內

開除自去二百二十四 病故二十九名 合共壹百伍拾叁名

實存玖百叁拾貳名內清節堂壹百肆拾貳名
育嬰堂叁拾柒名

九年春夏六月杪止

新收壹百玖拾叁名連前壹千壹百貳拾伍名內

開除自去一百七十六名合共貳百壹名
病故二十五

實存玖百貳拾肆名內清節堂壹百叁拾貳名
育嬰堂肆拾伍名

九年秋冬十二月杪止

新收壹百柒拾叁名連前壹千玖拾柒名內

開除自去一百十四名合共壹百叁拾玖名
病故二十五

實存玖百伍拾捌名內清節堂壹百叁拾叁名
育嬰堂陸拾名

十年春夏六月杪止

新收壹百玖拾柒名連前壹千壹百伍拾伍名內

開除自去一百五十七名合共壹百陸拾柒名
病故十

實存玖百捌拾捌名內清節堂壹百叁拾捌名
育嬰堂伍拾名

江甯府重建普育堂志卷第二

升授蘇松太道江甯府知府涂宗瀛述

基址

普育堂今設朱雀航（俗曰南門內橋）南岸之東（俗曰門東）剪子巷道南（東至李氏老屋北至大街西至方家小巷南至上江新考棚）共計房屋樓上下五十二間披廊四十厦以育嬰孩編以千字文曰深臨夙興周清孝力忠璧梧是桐因寶辰潔海珠河制乃服衣裳共二十五棚（有井一口）又典李姓空屋共計平房三十一間八披編以千字文曰雲致露結爲霜六棚處老民男殘廢育中育後育後二育後三育左育左二育左三七棚處女殘廢（有井一口）噫舊基不易復

茲屋恐狹且地亦窊下非能久而無患者此待後之人矣

崇義堂今改爲老婦堂（在普育堂道北之東首）計屋三十九間六披以處老婦編以千字文曰推讓有坐平章愛育黎首鳴在竹及十四棚其隙地（東至汪姓南至剪子巷街西至蒯鄲姓北至馬道街）係昔時義塾也今修葺之以養老婦之窮而無依者不能如承平時之優然亦不至流離失所矣（有井一口）

清節堂乃鹺商以卹年未三十之嫠在油坊巷口西首與義學堂毗連兵燹後存屋均無多合修爲一宅計屋五十二間九披編以千字文曰福緣善慶似蘭斯馨形端體正德建名立嚴孝十八棚俾孀婦之少而守志者居之非道光中舊規矣然不相

比故綴於末其界至東至李姓南至官街西至張姓北至趙姓

新建育嬰堂在剪子巷道北今普育堂斜對門計屋四十七間四披內分中左兩院以處乳媼收哺嬰兒編中院爲育嬰堂三字號左院爲左院二字號有井一口塘一面空院一方東西毗連普育堂市房捌號其界至東至范姓南至剪子巷街西至柏姓北至東抵范姓住房西抵原買荒基此同治七年

冬復奉

馬制憲新設者也

義學四二在普育堂二在清節堂延師以教孤子之秀者初設三塾十年添設一塾分列清節堂爲仁義二塾普育堂爲禮智二塾

附各堂圖說目錄

普育堂坐落江甯城東南剪子巷坐南朝北緊靠方家小巷東首前界抵剪子巷官街由西至東計寬拾叁丈貳尺後界抵上江考棚由東至西計寬拾肆丈左界抵方家小巷由南至北計深拾玖丈伍尺右界抵所典李姓老屋由北至南計深貳拾丈同治四年用正價銀捌拾兩收買牛家榮基地三十一間披二厦改建爲堂計用湘平銀叁千肆百叁拾貳兩肆錢肆分肆厘九八五錢伍百千文嗣於九年正月復據舉人卓熒禀認堂基經保甲局會同丈量折成三十方償給地價湘平銀肆拾貳兩捌錢肆分呈有契照存堂備案其先借用李蓮生毗連堂屋之住宅三十一間披八厦後於八年用正價湘平銀肆百伍拾兩典歸堂內應用典期五年爲滿統其堂屋連典屋共計捌拾叁間披肆拾捌厦院二方所典李姓房於十一年冬找杜湘平足兌銀伍百伍拾兩杜絕歸堂

老婦堂坐落剪子巷東首坐北朝南前界抵剪子巷官街由東至西計寬伍丈後界抵馬道街由西至東計寬拾叁丈貳尺左界抵汪姓住屋由北至南計深叁拾貳丈伍尺右界抵鄉單兩姓住屋由南至北計深叁拾貳丈伍尺原係崇義堂同治四年用湘平銀叁百貳拾捌兩肆錢肆分九八五錢叁百貳拾捌千

捌百陸拾叁文改修爲老婦堂計房屋叁拾玖間披陸厦院一方門面做成市房二號

淸節堂坐落江甯城內小油坊巷坐北朝南前界抵小油坊巷官街由東至西計寬拾玖丈後界抵趙姓住屋由西至東計寬貳拾壹丈左界抵李姓住屋由北至南計深拾陸丈右界抵張姓住屋由南至北計深貳拾壹丈原屋無多就義學堂合修爲一宅計用湘平銀壹千貳百叁拾肆兩貳錢柒分捌厘九八五錢陸百千文又用正價銀伍拾兩購汪紳士鏵琨連堂屋之住房七間一併改修爲堂統計房伍拾肆間披拾伍厦院拾捌方菜地一方水池二口

新建育嬰堂坐落剪子巷普育堂斜對門坐北朝南前界抵剪子巷官街後界砛西原買荒基東抵范姓住房左界抵范姓住房右界抵柏姓住房頭進連舖面東西計寬貳拾叁丈二進東西計寬拾玖丈玖尺三進東西計寬拾叁丈貳尺四進東西計寬拾陸丈以上四進南北計深拾肆丈玖尺外有後院其先所造市房倉厫樓房等事計用九八五錢壹千柒百玖拾壹串玖百貳拾伍文後於七年冬案奉

馬制憲飭改爲堂所有新建房屋均由工程局委員監造不在本堂報銷其收買民基亦卽隨册開報迨九年四月接准保甲總局移據民人姚禮堂稟認堂

基當即委員會勘量折十三方二尺給地價湘平銀拾捌兩捌錢肆分玖厘陸毫又於閏十月復准局移據藩吏湯又新稟認基地經本段委員傅同業主隣佑會同堂委查勘量折三十二方一尺五寸除零照給地價湘平銀肆拾伍兩陸錢玖分陸厘均立賣契存堂統共平樓房叁拾玖間廚房陸間披四厦倉厫貳間井一口塘一面院一方又

東西毗連普育堂市房捌號

清節堂圖

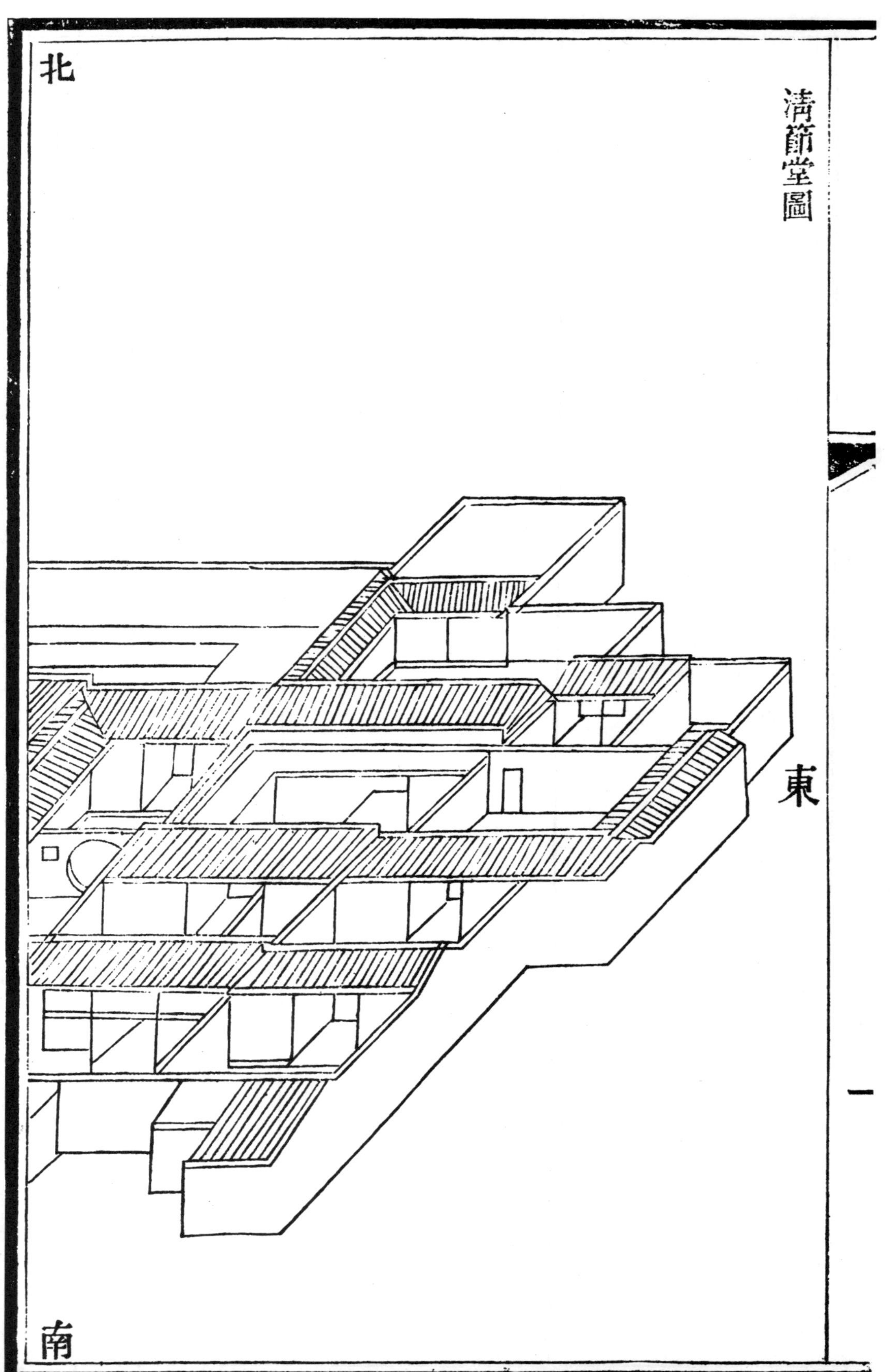
北
清節堂圖
東
南

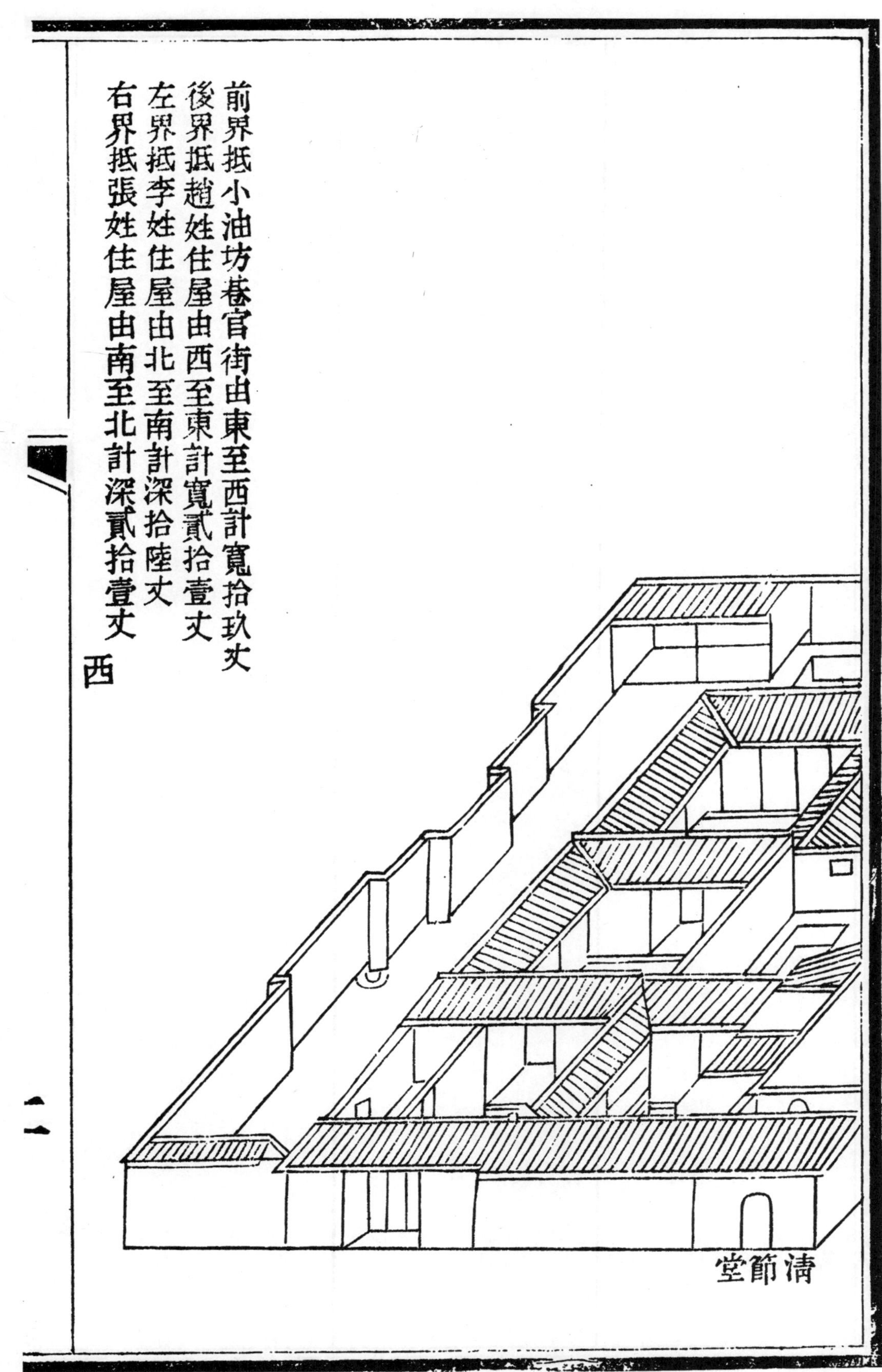
前界抵小油坊舂官街由東至西計寬拾玖丈
後界抵趙姓住屋由西至東計寬貳拾壹丈
左界抵李姓住屋由北至南計深拾陸丈
右界抵張姓住屋由南至北計深貳拾壹丈
西
清節堂

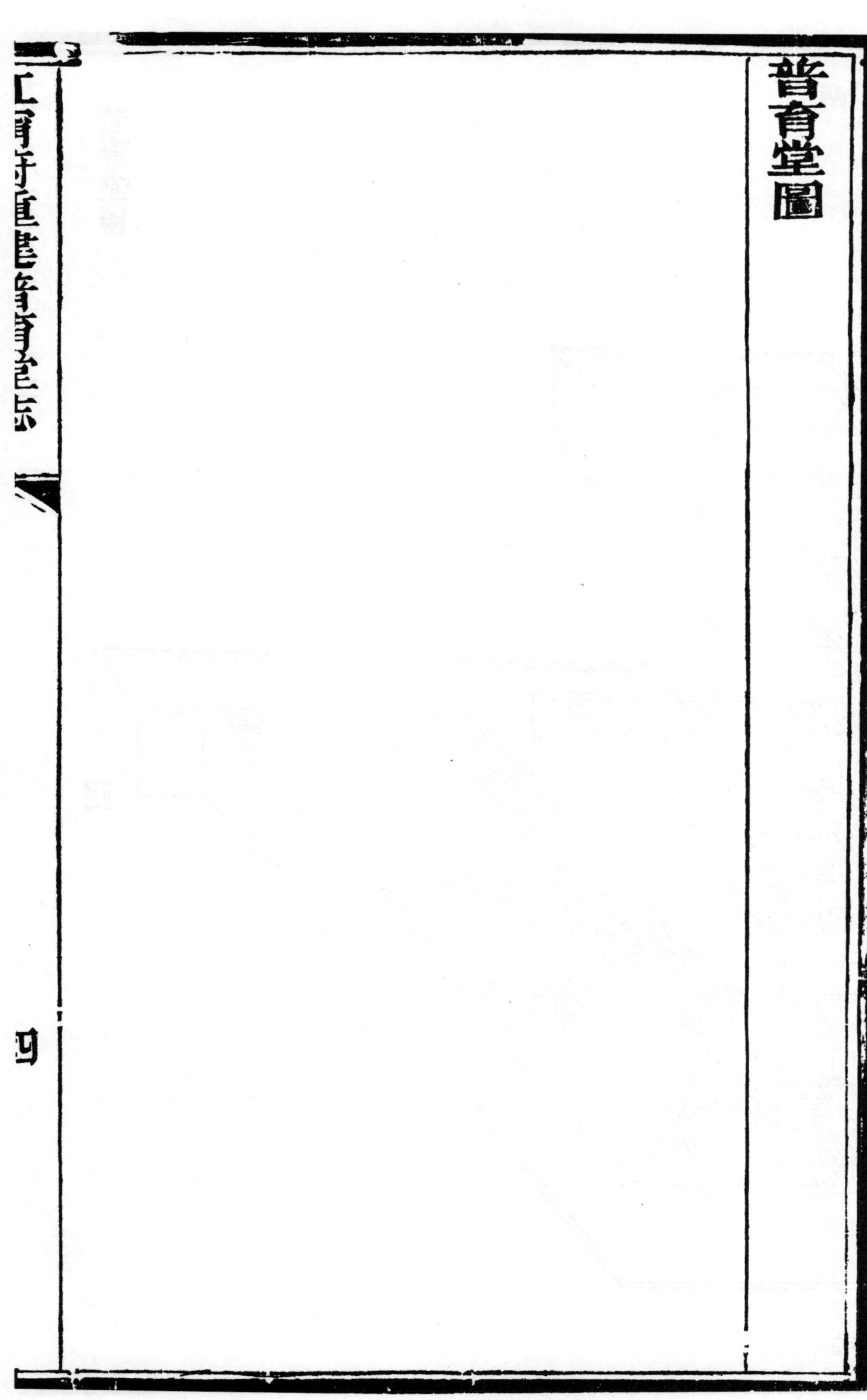
普育堂圖
江甯府重建普育堂志
四

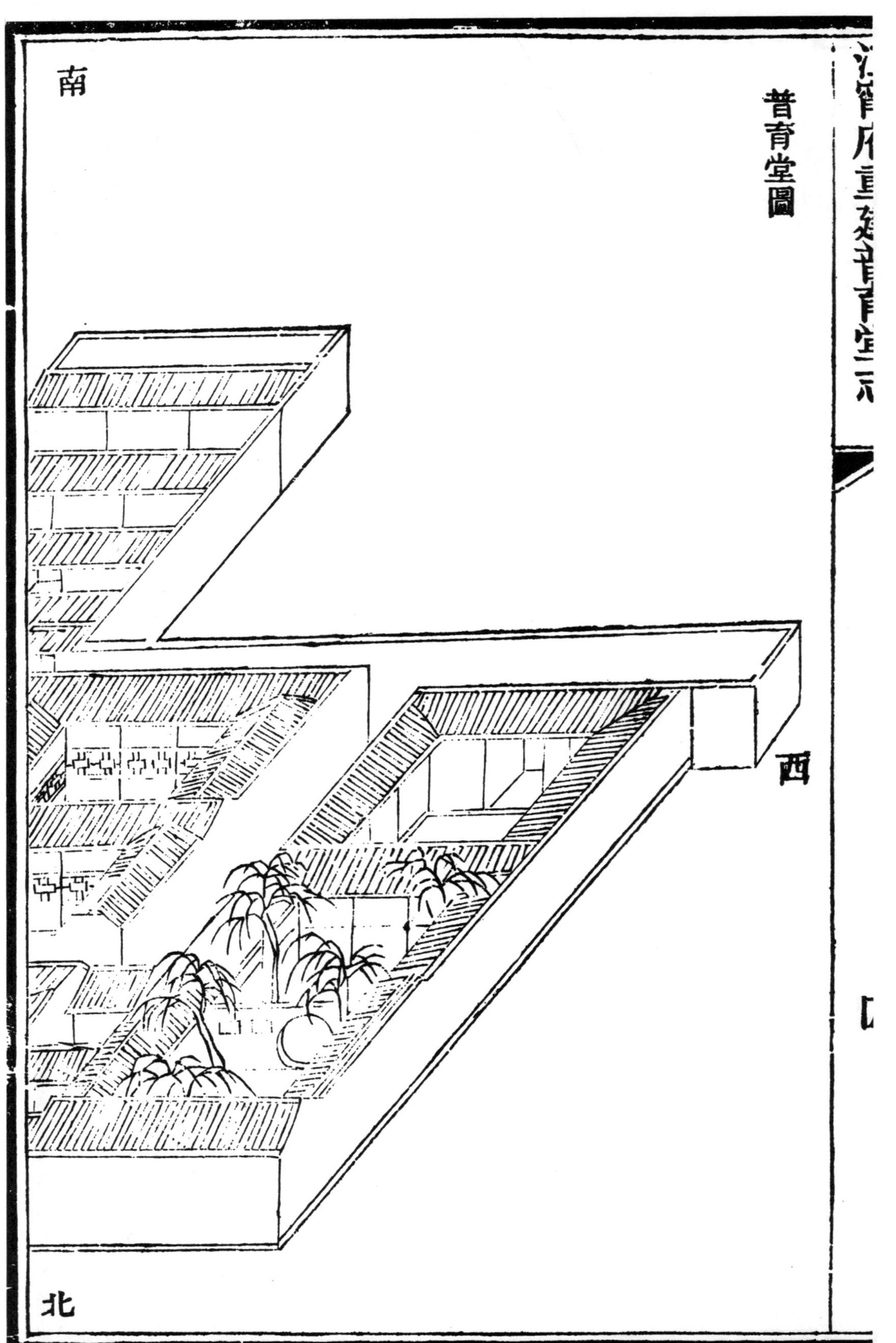
普育堂圖
南
西
北

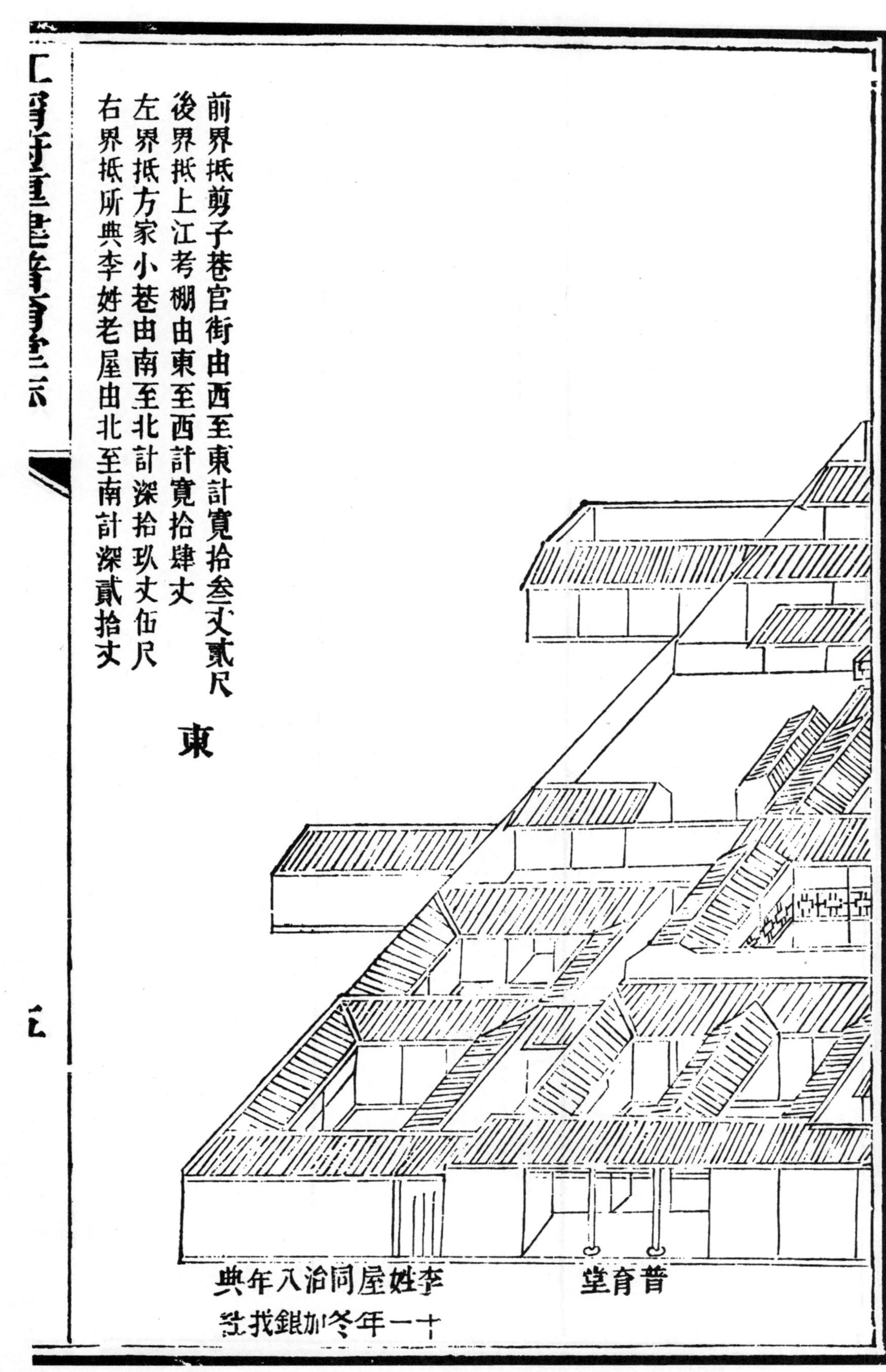
前界抵剪子巷官街由西至東計寬拾叁丈貳尺
後界抵上江考棚由東至西計寬拾肆丈
左界抵方家小巷由南至北計深拾玖丈伍尺
右界抵所典李姓老屋由北至南計深貳拾丈
東
普育堂
李姓屋同治八年典
十一年冬加銀找絶

老婦堂圖

老婦堂圖

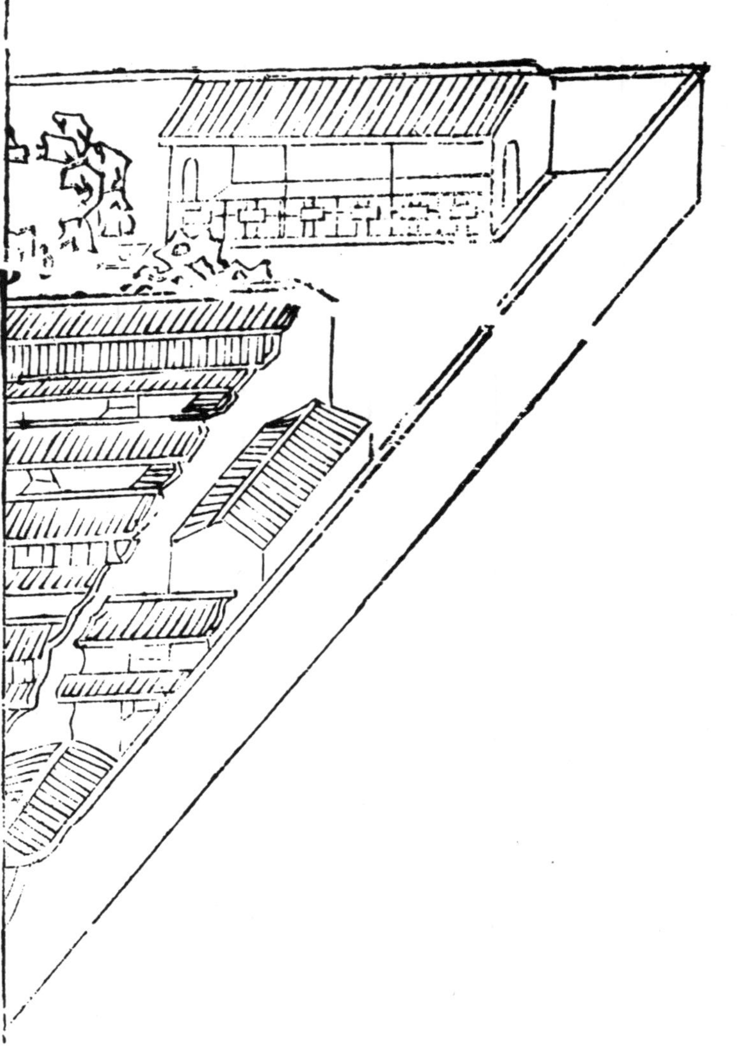

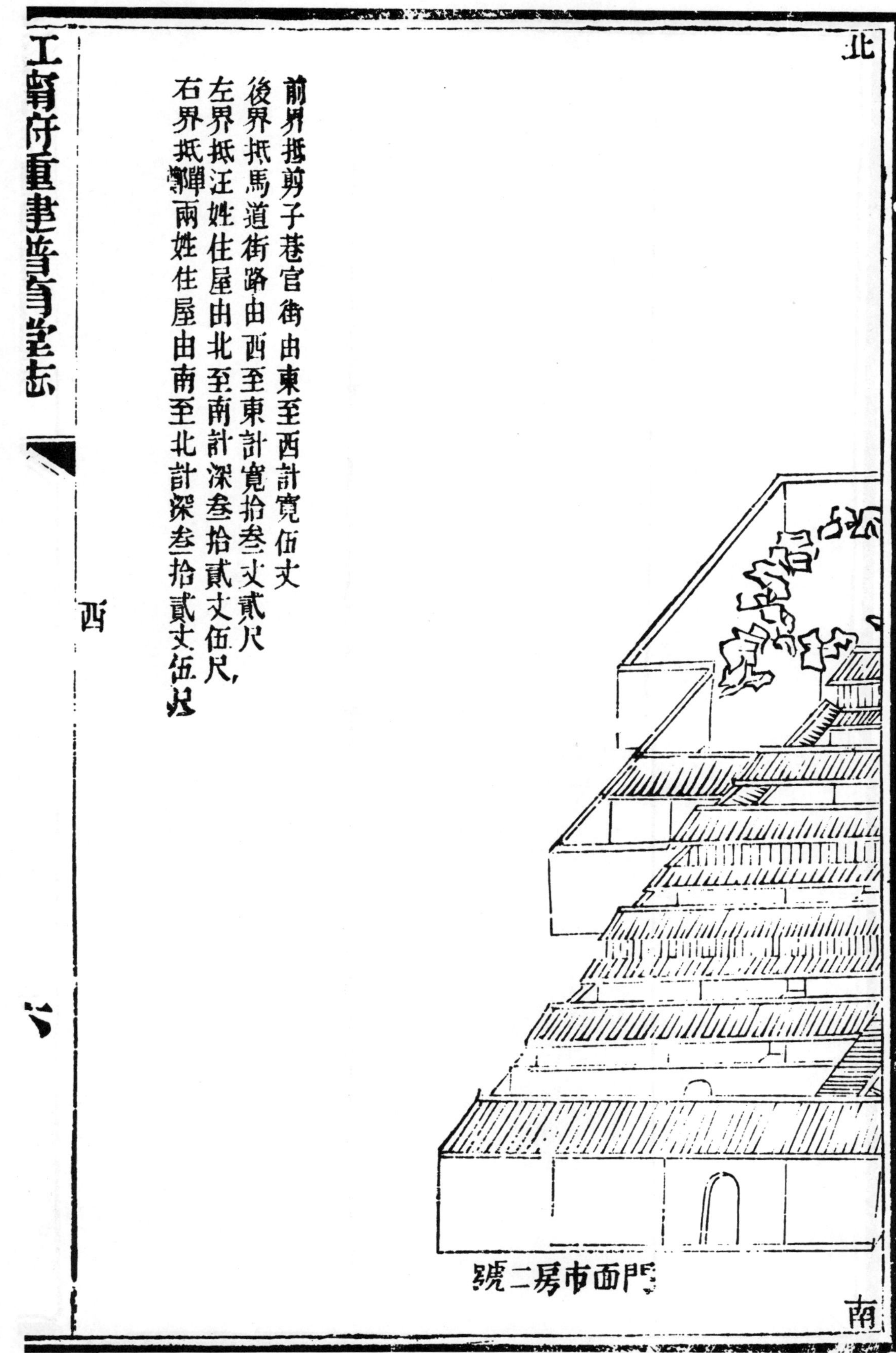
江甯府重建普育堂志
北
前界抵剪子巷官街由東至西計寬伍丈
後界抵馬道街路由西至東計寬拾叁丈貳尺
左界抵汪姓住屋由北至南計深叁拾貳丈伍尺
右界抵鄭彈兩姓住屋由南至北計深叁拾貳丈伍尺
西
門面市房二號
南

新建育嬰堂

新建育嬰堂房圖

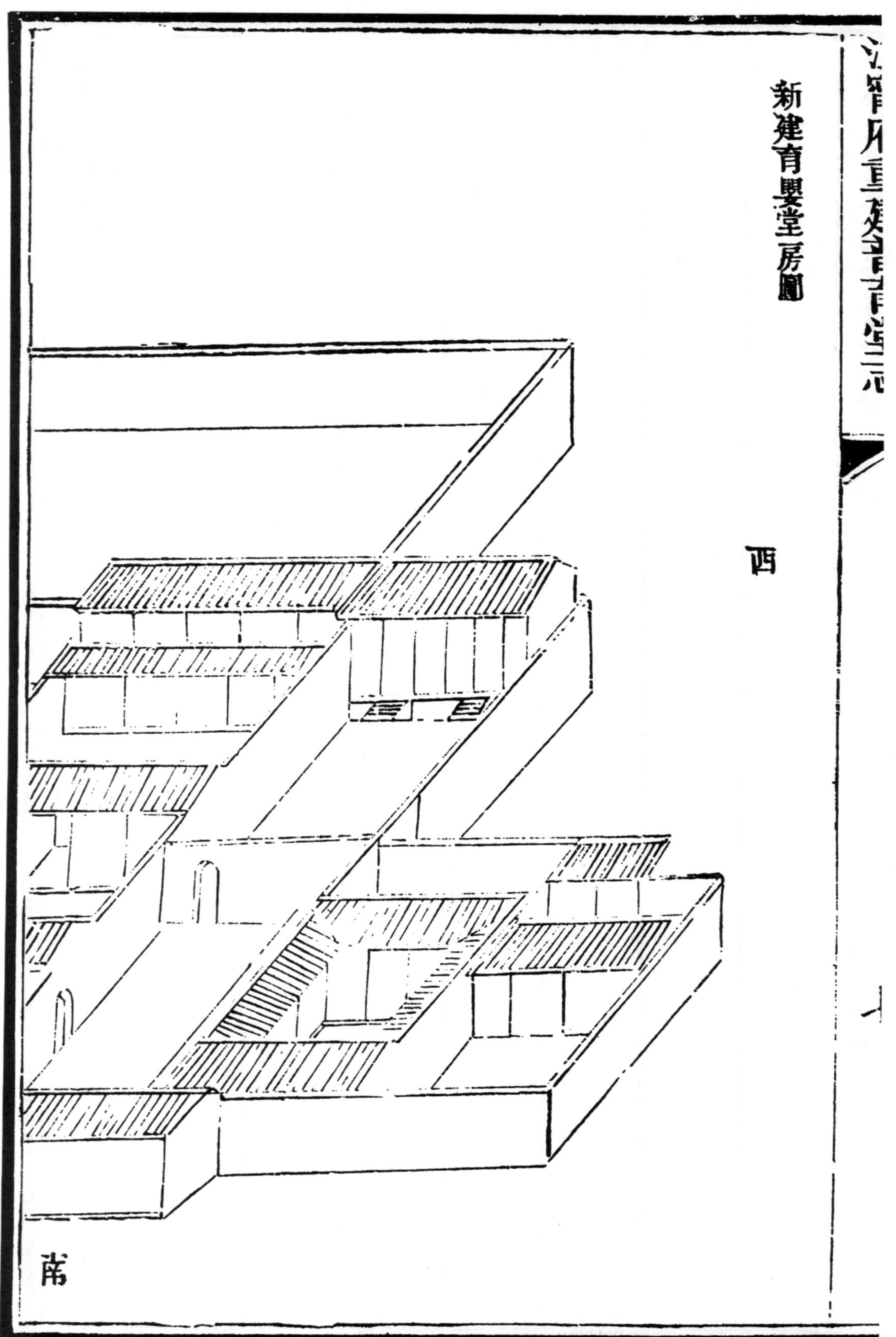

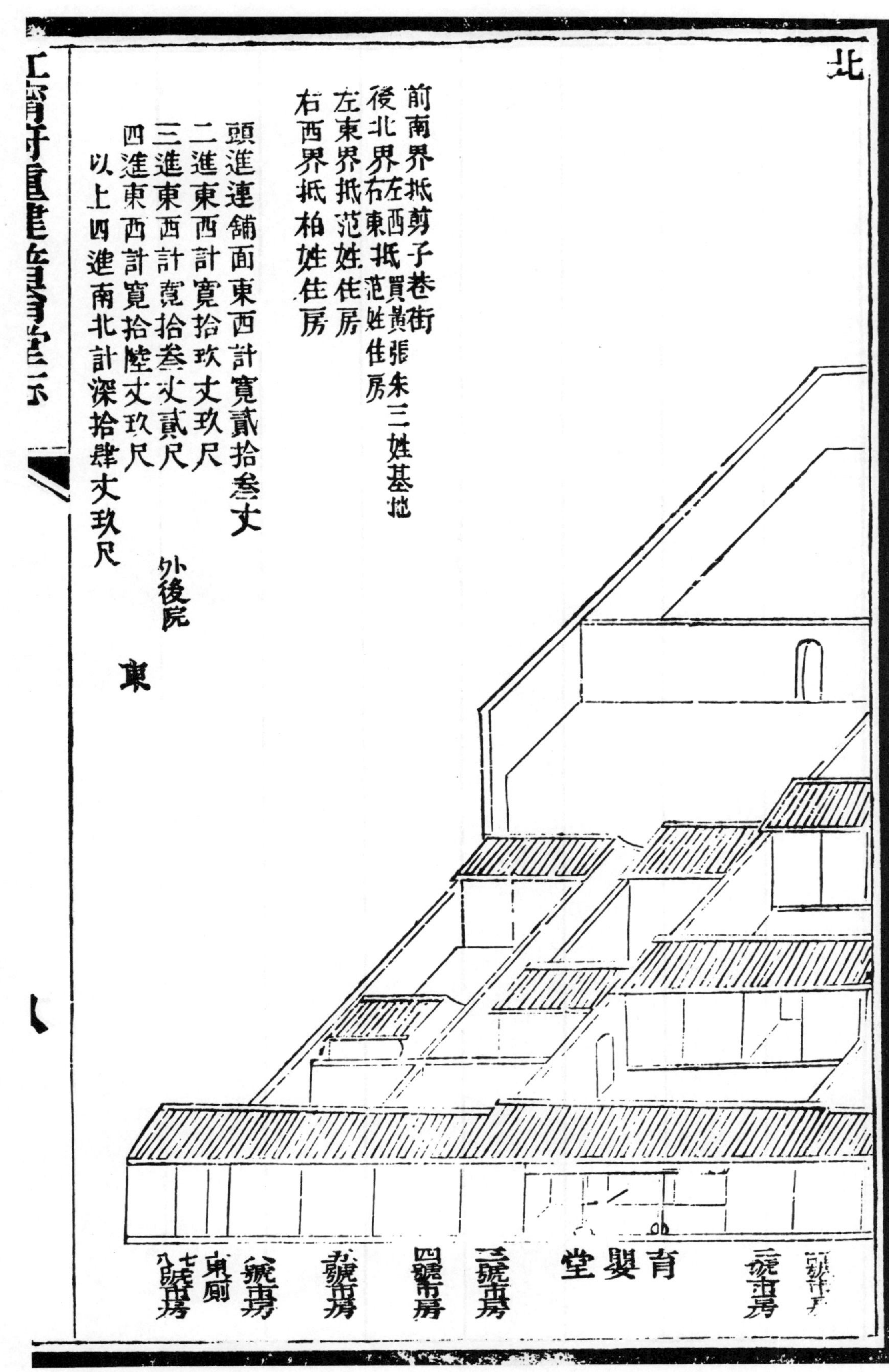
北
前南界抵剪子巷街
後北界左西抵買黃張朱三姓基地右東抵范姓住房
左東界抵范姓住房
右西界抵柏姓住房
頭進連鋪面東西計寬貳拾叁丈
二進東西計寬拾玖丈玖尺
三進東西計寬拾叁丈貳尺
四進東西計寬拾陸丈玖尺
以上四進南北計深拾肆丈玖尺
外後院
東
二號市房
育嬰堂
三號市房
四號市房
五號市房
六號市房
東廁
七號八號市房

器具附

木器

普育堂 育嬰老民殘廢均在此堂內

書椅六把

茶几四張

方棹六張

大小條棹九張

茶几叁個

大小椅子貳拾壹把

大小長板櫈拾叁條

方櫈壹個

木椰壹架

揷屛壹架

風扇叁張

灰印盒叁個

跳板叁塊

木燭台香爐壹副

大小秤陸把

銅架壹個

門板貳塊

木箱壹隻

算盤壹面

木櫃壹隻

大小樓梯五張

大小盆拾肆個

斛貳把

斗壹個

升叁個

壟担貳拾陸把

水桶柒担

吊桶叁個

糞桶壹担并杓

老婦堂

方棹貳張

茶几貳張

大小椅子六把

大小長板櫈肆條

床架貳副內壹副有板

木梆壹架

插屏壹架

大小盆拾個

水桶貳担

吊桶壹個

板五塊

清節堂

方棹柒張

大小條棹玖張

茶几壹張

大小椅子拾壹把

大小長板櫈貳拾叁條

大小方櫈柒個

脚搭壹張

大小床叁拾玖張

案板壹塊

木梆壹架

跳板貳塊

大秤壹把

木櫃壹隻

大小樓梯肆條

升肆個

水桶肆担

吊桶伍隻

絡絲架貳拾叁架

辮架拾陸副

水挽拾柒個

浴盆拾玖個

碗櫃壹架

糞桶貳担

掀揚壹把

推扒壹把

新建育嬰堂

公　棹壹張

大椅壹把

板厨叁乘連門

炕床壹張

炕几壹個

搭脚櫈叁個

屏風壹架

連床貳拾叁張

單床叁拾陸張

接嬰盆壹架

神龕壹座

神鑯全副連筒

供棹壹張并木棹圍

方棹伍張

椅子貳拾把

茶几捌張

大櫃貳乘

水杓伍個內一個有架

半棹陸拾張

大長櫈陸拾壹條

小板櫈陸拾叁條

坐桶壹百拾個

便桶陸拾個

洗臉盆陸拾個

洗澡盆貳拾陸個

提桶陸拾個

吊桶肆個

硃盤籤筒全副

水挽搠個

水桶肆担

小秤叁桿

虎頭牌壹對

竹器

普育堂

曬簟肆張

竹篩壹架并架

稻籮貳拾肆担

糠籮壹担

竹扒貳把

簸箕貳個

新建育嬰堂

匾扭肆條

簟陸拾床

淘米籮陸個

坐桶蓋拾伍塊

簸箕貳拾個

瓦器

普育堂

水鋼叁拾肆口

老婦堂

水鋼拾口

清節堂

水鋼貳拾捌口

新建育嬰堂

瓦燈台貳拾個

菜碗伍拾個

飯碗伍拾個

茶杯拾個
水鋼柒口

鐵器

普育堂
鍋叁拾肆口
甑鍋肆口
鍋鏟貳把
火印壹個

火叉貳把

柴叉壹把

鐮刀貳把

鋤捌把

篩鈎柒副

水龍壹架

大旗壹面

燈籠拾個

火鈎叁把

扁担拾條

吊桶肆個

水桶拾担

老婦堂

鍋拾陸口

清節堂

鍋貳拾壹口

鍋鏟拾捌把

火鉗壹把

柴叉壹把

鋤貳把

鍬壹把

釘扒壹把

扎刀壹把

鍊子壹丈肆尺

新建育嬰堂

挑水鉤肆副

火鉗肆把

鎖叁拾把

菜刀肆把

燈台頭伍拾個

鍋拾肆口 並蓋

井罐玖口 并蓋

火叉貳把

鍋鏟茶把

陳設鋪墊衣被各件

新建育嬰堂

神幔全幅

棹圍壹條

椅披壹條

椅墊壹塊

炕枕貳個

炕墊貳個

舊被絮拾貳床

新被絮陸床

白夏布帳子伍拾伍項

白夏布女褂伍拾柒件

藍夏布褲伍拾柒條

白棉布褂伍拾伍件

藍棉布褲伍拾伍條

藍布襖柒拾肆件

白布毛衫壹百陸件

藍布夾被拾壹床

江甯府重建普育堂志卷第三

升授蘇松太道江甯府知府六安涂宗瀛述

田產

古者遺人以鄉里門關之委積卹囏厄孤老後世之用掌於大農遂無委積之目而郡邑則賴仁惠長吏如范史所稱給廪糧作褐衣者以相振卹然無餘法用之原則暫而不能持久余守江甯爲募捐貲置田地邸店歲取租入以供用又恐日久質劑或斷爛脫失無以結信而止訟因詳載其綱幷繪圖以詒後之司出入者噫法之寬嚴人之賢否用之奢儉一日之得失耳根基勿壞則葺而新之不難也

圖說總目

房產

大夫第住房 坐落江甯縣城内武定橋下直街靖字鋪地方坐北朝南前界抵大夫第官街由東至西計寬拾陸丈捌尺後界抵秦姓住屋由西至東計寬拾陸丈捌尺左界抵朱姓住屋由北至南計深拾陸丈柒尺右界抵王姓住屋由南至北計深拾陸丈柒尺對面基地向北前抵官街後抵蔡姓左西抵空基地右東抵李姓屋計西東寬貳丈陸尺伍寸北南深貳丈伍尺陸寸同治四五年用正價湘平銀貳千貳百兩置買金子雲單功甫等樓平房玖拾玖間過樓拾叁廈東後院内添造正房叁間披壹廈遊廊壹道並脩理各處工料計用湘平銀肆百陸拾陸兩捌錢玖分叁厘投印二姓契稅湘平銀捌拾陸兩捌錢捌分陸厘貳毫又於六年用正價銀叁拾肆兩置買本宅對面之路澗生蔡光耀門面房壹間基地叁間添造照墻一道

石壩街住房 坐落江甯縣城内貢院對岸忠字鋪地方坐北朝南前界抵石壩街官街由東至西計寬叁丈柒尺伍寸後界抵秦淮河沿由西至東計寬

叁丈柒尺伍寸左界抵貢院對岸中路正巷由北至南計深拾壹丈右界抵顧
姓住屋由南至北計深拾壹丈同治六年用正價湘平銀叁百柒拾兩置買福
吉侯王炳奎毛蘭氏等平
房共計拾伍間披壹厦

石壩街住房坐落貢院對岸忠字鋪地方在黃公祠之東首坐西北朝東南前界
抵石壩官街後界抵秦淮河沿左界抵空房基地右界抵王姓住屋
頭進由東至西計寬壹丈伍寸由南至北計深貳丈伍寸自後天井以至四進
由西至東皆寬貳丈玖尺統共由南至北計深拾叁丈貳尺同治九年夏用正
價洋蚨伍百元合曹平八五兌房價銀肆百貳拾玖兩肆錢壹分置買王炳奎
同弟介眉等平房拾間披兩厦後經租戶胡謹菴在第二進西首新起廂房貳
間十年春給還墊用原價
湘平銀叁拾陸兩柒錢正

驢子市市房坐落江甯縣城内承恩寺黎字鋪地方坐南朝北前界抵驢子市街
由西至東計寬貳丈伍尺後界抵黎姓住屋由東至西計寬貳丈伍
尺左界抵黃姓市房由南至北計深捌丈伍尺右界抵翁姓市房由北至南計
深捌丈伍尺同治七年用正價曹平八五兌房價銀伍百貳拾伍兩柒錢肆分

置買孫炳兩樓平房捌間披叁厦投印契稅湘平銀拾捌兩玖分捌厘復於九年冬經租戶改裝門面本堂貼給工料九八五錢壹百貳拾千文

評事街市房 坐落江甯縣城內評事街地方坐東朝西正房坐北朝南前界抵翁姓市房由東至西計寬拾捌丈貳尺後界抵湯姓市房由西至東計房由南至北計深拾壹丈貳尺門檻坐東朝西前界抵評事官街由南至北計寬拾捌丈貳尺左界抵陳姓空基由北至南計深拾壹丈貳尺右界抵王姓市寬捌尺伍寸後界抵本房正屋由北至南計寬捌尺伍寸左界抵翁姓市房由西至東計深肆丈貳尺伍寸右界抵王姓市房 由東至西計深肆丈貳尺伍寸同治七年用曹平八五兌房價銀壹千伍百兩置買張杜氏等樓平房伍拾叁間披拾貳厦八年夏復加整理計用磚瓦木料工價湘平銀叁百陸拾貳兩陸錢肆分伍厘租開復隆客棧

評事街走馬巷口市房 坐落評事街走馬巷口地方坐東朝西前界抵評事官街由南至北計寬叁丈柒尺後界抵徐姓住屋由北至南計寬叁丈柒尺左界抵走馬巷由西至東計深拾貳丈捌尺右界抵柏姓市房由東至西計深拾貳丈捌尺其房門面四號五進到底係做三次置買始於同治

八年用正價湘平銀玖百柒拾兩置買柏郭氏等北首樓平房三進計拾陸間遊廊貳道繼於九年夏復用正價湘平銀肆百捌兩併買柏郭氏同子灝第四五兩進樓房上下捌間樓披上下肆厦披厦叁間後門橫通走馬巷後於九年秋又復用正價洋蚨伍百陸拾元合湘平銀肆百拾柒兩壹錢肆分再買柏郭氏等南首七架樑樓房上下貳間五架樑上下樓房叁間前簷接出瓦披壹厦後簷對面小披貳厦有井一口後門橫通走馬巷統共樓平房貳拾玖間樓披肆厦遊廊貳道披屋叁間小披叁厦井一眼後門兩道

講堂大街市房 坐落江甯縣城內講堂大街遐字舖地方坐北朝南前界抵官街由東至西計寬壹丈六寸後界抵義和空院由西至東計寬壹丈左界抵義和茶館由南至北計深柒丈右界抵王姓市房由北至南計深柒丈同治九年冬用正價洋蚨肆百陸拾肆元合曹平八五兌房價銀叁百捌拾柒兩伍錢捌分置買馬靜齋同子永和平房兩進兩間披壹厦

三山街市房 坐落江甯縣城中三山街萬字舖地方坐東朝西前界抵三山官街由南至北計寬壹丈陸尺後界抵馬姓住屋由北至南計寬壹丈陸

尺左界抵伍姓市房由東至西計深伍丈叁尺右界抵楊姓市房由西至東計深伍丈叁尺同治九年夏用正價洋蚨玖百伍拾元合曹平八五兌房價銀捌百貳拾貳兩伍錢玖分置買伍瑞生八架樑平房壹間披壹大廈天井貳方中墻壹道租開鼎泰錢庄

三山街市房　坐落三山街地方坐東朝西前界抵三山官街由南至北計寬壹丈壹尺後界抵伍姓住屋由北至南計寬壹丈陸寸左界抵左姓市房由東至西計深肆丈捌尺貳寸右界抵伍姓市房由西至東計深肆丈捌尺貳寸同治九年冬用正價洋蚨壹千伍拾元置買楊大齡同姪鏡秋及伍正驥二姓毗連之七架樑平房壹大間後有基地楊契照杜價洋蚨柒百伍拾元合曹平八五兌房價銀陸百叁拾兩伍契照杜價洋蚨叁百元合曹平八五兌房價銀貳百伍拾貳兩均有執照存堂備案十年夏復於後面基地上添蓋平房壹間計用錢柒拾陸千捌百伍拾柒文

糖坊廊市房　坐落江甯縣南門內橋下西首篾街口糖坊廊地方坐南朝北前界抵官街由東至西計寬叁丈伍寸後界抵秦淮河心由西至東計寬肆丈左界抵張姓市房由北至南計深伍丈右界抵唐姓市房由南至北計深伍丈同治九年夏用正價洋蚨叁百貳拾元合曹平八五兌房價銀貳百柒拾

肆兩捌錢置買譚觀陸氏同子克昌五架樑平房叁間七架樑樓房上下陸間樓披貳厦十年春復加脩理計用工料錢捌拾伍千玖百貳拾肆文

剪子巷住房坐落剪子巷地方在老婦堂斜對門坐南朝北前界抵剪子巷官街由東至西計寬叁丈伍尺後界抵李姓房由西至東計寬四丈左界抵李姓房由北至南計深拾伍丈右界抵湯姓房由南至北計深拾伍丈外後首披壹厦計寬壹丈巷壹条計寬肆丈深連披拾丈壹尺同治八年用正價湘平銀柒百陸拾伍兩置買張德福等平房拾捌間披貳厦

雙塘住房坐落江甯縣城內小地名營上地方坐北朝南前界抵雙塘官路由東至西計寬伍丈壹尺伍寸後界抵太子巷路由西至東計寬伍丈壹尺伍寸左界抵雙塘官路由北至南計深拾貳丈柒尺伍寸右界前抵空基地後抵沈姓房由南至北計深拾貳丈柒尺伍寸同治八年用價銀肆百柒拾捌兩置買劉杜氏等平房拾捌間披貳厦

信府河東廁坐落江甯縣城裏信府河地方坐南朝北前界抵官街由東至西計寬壹丈後界抵許姓房由西至東計寬壹丈左界抵許姓房由北至

南計深貳丈壹尺右界抵許姓房由南至北計深貳丈壹尺同治七年據孟士和等稟稱歸堂充公每年包租錢拾千文分三節呈繳許長和等三八代爲照管每月由孟士和等給錢陸百文

銅作坊市房 坐落江甯縣城中銅作坊地方坐東朝西前界抵官街由南至北計寬貳丈壹尺後界抵朱姓住房由北至南計寬貳丈壹尺左界抵樂善堂市房由西至東計深貳丈肆尺右界抵黑廊口小巷由東至西計深貳丈肆尺同治十年夏用正價九八五錢肆百叁拾千文合曹平八五兌房價銀貳百捌拾捌兩貳錢伍分貳厘置買陳景彭同嫂張氏姪小樹等七架樑平房並排貳間後墻爲止中間板隔分爲南北兩號

水西門外大街市房 坐落江甯縣水西門外橋下大街楚字舖地方坐北朝南前界抵官街由東至西計寬壹丈柒尺後界抵李姓荒基由西至東計寬貳丈壹尺伍寸左界抵宋地主房由南至北計深陸丈肆尺右界抵邱姓地主房由北至南計深陸丈肆尺後有空基西東計寬壹丈玖尺南北計深貳丈玖尺同治十年夏用正價洋蚨玖拾元置買周克俊原買客民蕭姓浮房前進瓦房貳間後進草房貳間草披壹厦其房地主邱姓於八月內用正價洋

蚨叁拾元一併置買歸堂復將該房第二進及廂屋草房重新改蓋瓦屋

水西門外南傘巷口市房坐落水西門外橋下大街南傘巷口地方坐南朝北前界抵官街由東至西計寬貳丈壹尺貳寸後界抵荒基由西至東計寬貳丈壹尺貳寸左界抵傾地主市房由北至南計深玖丈捌尺右界抵陳地主市房由南至北計深玖丈捌尺後面空基地寬計貳丈捌尺深計叁丈同治十年用正價洋蚨叁百伍拾元合曹平八五兌房價銀叁百兩整置買張玉洲房地相連頭二進七架樑平房肆間三進五架樑樓房上下四間四進基地貳間內披房壹厦天井貳条腰墻四道空基上有井一口

南門外上馬頭市房坐落江甯縣南門城外上馬頭地方坐北朝南前界抵官街由西至東計寬貳丈貳尺後界抵南門河沿由東至西計寬貳丈貳尺左界抵本堂市房由南至北計深貳丈柒尺右界抵史姓市房由北至南計深貳丈七尺同治十年秋用正價洋蚨捌百玖拾元合曹平八五兌房價銀柒百柒拾肆兩捌錢貳分置買葉張氏同夫星孫迎街門面八架樑店房並排貳間店房不地樓壹間半所餘半間實地內砌舂米石臺一座

南門外上馬頭市房 坐落江甯縣南門城外上馬頭地方坐北朝南在原買葉姓房上首一家前界抵官街由西至東計寬貳丈貳尺後界抵南門河沿由東至西計寬貳丈貳尺左界抵謝姓市房由南至北計深貳丈九尺叁寸右界抵本堂市房由北至南計深貳丈九尺叁寸同治十年冬用正價洋蚨玖伯伍拾元合曹平八五兌房價銀捌百陸兩玖錢四分壹厘置買佘文川同嫂杭氏姪長慶等迎街門面九架樑店房並排貳間店房後兩架地樓貳厦

水西門外大街市房 坐落江甯縣水西門城外大街甯字舖地方坐北朝南前界抵官街由西至東計寬壹丈九尺五寸後界抵　姓房後由東至西計寬壹丈九尺五寸左界抵劉姓市房由南至北計深三丈八尺右界抵王姓市房由北至南計深三丈八尺同治十一年夏用正價洋蚨捌百叁拾元合曹平八五兌房價銀柒百伍拾壹兩捌錢捌分貳厘置買民人陳德隆祖遺翻蓋已菴迎街第一進平房貳間天井一条東首小横披一厦二進五架樑平房貳間後墻爲止

釣魚台市房坐落江甯縣城中釣魚台地方坐北朝南前界抵官街由西至東計寬壹丈貳尺後界抵河沿由東至西計寬壹丈貳尺左界抵湯姓市房由南至北計深陸丈叁尺右界抵徐姓市房由北至南計深陸丈叁尺同治十一年夏用正價九八五錢貳百千文合曹平八五兌房價銀壹百叁拾肆兩陸錢捌分置買李蓮生同弟荷生迎街第一進平房一間天井一方第二進平進平房一間天井一條腰墻一道第三進基地一小間後至官河爲止

三山大街市房坐落江甯縣城中三山大街在字鋪地方坐西朝東前界抵官街由南至北計寬貳丈後界抵鄭姓房由北至南計寬貳丈左界抵鄭姓房由東至西計深肆丈陸尺右界抵顧姓房由西至東計深肆丈陸尺同治十一年秋用正價洋蚨壹千壹百伍拾元合曹平八五兌房價銀壹千叁拾叁兩陸錢肆分陸厘置買陳景彭迎街洋式兩層兩水搭兩號第一進兩改三平房並排三間天井一方朝南披房一廈第二進道士冠披房兩號後墻爲止

江甯府重建普育堂志

江甯府重建普育堂志 卷三 六

洲產 魚滄租地附

大黄洲坐落太平府當塗縣屬地方離江甯省城[illegible]八十里江甯胡縣丞恩燮

承辦言定每年繳蘆柴壹萬[illegible]同治六年重定每年繳

蘆柴壹萬肆千束由堂僱船裝運回濟用[illegible]千貳百串以壹百串爲

脩理埂壩及新張洲灘栽插蘆柴之用[illegible]繳大錢[illegible]千壹百串文分當年捌月

次年貳月肆月叁限呈繳嗣於九年據胡縣丞[illegible]遷告退稟舉胞弟胡從九

恩植接辦認繳九年分堂柴壹萬貳千束大錢[illegible]千[illegible]伍拾串十年酌議加增

言定繳蘆柴壹萬貳千束大錢壹千壹百伍

拾串文每年俱有認繳限狀呈 府備案

秀才洲坐落江浦縣屬南門外離縣城八里地方查該州上二段原係堂產名大

官洲其下段中下半段亦係堂產名小官洲江浦縣民人馬世榮承贌每

年繳蘆柴叁萬斤由贌戶僱船裝運到堂船價由堂給發同治七年分起復經

江浦縣令以民人馬世榮認領刈割除完當年上下忙抵徵蘆課柴壹百陸拾

束餘柴貳百壹拾束每

束計曹砝秤重陸拾觔

烈山洲坐落江浦縣東北鄉離縣城五十里地方同治七年馬少峰裴王氏先後陳沅稟請將各管一棚歸堂充公查勘得該洲原分四棚本堂原管一棚貼戶按年輪執本年馬姓輪執尾棚合所捐二棚本堂計管執三棚應與民管一棚貼戶沈巧承繳洋錢拾柒元裴姓輪執貼戶王德和承繳價洋拾貳元伍角均與本堂原管一棚貼價由縣彙收批解

元寶印子洲坐落上元縣儀鳳門外離省城二十里地方係李宗晟等產業同治七年願歸堂充公查勘得東至臨山橋西至二層橋南至大街北至江心（洲頭潘士義民人許壽）承貼每年繳（黃紅）毛柴捌百伍拾束每束計重壹百伍拾斤八年起減繳堂柴捌百肆拾束每束計重伍拾斤

中河魚滃坐落江甯縣江東門外鍋巷後街離省城十里地方原係官灘亂後荒蕪同治五年分據葉樹徐張應文戴震之等稟請承認築壩養魚當由第五委員會縣丈得養魚河滃東南北三面均以河沿爲界西首以現築新埂爲界探得水深八九尺不等北首蘆柴灘地東至新埂西至童家圩水溝南至韭菜圩水溝北至營心地上坎爲界折共計壹百陸畝壹分叁厘伍毫壹絲七年定交魚租錢壹百貳拾千文分本年十一月底次年正月十五兩限承繳旋

議租錢貳拾千文八九兩年被水成災十年當堂飭令承
撥十年格外酌減每年令繳租錢肆拾千文取結附卷

官茶局租地　坐落上元縣漢西門内蛇山地方同治四年春　署督憲李批飭將
該山所種官茶及在山雜糧歸堂充公四五兩年均自行經理六年
招佃戶方三元承種七年更換佘金元接種當交押租錢貳拾千文每年定交
地租錢貳拾千文惟茶租未定隨時酌議茲覆查得寔在南坡中一段龜山東
首一凹南埂脊二大塊三小塊中平廠地貳拾貳塊下坡拾伍塊東
埂脊三大塊東坡八塊下平地叁拾伍塊又東首一凹大小拾肆塊

老普育堂地　坐落江甯縣屬南門外佟園地方老普育堂地基一業
同治五年招佃戶王有順承種每年繳地租錢拾千文

田產

新子埠　坐落上元縣屬新子埠莊田一業同治七年查得該莊原田約計肆
拾餘畝全荒未墾茲因水長草深圩數不分難以覆查其圖未繪

朱家圩　坐落上元縣屬朱家圩莊田一業同治七年查得該莊原田約計
拾餘畝全荒未墾茲因水長草深圩數不分難以覆查其圖未繪

趙家圩　坐落上元縣屬趙家圩莊田一業同治七年查得該莊原田約計叁拾餘畝全荒未墾茲因水深草深坵數不分難以覆查其圖未繪

北陽圩　建康圩　青山嘴　三莊　坐落上元縣屬離省城四十里地方○北陽圩張家潭莊田一業同治四年查得原田拾壹畝捌分計四坵莊房基地一塊莊頭陳正潮領佃六年六月發給墾費錢一千文開墾荒田五畝計二坵茲覆查得寔在熟田五畝計二坵荒田叁畝八分計二坵○建康圩莊田一業同治四年查得原田伍拾貳畝陸分計貳拾叁坵莊頭陶振聲領佃開墾荒田拾畝計捌坵茲覆查得寔在熟田拾畝叁分計捌坵荒田伍拾柒畝壹分計貳拾伍坵○青山嘴莊田一業同治四年查得原田柒拾捌畝捌分計貳拾[illegible]坵[illegible]頭許永善領佃六年二月給發墾費錢三千六百文開墾荒田叁拾柒[illegible]茲覆查得寔在熟田貳拾捌畝貳分計玖坵荒田貳拾伍畝玖分計拾叁坵

教廠口　坐落上元縣屬朝陽門外離城七里地方教廠口莊田一業同治七年查得原田貳拾肆畝計柒坵地拾貳畝伍分計陸坵莊房基地貳塊計貳間莊頭朱永勝領佃茲覆查得寔在熟田貳拾肆畝計柒坵熟地拾貳畝伍分計伍坵

清涼菴中莊坐落上元縣屬洪武門外離省城七里地方清涼菴中莊田一業同治七年查得原田貳拾肆畝陸分計貳拾肆坵地叁拾畝玖分計貳拾貳坵莊房基地一塊計貳間半莊頭吳文林領佃茲覆查得寔在熟田貳拾肆畝陸分計貳拾肆坵熟地貳拾柒畝計拾叁坵荒地叁畝計壹坵

高二莊新二莊坐落上元縣屬朝陽門外離省城七十里地方高新二莊莊田一業同治四年查得原田玖拾貳畝莊房基地一塊晒場一塊莊頭龐士武茂旺領佃七年閏四月發給墾費錢叁千肆百伍拾文茲覆查得寔在熟田玖拾柒畝計柒拾坵荒田叁畝伍分計伍坵荒地壹畝陸分計貳坵塘堰均隨田公脩

崇禮鄉夏村坐落上元縣屬聚寶門外離省城二十五里地方崇禮鄉新六圖夏村莊田一業同治四年查得原田壹百伍拾畝壹分地拾伍畝伍分莊房基地一塊莊頭雷國明領佃七年四月發給墾費錢貳千肆百拾伍文開墾荒田陸拾叁畝開墾荒地拾貳畝陸分茲覆查得寔在熟田肆拾捌畝計貳拾肆坵荒田玖拾捌畝肆分計叁拾伍坵熟地拾貳畝叁分計拾壹坵荒地伍畝計伍坵

靖安廠坐落上元縣屬朝陽門外離省城七十里地方靖安廠潘家岸莊田一業原係生生堂產業同治四年奉　善後局憲批准歸堂充公原田叁拾柒

畝壹分貳厘伍毫計拾捌坵溝壩塘堰隨田公用公脩莊頭潘道利領佃查勘得寔在熟田叁拾畝貳分捌厘伍毫計拾肆坵荒田陸畝捌分計五坵

薛家小圩 坐落上元縣屬朝陽門外離省城八十里地方靖安廠御河北土名薛家小圩係陳慶鳳產業同治六年因欠宜昌洲貯價銀伍拾兩未繳願以己田作抵原田貳拾伍畝計柒坵塘大小貳口莊房叁間一廂菜園地一塊晒場一塊仍歸陳慶鳳領佃查勘得寔在熟田貳拾伍畝計捌坵菜園地一塊瓦莊房叁間一廂晒場一塊塘大小二口隨田過水溝一道

常萬圩 坐落上元縣屬通濟門外離省城八里地方係鷲峰寺產業同治四年蔣位三稟請歸堂充公嗣於五年五月寺僧與常稟求按年撥給三成租稻歸寺當經批准原田壹百拾捌畝伍分地捌畝莊頭常永泰領佃六年領六八軸水車一部七年領脩涵洞費錢肆千肆百拾陸文八年領救圩樁木錢叁千叁百肆拾壹文九年領脩圩費錢伍千文查勘得寔在熟田陸拾柒畝伍分計貳拾玖坵荒田伍拾壹畝計叁坵荒地捌畝

東陽圩 坐落上元縣屬崇禮鄉龍都鎮左首離省城五十里東陽圩地方原係窄姓產業於同治五年莊頭宗致廣稟稱窄姓亂後未歸存亾莫卜願歸堂

充公原田柒拾畝計貳拾壹坵仍歸宗啟廣領佃旋領脩圩樁木錢貳千捌百文六年二月領墾費錢陸千文又脩圩費錢貳千捌百文五月領五人軸水車一部折洋錢拾伍元查勘得寔在熟田陸拾柒畝叁分計貳拾伍坵荒田貳畝柒分計貳坵莊房基地二間晒場一塊塘大小二口閘硿過水溝公用公脩

高家場 坐落上元縣屬觀音門外夾江南岸慈仁鄉高家場地方水路至儀鳳門二十四里旱路至神策門十二里係廟田充公入堂查得原田拾貳畝伍分計伍坵熟貳畝伍分計貳坵莊頭徐溼領佃均已開墾成熟又有莊基四間

下關寶善脩 坐落上元縣屬金川門外離省城二十里地方係丁楊氏產業同治十年願歸堂充公原田肆拾捌畝方魚塘一口三义塘一口柴洲一塊莊頭金得來領佃八年領脩大圩費錢肆千貳百文三月領脩圩內界埂費錢柒千捌百柒拾伍文

青馬羣大莊林家莊二莊 坐落上元縣屬仙鶴門裏青馬羣地方○大莊原熟田貳拾陸畝貳分荒田肆畝柒分荒地壹畝壹分○林家莊原熟田貳拾陸畝叁分荒田拾壹畝肆分荒地捌畝同治九年用正價湘平銀叁百壹兩伍錢陸分置買職員賀文蔚荒熟田地柒拾柒畝柒分查勘得大莊寔在熟

田貳拾陸畝貳分計拾肆坵荒田四畝柒分計叁坵荒地壹畝壹分計貳坵林家莊寔在熟田貳拾陸畝叁分計拾貳坵荒田拾壹畝肆分計玖坵荒地捌畝計繪

二圖

徐茂村坐落江甯縣屬離省城十五里地方徐茂村莊田一業同治五年查得原田壹百捌拾畝捌分地拾壹畝柒分計壹百拾柒坵莊房基地一方莊頭孫長林領佃茲覆查得該莊寔在熟田地壹百柒拾壹畝肆分計壹百伍坵荒田地貳拾壹畝貳分計拾叁坵其計荒熟田地壹百玖拾貳畝陸分計壹百拾捌坵莊房基貳間晒場一塊塘大小三口[illegible]塘公分公用

殷巷莊坐落江甯縣屬離省城三十里地方殷巷莊莊田一業原田叁百餘畝同治五年查出荒熟田拾伍畝捌分計壹百叁拾壹坵瓦莊房貳間莊頭張忠恕領佃領去莊[illegible]洋錢四[illegible]同治七年領去墾費錢叁千文又因莊房被燬補給修理費洋錢[illegible]元茲覆查該莊寔在熟田地貳百玖畝肆分計玖拾捌坵荒田地捌拾畝陸分[illegible]拾坵其計荒熟田地貳百玖拾柒畝計壹百叁拾捌坵瓦[illegible]貳進係[illegible]叁貳間晒場一塊塘大小四口壩二道高

閘一座隨田

過水溝一道

仙前莊坐落江寧縣屬離省城二十五里地方仙前莊莊田一業原田貳百伍拾柒畝同治五年查得荒熟田貳百叁拾叁畝捌分莊屋基地一間莊頭歐啟全領佃玆覆查得寔在熟田壹百壹拾壹畝柒分計肆拾叁丘荒田壹百壹拾捌畝叁分計肆拾肆丘其計荒熟田貳百叁拾畝內有荒田拾捌畝捌分計捌丘熟田叁拾壹畝貳分計拾壹丘坐落仙後莊境內仙後莊有熟田肆畝捌分計貳丘坐落仙前莊境內誠恐夾雜不清頃飭將坐落仙後之荒熟田伍拾畝撥歸仙後莊莊頭劉開勳經管其仙後莊坐落仙前之熟田四畝捌分撥歸仙前莊莊頭歐啟全經管現在仙前莊該管荒熟田壹百捌拾肆畝捌分仍欠田叁畝捌分不符寔因該佃歐長亮外出莊頭不知方向地段俟收租時查明補入朝南莊屋基地二間現已認蓋一間晒場一塊塘大小四口隨田過水溝一

道

仙後莊坐落江寧縣屬離省城二十五里地方仙後莊莊田一業同治五年查得原田地壹百肆拾柒畝貳分肆厘計捌拾壹丘莊房基地二十間莊頭劉

開勳領佃茲覆查得實在熟田壹百貳畝柒分計四拾伍坵荒田肆拾壹畝伍分計貳拾陸坵荒地肆畝貳分肆厘計柒坵內有熟田肆畝捌分計貳坵坐落仙前莊境內仙前莊有熟田叁拾壹畝貳分計拾壹坵荒田拾捌畝捌分計捌坵坐落仙後莊境內誠恐夾雜不清頃飭將坐落仙前之熟田肆畝捌分撥歸仙前莊莊頭歐啟全經管其仙前莊坐落仙後之荒熟田伍拾畝撥歸仙後莊莊頭劉開勳經管現在仙後莊該管荒熟田壹百捌拾玖畝肆分荒地肆畝貳分肆厘共計荒熟田地壹百玖拾叁畝陸分肆厘朝西莊屋基地貳拾間現已認蓋草屋壹間其餘各佃房亦有自蓋居住者塘大小入口隨田水溝一道

石左所　坐落江甯縣屬離省城十五里地方沙洲圩石左所莊田一業同治七年查得原田貳拾柒畝計拾肆坵老荒田肆畝莊頭馮長友領佃茲覆查得
實在熟田貳拾貳畝計玖坵
荒田伍畝計伍坵老荒未墾

典牧所　坐落江甯縣屬離省城五里地方沙洲圩典牧所莊田一業同治五年查得原田伍拾陸畝計拾叁坵地拾貳畝計叁坵柴地拾肆畝計叁坵莊屋基地叁間莊頭方永年領佃六年四月領水車一部折給洋錢六元八月給墾費錢肆千伍百文又領修造莊房[illegible]間木料開墾荒田叁拾玖畝茲覆查得實

在熟田叁拾伍畝伍分計拾壹坵荒田叁拾叁畝計玖坵熟地拾貳畝計叁坵

王家莊 坐落江甯縣屬離省城六十里地方王家莊即木橋外花園宫前東首同治五年查得原出貳百伍畝壹分伍厘計壹百貳拾[illegible]坵[illegible]畝玖分計柒坵莊房基地一塊晒場一塊莊頭吳宗林領佃八年二月[illegible]新造四八軸水車一部六人轆水車一部價洋叁拾元茲覆查得該莊[illegible]存熟田壹百玖拾叁畝壹分玖厘計壹百伍坵荒田拾壹畝玖分肆厘計拾坵熟地貳畝[illegible]分計貳坵荒田肆畝貳分計肆坵共計荒熟田地貳百拾壹畝柒分叁厘計壹百貳拾壹坵塘大小七口內一口與鄰田共用過水溝河道隨田灌溉府中有案

葛塘寺 坐落江甯縣屬離省城六十里地方太南三圖葛塘寺莊田一業同治五年用正價庫平銀肆百捌拾貳兩置買王偉君荒熟田貳百拾貳畝肆分計壹百叁坵地伍拾玖畝柒分計伍拾肆坵魚塘玖口晒場二塊莊房基地貳拾間莊頭尚良才領佃 圖未全

六郎橋方耳崗 坐落江甯縣屬離省地七十里地方六郎橋方耳崗莊田一業同治七年用正價湘平銀捌百貳拾兩叁錢置買張志滙等熟田壹

百陸拾貳畝貳分荒田伍拾貳畝捌分熟地伍畝捌分荒地拾捌畝伍分計壹百貳拾坵晒場地叁畝莊房基地叁拾間倉房貳間水車貳部塘大小拾肆口內叁口與鄰田公共莊頭宋大元領佃八年三月領脩水車板錢肆千文查勘得寔在熟田地壹百捌拾畝捌分計壹百貳坵荒地伍拾捌畝伍分計肆拾壹坵內晒場伍畝糞坑伍分莊房基地叁拾間現存佃房叁間舊房貳間又晒場一塊

楊庫村　坐落江甯縣屬南門外離省城八十里地方楊庫村莊田一業係三藏殿產業同治五年據江甯縣招墾局稟據南鄉分董陳世泉稟稱寺僧巳故歸堂充公原田貳百柒拾畝莊基六間嗣據委員多查出田拾壹畝八分莊頭王有林領佃旋於十月領脩涵洞陡門費洋四元六年領二人軸五人軸水車各一部其折洋錢貳拾元後查得莊頭僅造二人軸四人軸水車各一部計多領洋錢叁元當即追繳革退莊頭換徐泳江接充七年病故子得勝領佃茲覆查得寔在熟田地貳百玖拾壹畝肆分計壹百玖拾玖坵荒地陸畝計柒坵朝南莊房基地一塊現以一半作晒場仍存基地叁間塘大小拾柒口隨田過水溝一道十年六月用正價洋蚨貳拾肆元置買該莊頭五架樑瓦住房叁間以作莊居見有杜契存堂備案

安德門坐落江甯縣屬南門外離省城五里陸字舖安德一四二圖地方原係李黃氏產業同治七年願入堂充公原田四畝計四坵地一畝計一坵塘大小二口莊頭張利龍領佃查勘得寔在熟田四畝計四坵熟地一畝計一坵塘大小二口

板橋柏家村坐落江甯縣屬聚寶門外離省城五十里地方光澤一圖柏家村莊田一業同治九年用正價曹平八五兑田價銀貳百伍拾肆兩壹錢壹分陸厘置買陳宰氏同子吉人荒熟田伍拾叁畝壹分貳厘計叁拾壹坵荒熟地叁拾柒畝壹分計貳拾叁坵官塘一面私塘四面水車一部柴山伍塊莊頭石金和海領佃查勘得寔在熟田肆拾叁畝貳分肆厘半荒田玖畝捌分柒厘半熟地貳拾肆畝貳分荒地拾貳畝玖分共計伍拾肆坵朝西房基打場捌畝官塘一面私塘四面六人軸水車一部柴山五塊

劉家圩坐落六合縣屬南鄉離縣城旱路二十里水路四十里瓜埠鎮河西地方離江甯省城旱路四十里水路七十五里係火神廟產業同治五年僧緣善病故奉　善後局批准歸堂充公原田壹百畝莊頭沈榮元領佃七年九月換莊頭蔣聚財領佃查勘得寔在熟田叁拾陸畝計拾坵房基園場地叁塊在

內荒田陸拾肆畝因水淹草深圩段難分其田東至公溝底西至吳姓田埂心南至公溝底北至公溝底有公溝三道私塘一口十年八月復據六合縣申稱該田畝數不符經　蔣署府札委錢從九數酒會同該縣徐令查覆該田原執荒熟種拾石前佃沈榮元陸續開熟三石繪圖時將塲基園地均列入熟種內約計陸斗是以有原田壹百畝開熟叁拾陸畝之數迨至七年始奉　憲委會同該前縣許令查丈該田照二百四十弓為一畝共熟田拾圩該叁拾肆畝陸厘荒田肆方肆拾壹畝陸分捌厘其該荒熟田柒拾伍畝柒分肆厘嗣按詳准以土弓叁百拾弓為一畝照七七四折折寔荒熟田伍拾捌畝陸分貳厘內計熟田貳拾陸畝叁分陸厘荒田叁拾貳畝貳分陸厘魚鱗[illegible]造冊在案現經一再查明自應照詳准弓丈數目以歸[illegible]

陳官渡

坐落六合縣屬西南鄉陳官渡離縣城旱路二十五里水路六十五里地方離江甯省城旱路七十里水路一百四十里[illegible]五年查得原田水旱種拾貳石計伍拾叁圩公塘二口莊房破[illegible]佃內徐萬成墾熟田種陸石[illegible]六合縣莫令給發湘平[illegible]有[illegible]田種貳石由六合縣莫令[illegible]發湘平銀捌兩[illegible]秋淹[illegible]發籽種洋錢捌元茲覆查得[illegible]莊田在河套之[illegible]田種捌[illegible]

叁拾肆坵荒田種肆石計拾玖坵朝南屋基柒
間破壞未脩園地一塊曬場一塊公私塘二口

裴家集坐落六合縣屬西鄉裴家集離縣城旱路五十五里水路七十里地方離
江甯省城旱路七十里水路一百十里同治四年查得原田水種貳拾肆
石全荒未墾茲覆查得寔在荒田水種貳拾肆石於道光二十九年大水淹沒
原佃逃出後即分撥保內八大姓帶種至咸豐三年又被粵匪竄擾荒蕪日久
坵數難分莊房基地一塊寬五間深二進
坐西朝東在大圩後胡家山土崗之下

頭橋集坐落六合縣屬西南鄉頭橋集離縣城旱路三十五里水路七十里地方
離江甯省城旱路五十五里水路一百五十里同治四年查得原田種貳
拾石全荒未墾茲覆查得寔在荒田水旱種貳
拾石計肆拾肆坵朝南莊房基地貳進陸間

文山集坐落六合縣屬西南鄉文山集離縣城旱路六十里水路一百一十里地
方離江甯省城旱路三十五里水路一百八十里同治四年查得原田水
種貳拾肆石計壹百捌坵莊房基地貳塊莊頭唐兆儀等領佃共領去莊房費
銀陸兩稻種玖石玖斗水牛一頭折給湘平銀叁拾兩五年九月該莊房屋被

燬補領洋錢拾叁元六年二月補領稻種錢拾柒千捌百貳拾文茲覆查得寔在熟田種拾石捌斗計伍拾柒坵荒田種拾叁石貳斗計伍拾壹坵朝東南屋基地一塊新起莊房七間晒場一塊私溝二道公溝三道

當塗縣杜村坐落太平府當塗縣離江甯省城一百二十里地方在當塗縣屬三四圖杜村莊田一業同治五年用正價湘平銀柒百陸拾肆兩肆錢置買胡恩燮等口號田壹百拾柒畝陸分寔在丈田壹百拾叁畝壹分叁釐計陸拾捌坵熟地叁畝草莊房基地肆進肆拾間石鄉肆条稻場肆塊內有草房基地柒間石鄉一条稻場一塊與侯姓公共莊頭侯立桂領佃八月三十日領脩莊房費洋錢拾肆元又領脩塘費洋錢叁元查勘得寔在熟田玖拾陸畝柒分計伍拾叁坵荒田柒畝計伍坵熟地拾畝計拾壹坵荒地貳畝叁分計叁坵又晒場陸分計一塊共計荒熟田地壹百拾伍畝陸分計柒拾叁坵莊基肆進肆拾間又東首莊房基地一塊又東南角晒場一塊塘大小拾叁口隨田過水溝一道石鄉六条投印正契計用湘平銀貳拾柒兩柒錢玖分捌釐

無爲州永豐圩坐落無爲州無三下汎永豐圩又名十連圩係報恩寺產業同治五年奉　各憲批准以三成歸寺以七成歸堂與救生局各半充

公莊頭（張應飛 周有文）領佃原田柒百貳拾叁畝伍分伍厘內除挖壓田伍拾柒畝貳分伍厘寔在熟田陸百陸拾陸畝叁分七年領蓋草莊房叁間費洋捌元

江浦縣馬騾圩坐落江浦縣屬南鄉高旺保內馬騾圩上槽坊地方原岀種荒熟叁拾陸石亂後開熟田種拾壹石本年只栽插田種陸石餘田熟而復荒於同治十年據江甯縣職員郭世爵稟充八堂並充耕牛一尾當經委員會同該縣印官勘覆旋據江浦梆令清節堂陳從九先後詳稱查得該職充公田畝寔有成熟田種陸石伍斗計叁拾捌圩又佈種旱谷熟田種肆斗計叁圩又有先已成熟現因無佃復荒田種肆石壹斗計玖圩其餘未墾板荒田地盡屬邊蒿高圩段不分約種貳拾伍石總共荒熟田種叁拾陸石合田叁百陸拾畝又耕牛一尾驗係水沙身高三尺二寸口稍四班當交該佃戶（尹玉鳳 朱有義）收領又查得舊草莊房五間門首石滚七条所有租息現仍由縣辦理除去完納抵征餘錢解堂濟用

大夫第住房圖

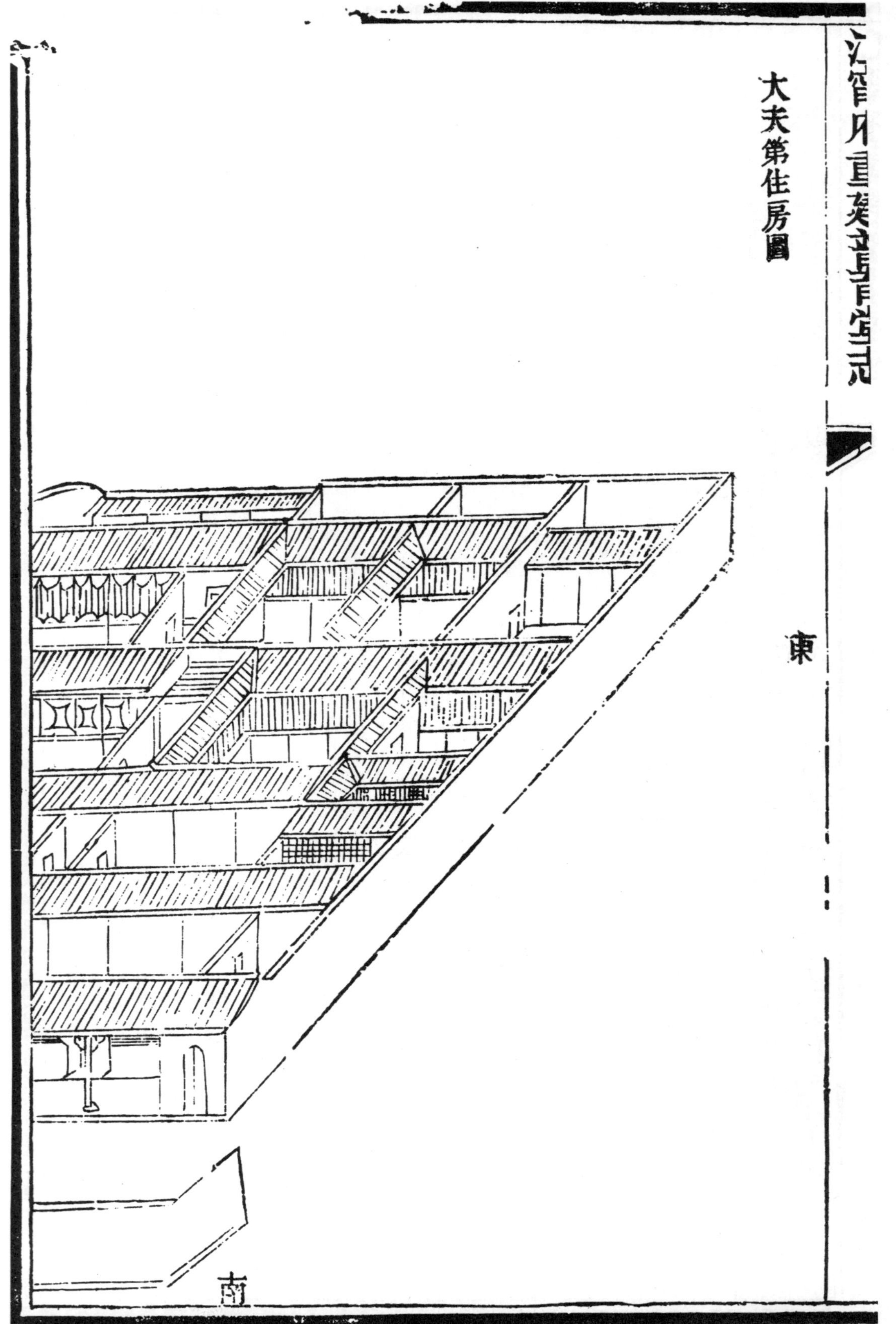
江甯府重建普育堂志
大夫第住房圖
東
南

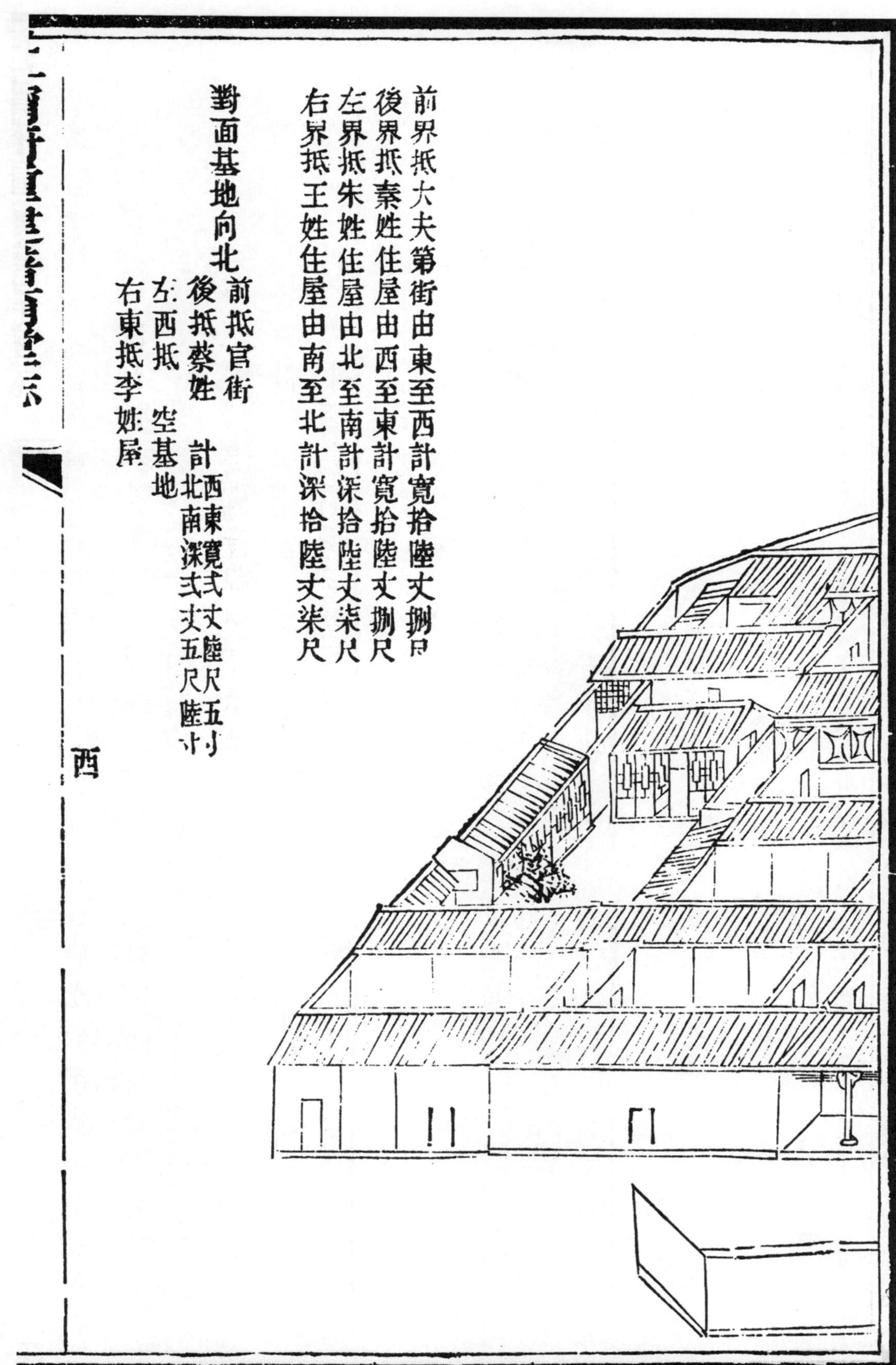
前界抵大夫第街由東至西計寬拾陸丈捌尺
後界抵秦姓住屋由西至東計寬拾陸丈捌尺
左界抵朱姓住屋由北至南計深拾陸丈柒尺
右界抵王姓住屋由南至北計深拾陸丈柒尺
對面基地向北
前抵官街
後抵蔡姓
計西東寬弍丈陸尺五寸
計北南深弍丈五尺陸寸
左西抵　空基地
右東抵李姓屋
西

驢子市住房圖

南

前界抵驢子市街由西至東計寬弍丈五尺
後界抵黎姓住屋由東至西計寬弍丈五尺
左界抵　空基地由南至北計深捌丈五尺
右界抵翁姓市房由北至南計深捌丈五尺

西

東

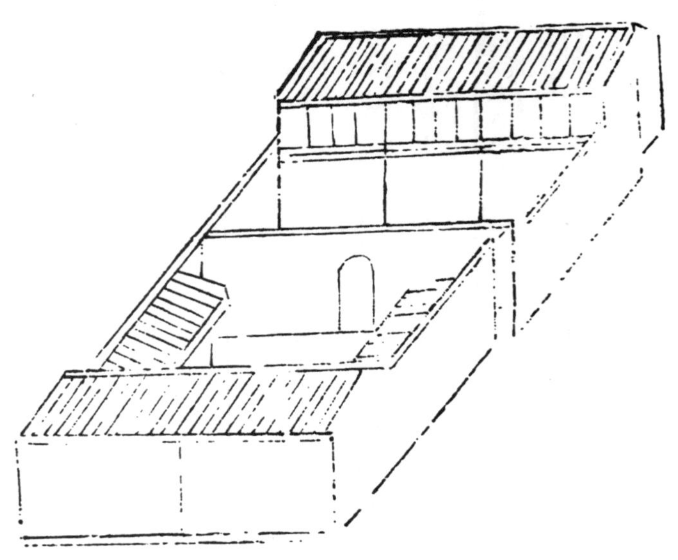

北

石壩街住房圖

石壩街住房圖

北

前界抵石壩官街
後界抵秦淮河沿
左界抵空房基地
右界抵王姓住房
頭進由東至西計寬壹丈伍寸
由南至北計深貳丈伍寸
自後天井以至四進東西計寬貳丈玖尺
統共南北計深拾叁丈貳尺

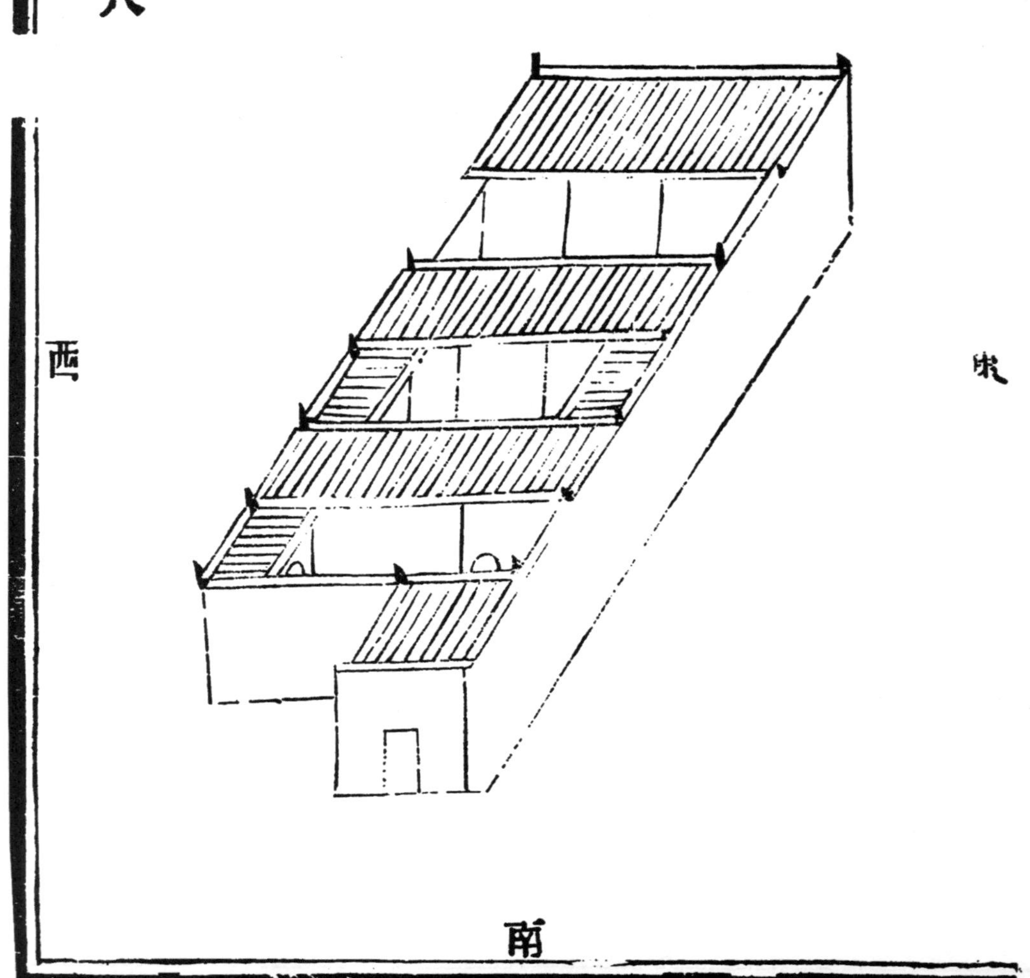

石壩街住房圖

江寧府重建普育堂志

三

石壩街住房圖

北

東

西

南

前界抵石壩宮街由東至西計寬叁丈柒尺五寸

後界抵秦淮河沿由西至東計寬叁丈柒尺五寸

左界抵貢院對巷由北至南計深拾壹丈

右界抵顧姓住屋由南至北計深拾壹丈

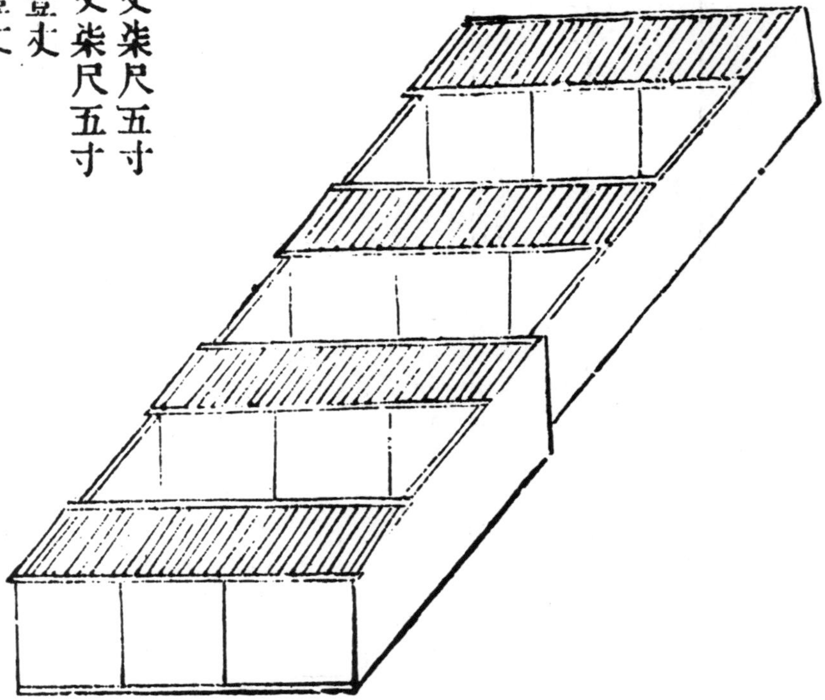

講堂大街市房圖

北

前界抵講堂官街由東至西計寬壹丈陸寸
後界抵義和堂院由西至東計寬壹丈
左界抵義和茶室由南至北計深柒丈
右界抵王姓市房由北至南計深柒丈

東

西

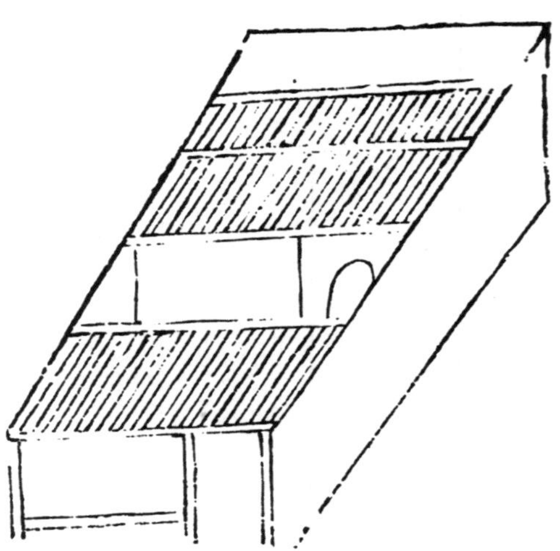

評事街市房圖

評事街市房圖

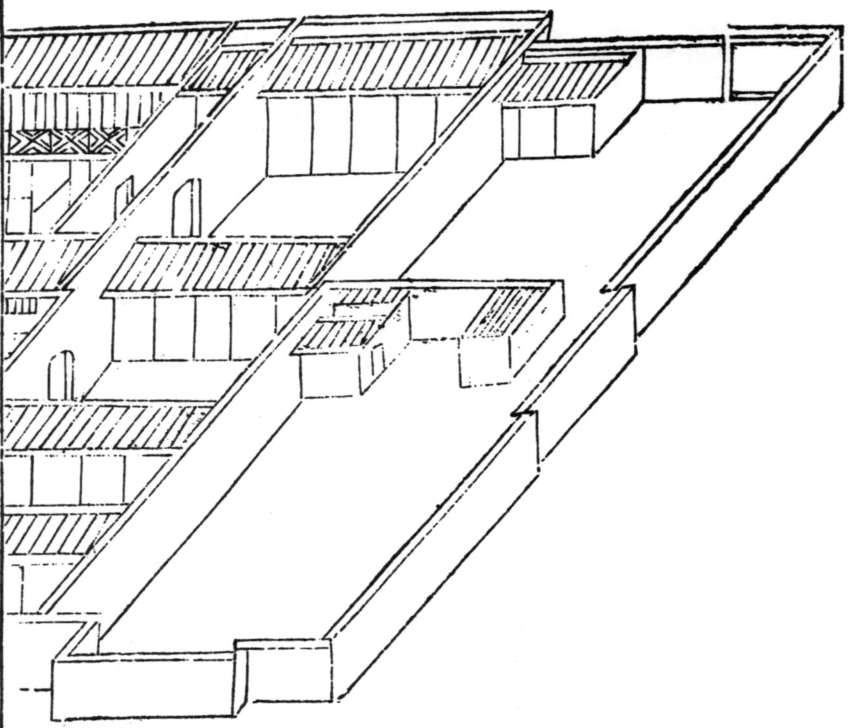

東

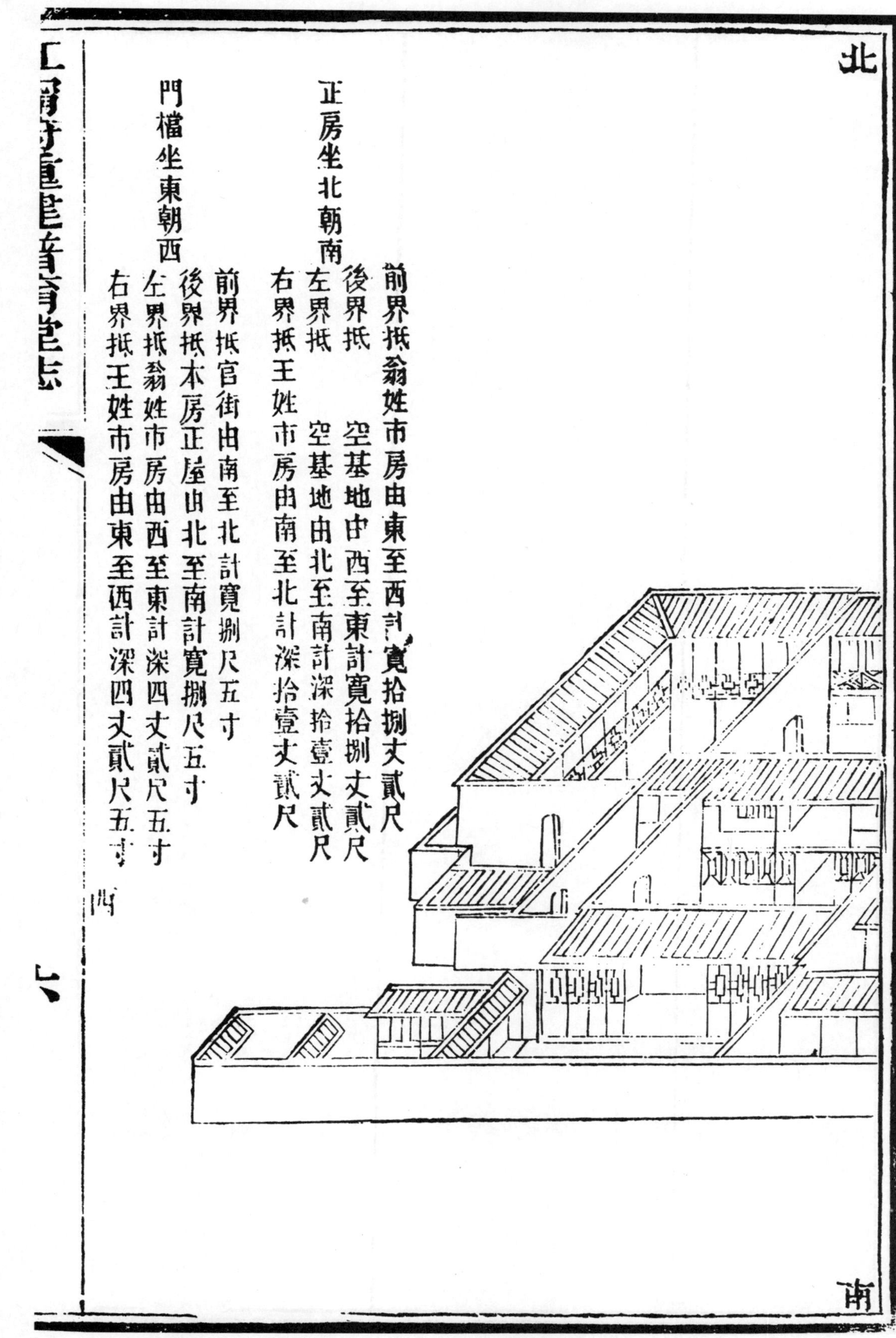
北
江甯府重建普育堂志
六
正房坐北朝南
前界抵翁姓市房由東至西計寬拾捌丈貳尺
後界抵　　空基地由西至東計寬拾捌丈貳尺
左界抵　　空基地由北至南計深拾壹丈貳尺
右界抵王姓市房由南至北計深拾壹丈貳尺
門檔坐東朝西
前界抵官街由南至北計寬捌尺五寸
後界抵本房正屋由北至南計寬捌尺五寸
左界抵翁姓市房由西至東計深四丈貳尺五寸
右界抵王姓市房由東至西計深四丈貳尺五寸
門
南

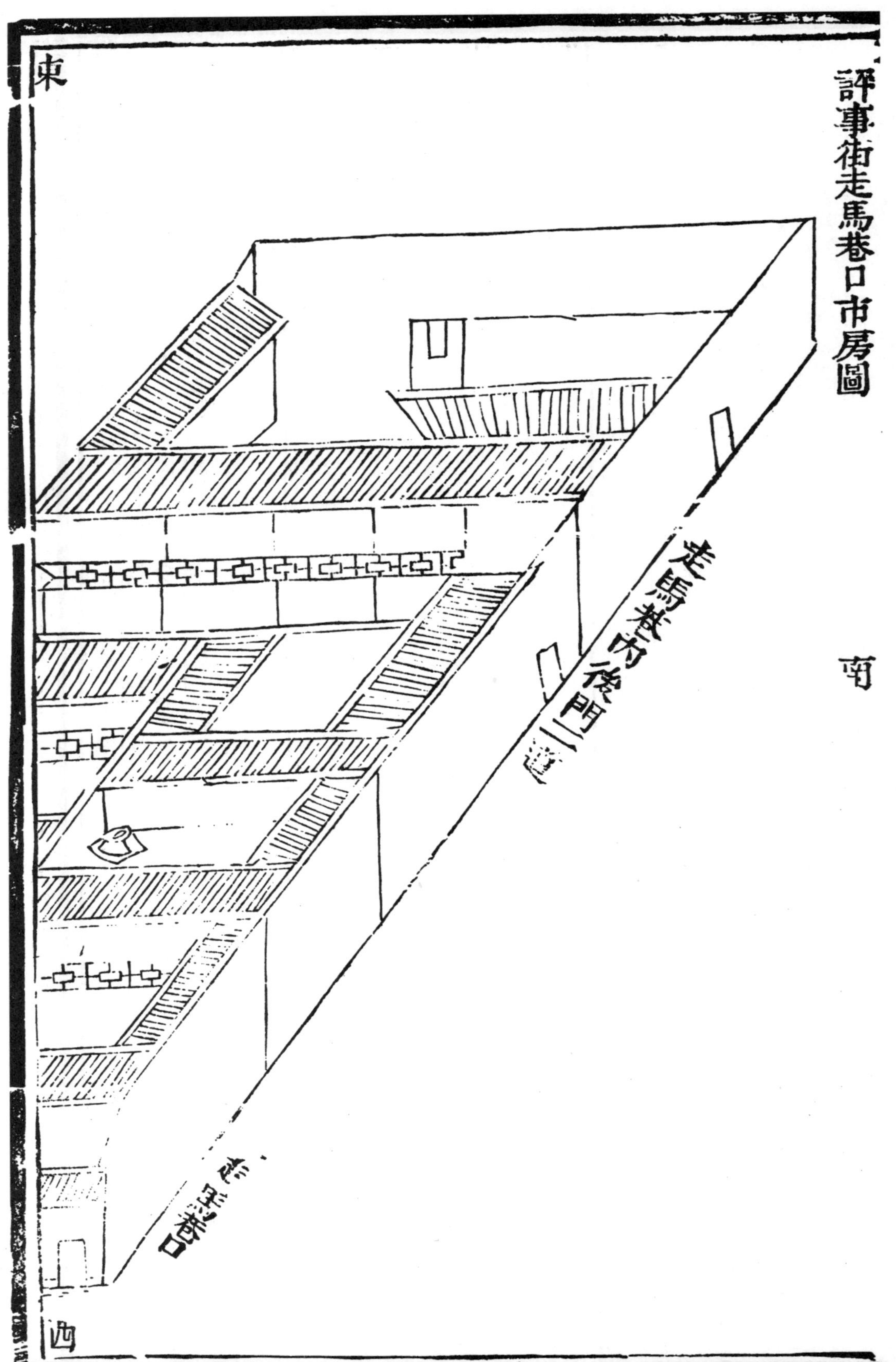
評事街走馬巷口市房圖
東
南
西
走馬巷內後門一道
走馬巷口

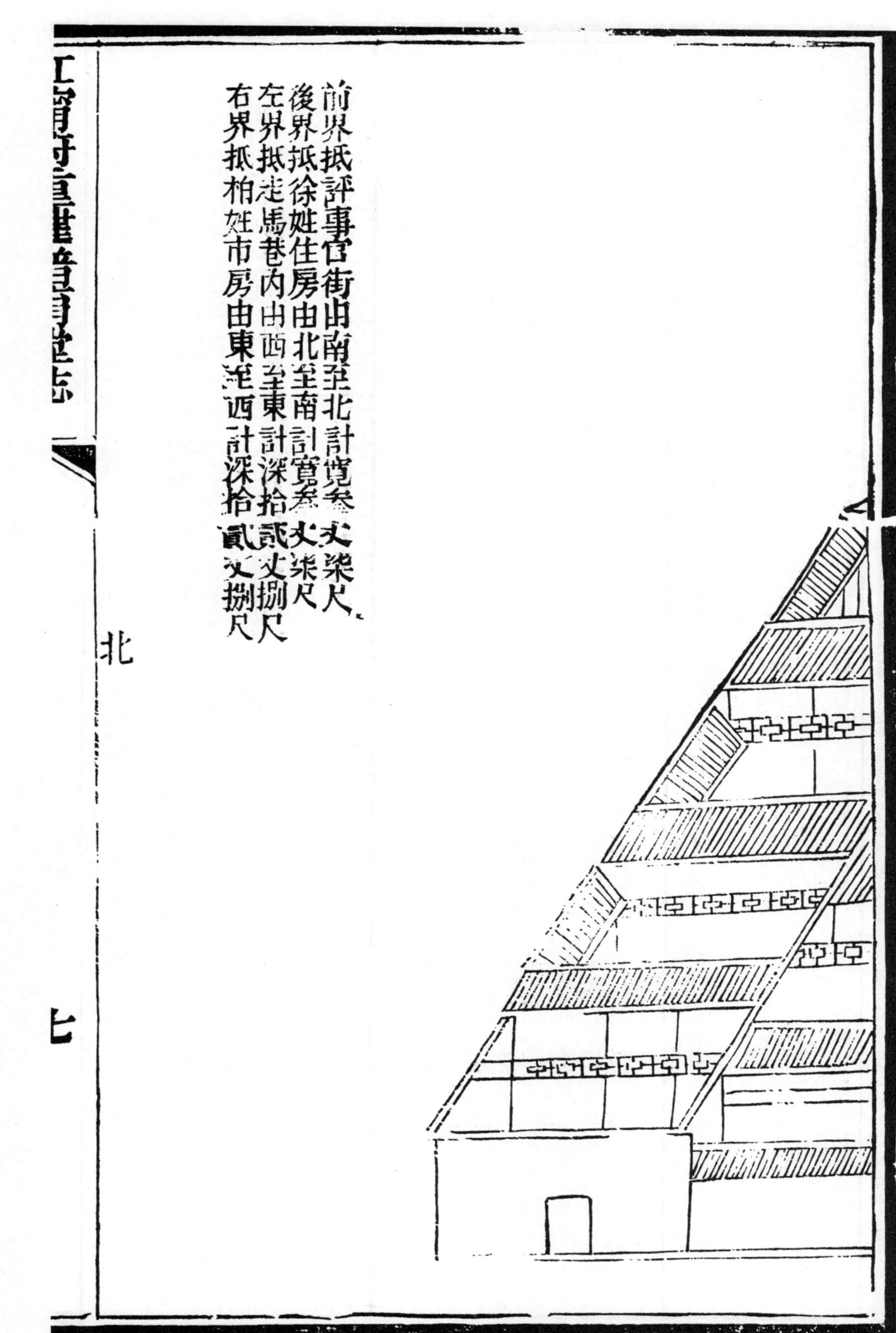
江甯府重建普育堂志
前界抵評事官街由南至北計寬叁丈柒尺
後界抵徐姓住房由北至南計寬叁丈柒尺
左界抵走馬巷內由西至東計深拾貳丈捌尺
右界抵柏姓市房由東至西計深拾貳丈捌尺
北
七

三山街市房圖

江甯府重建普育堂志

三山街市房圖

東

前界抵三山官街由南至北計寛壹丈陸尺
後界抵馬姓住房由北至南計寛壹丈陸尺
左界抵伍姓市房由東至西計深伍丈叁尺
右界抵楊姓市房由西至東計深伍丈叁尺

北

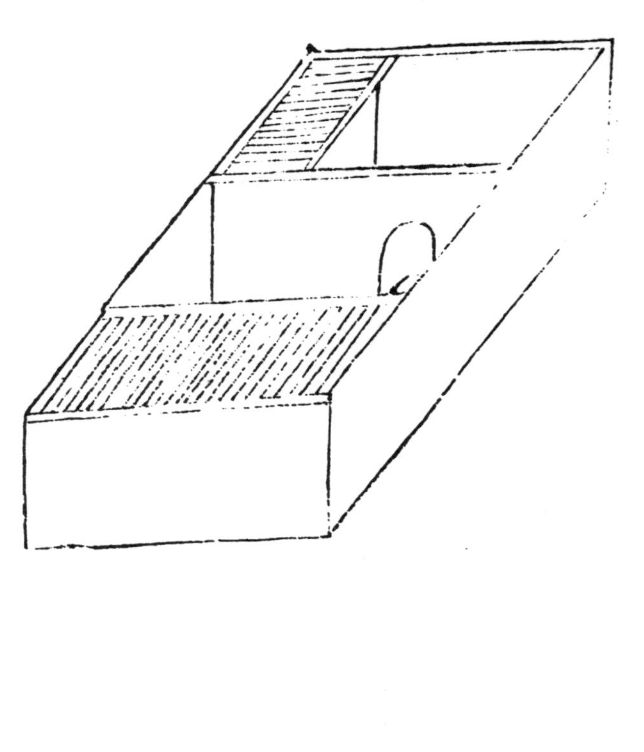

西

江甯府重建普育堂志

三山街市房圖

三山街市房圖

前界抵三山宫街由南至北計寬壹丈壹尺
後界抵伍姓住房由北至南計寬壹丈陸寸
左界抵左姓市房由西至東計深肆
石界抵伍姓市房由東至西計深肆

東

南

北

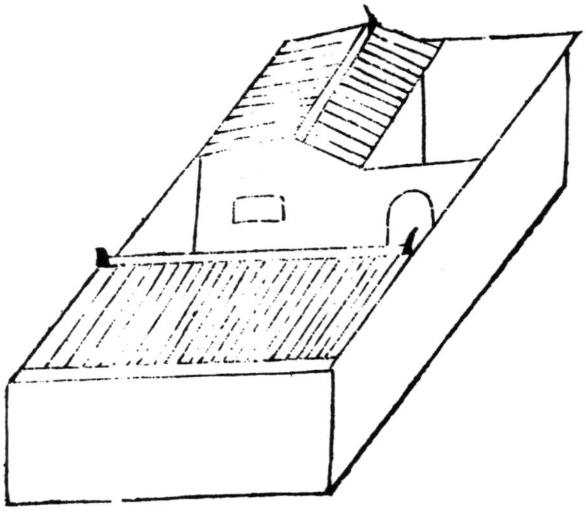

西

糖坊廊市房圖

糖坊廊市房圖

南

前界抵[illegible]街由東至西計寬叁丈伍寸
後界抵秦淮河心由西至東計寬四丈
左界抵張姓市房由北至南計深伍丈
右界抵唐姓市房由南至北計深伍丈

東

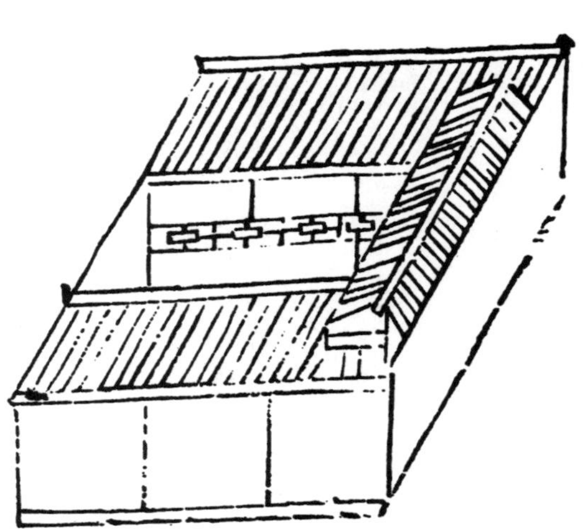

北

信府河東厠圖

信府河東厠圖

北

前界抵官街由東至西計寬壹丈

後界抵許姓房由西至東計寬壹

左界抵許姓房由南至北計深弍

右界抵許姓房由北至南計深弍

東

西

南

剪子巷住房圖

剪子巷住房圖

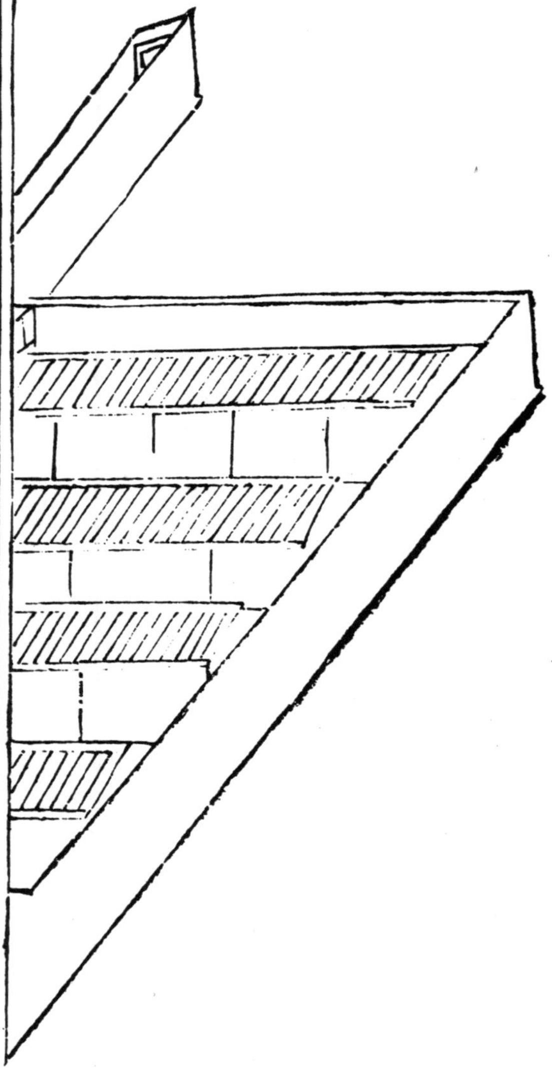

前抵剪子巷街由東至西計寬叁丈五尺
後抵李姓住屋由西至東計寬四丈
左抵李姓住房由南至北計深拾五丈
右抵湯姓住房由北至南計深拾五丈

外後首披一厦　計寬壹丈
巷一条　計寬四丈
深連披拾丈壹尺

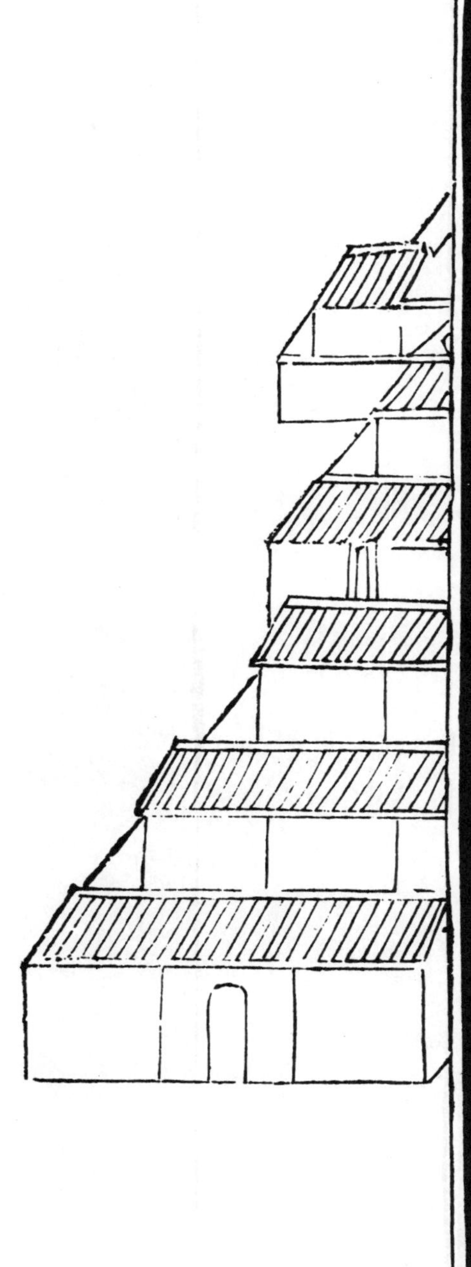

雙塘住房圖

江甯府重建普育堂志

雙塘住房圖

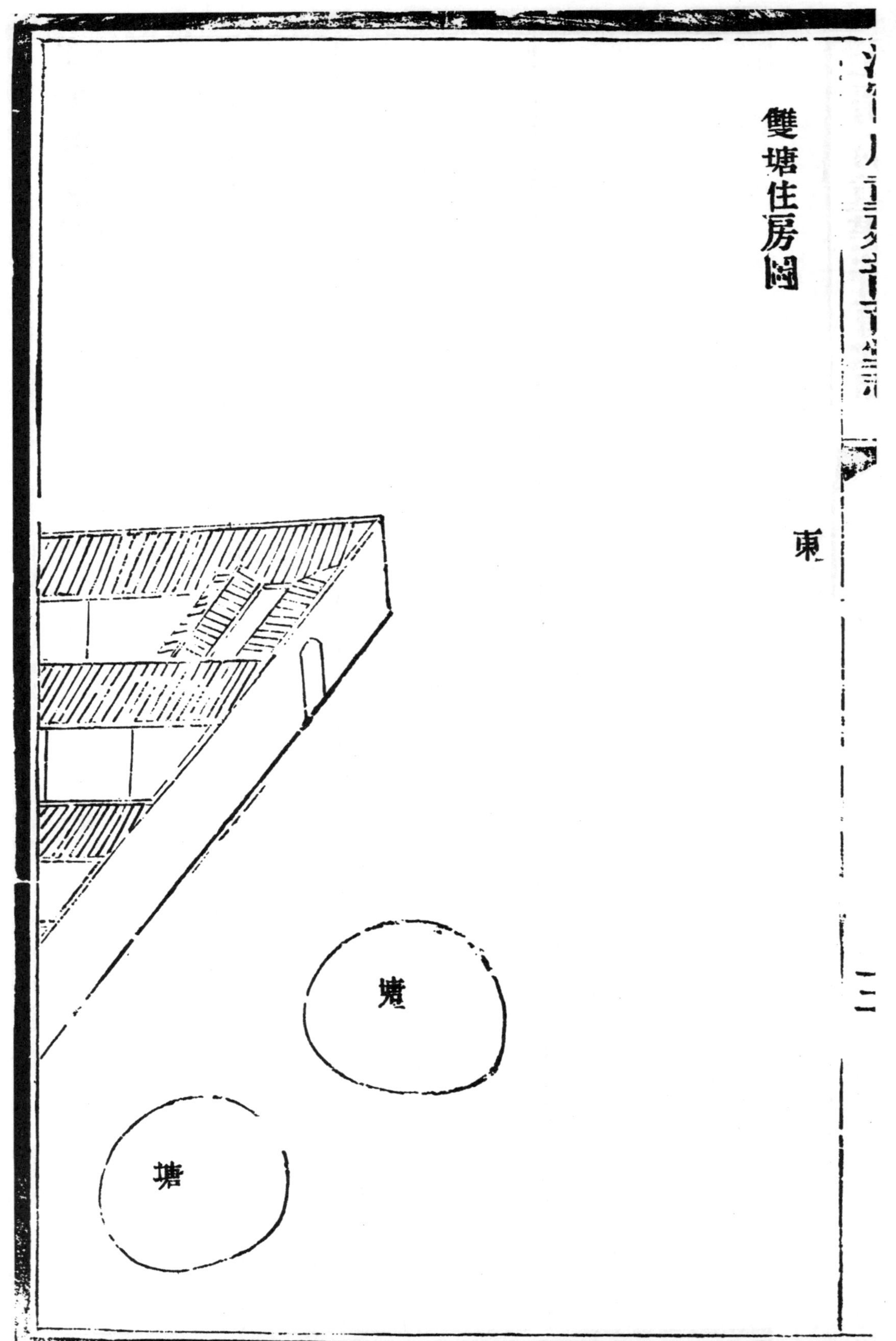

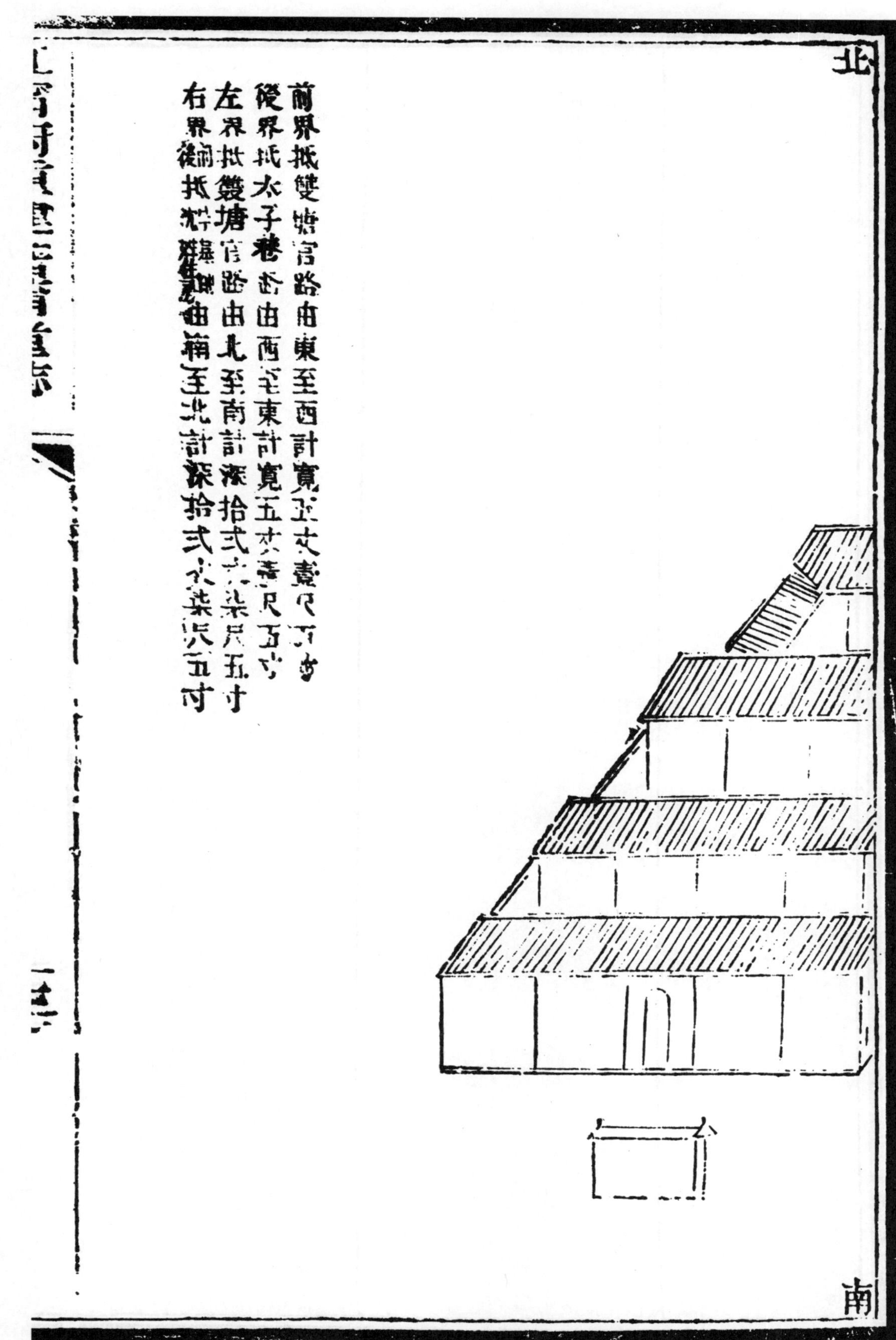
北
前界抵雙塘官路由東至西計寬五丈壹尺[illegible]寸
後界抵太子巷口由西至東計寬五丈壹尺五寸
左界抵鐵塘官路由北至南計深拾式丈柒尺五寸
右界後抵[illegible]由南至北計深拾式丈柒尺五寸
南

銅作坊市房圖

御作坊房圖

東

前界抵官街出南至北計寬貳丈壹尺
後界抵朱姓住房由北至南計寬貳丈壹尺
左界抵樂善堂市房由西至東計深貳丈四尺
右界抵黑廊口小巷由東至西計深貳丈四尺

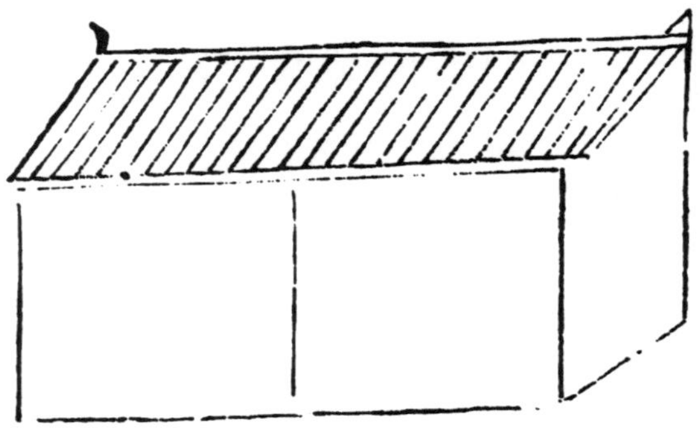

南

北

西

水西門外大街市房圖

江甯府重建普育堂志

水西門外大街市房圖

北

前界抵官街由西至東計寬壹丈柒尺

後界抵李姓荒基由東至西計寬貳丈壹尺伍寸

左界抵宋地主房由南至北計深陸丈四尺

右界抵鄒地主房由北至南計深陸丈四尺

後面空基壹方寬壹丈玖尺深貳丈伍尺

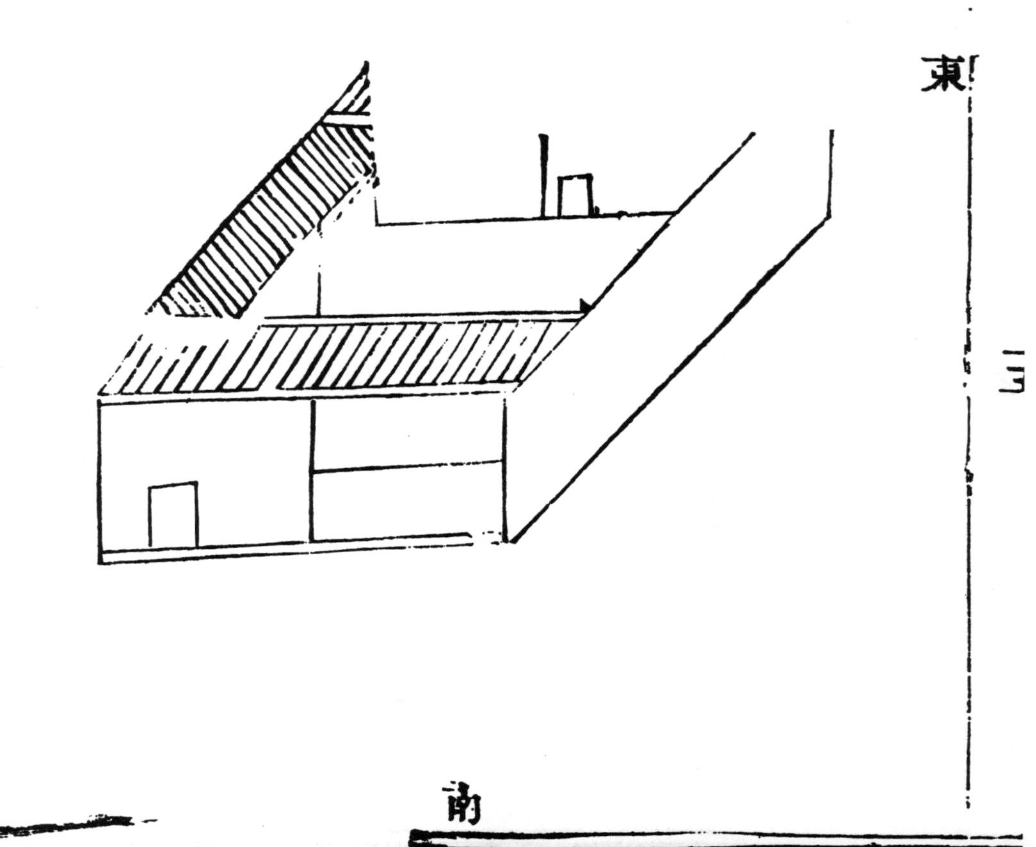

水西門外南傘巷口市房圖

水西門外南傘巷口市房圖

南

外荒基
外老井

前界抵官街由東至西計寬貳丈壹尺貳寸
後界抵荒基由西至東計寬貳丈壹尺貳寸
左界抵顧地主房由南至北計深玖丈捌尺
右界抵陳地主房由北至南計深玖丈捌尺
後面基地長計叁丈寬計貳丈捌尺

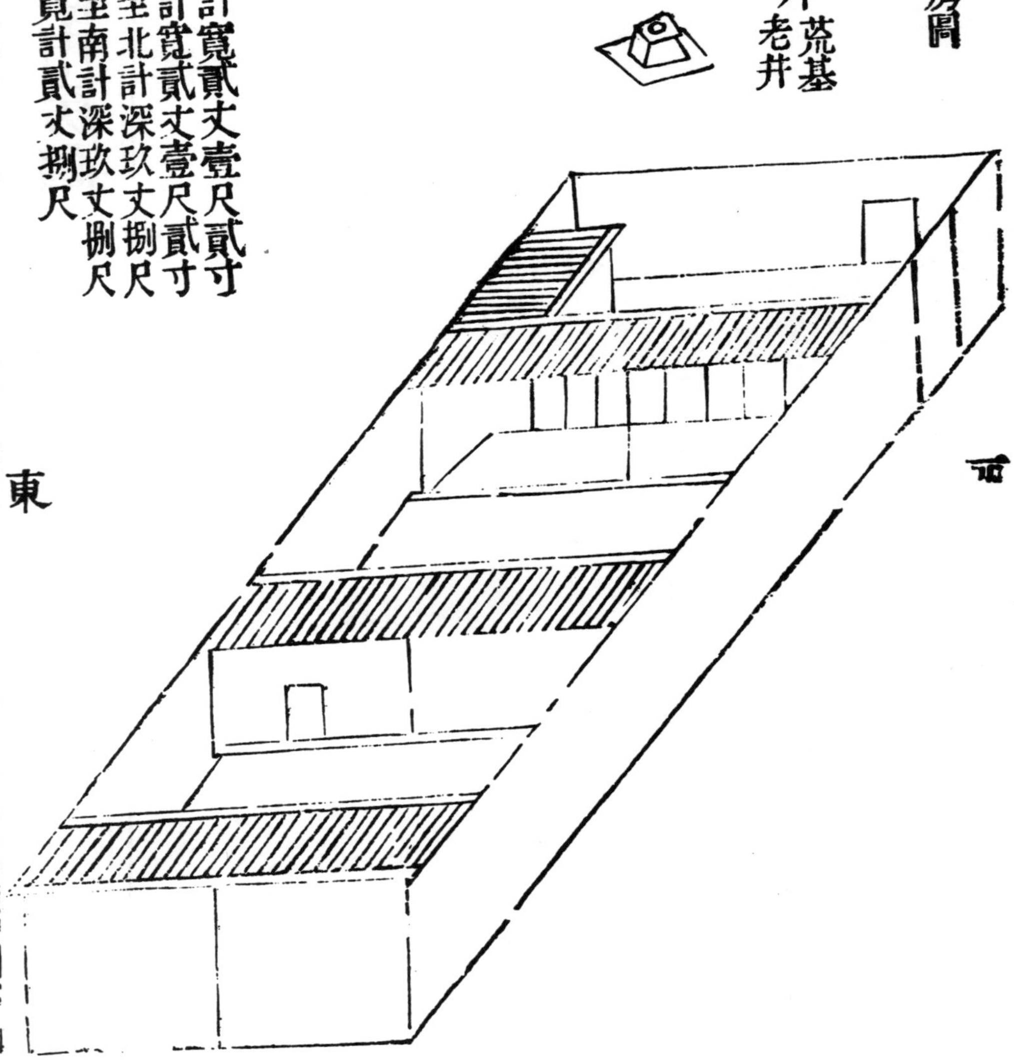

東

西

北

南門外上馬頭市房圖

南門外上馬頭市房圖

北

東

西

南

前界抵官街由西至東計寬貳丈貳尺

後界抵南門河沿由東至西計寬貳丈貳尺

左界抵本堂市房由南至北計深貳丈柒尺

右界抵史姓市房由北至南計深貳丈柒尺

南門外上馬頭市房圖

南門外上馬頭市房圖

北

前界抵官街由西至東計寬貳丈貳尺
後界抵南門河沿由東至西計寬貳丈貳尺
左界抵謝姓市房由北至南計深貳丈玖尺叁寸
右界抵本堂市房由北至南計深貳丈玖尺叁寸

西　東

南

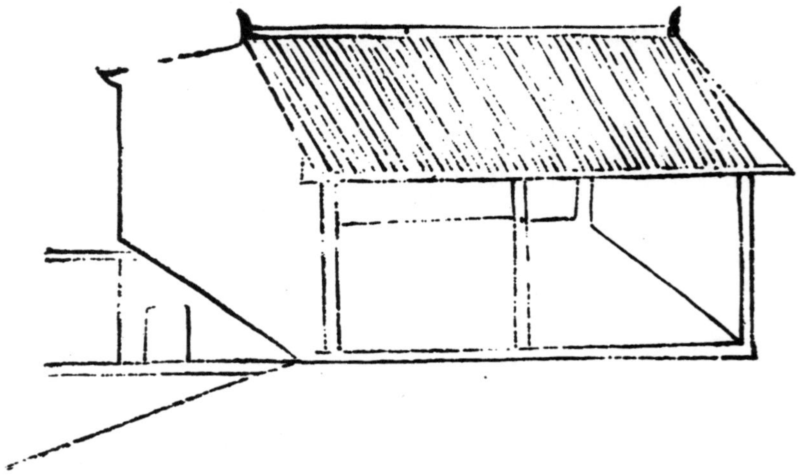

水西門外大街市房圖

水西門外大街市房圖

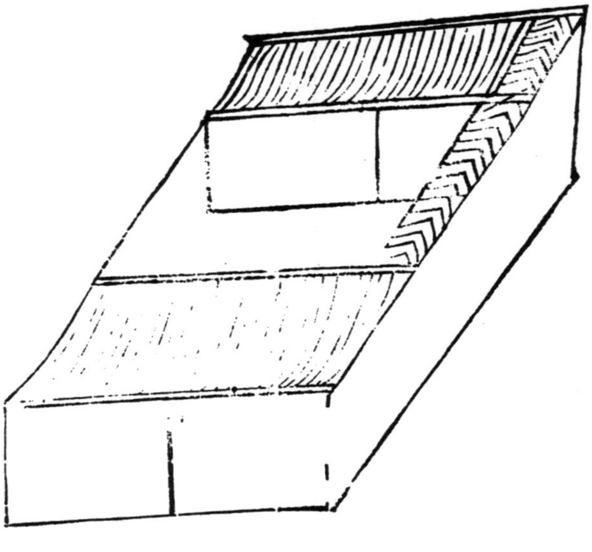

前界抵官街由西至東計寬壹丈玖尺伍寸
後界抵■姓房後由東至西計寬壹丈玖尺伍寸
左界抵劉姓市房由南至北計深叁丈捌尺
右界抵王姓市房由北至南計深叁丈捌尺

東

西

南

釣魚台市房圖

釣魚台市房圖

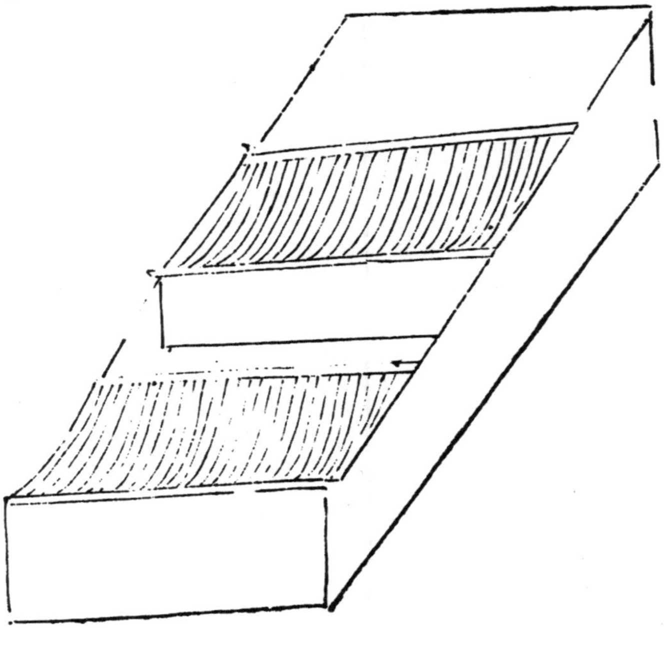

北

前界抵官街由東至西計寬壹丈貳尺
後界抵河沿由西至東計寬壹丈貳尺
左界抵湯姓市房由南至北計深陸丈叁尺
右界抵徐姓市房由北至南計深陸丈叁尺

西

東

南

三山大街市房圖

江甯府重建普育堂志

三山大街市房圖

北

西

前界抵官街由南至北計寬貳丈
後界抵鄭姓房由北至南計寬貳丈
左界抵鄭姓房由東至西計深肆丈六尺
右界抵顧姓房由西至東計深肆丈六尺

南

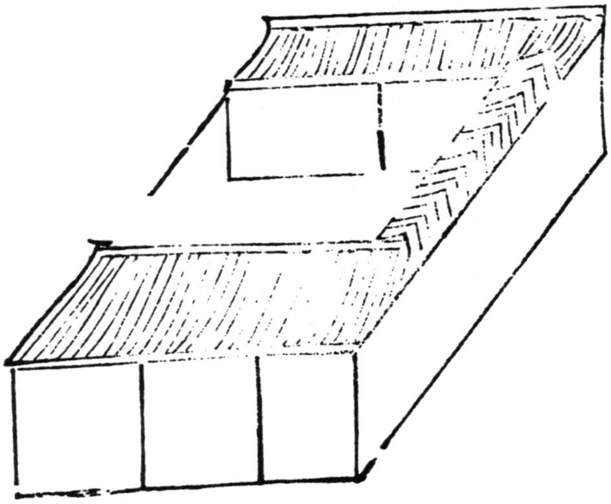

東

大黄洲圖

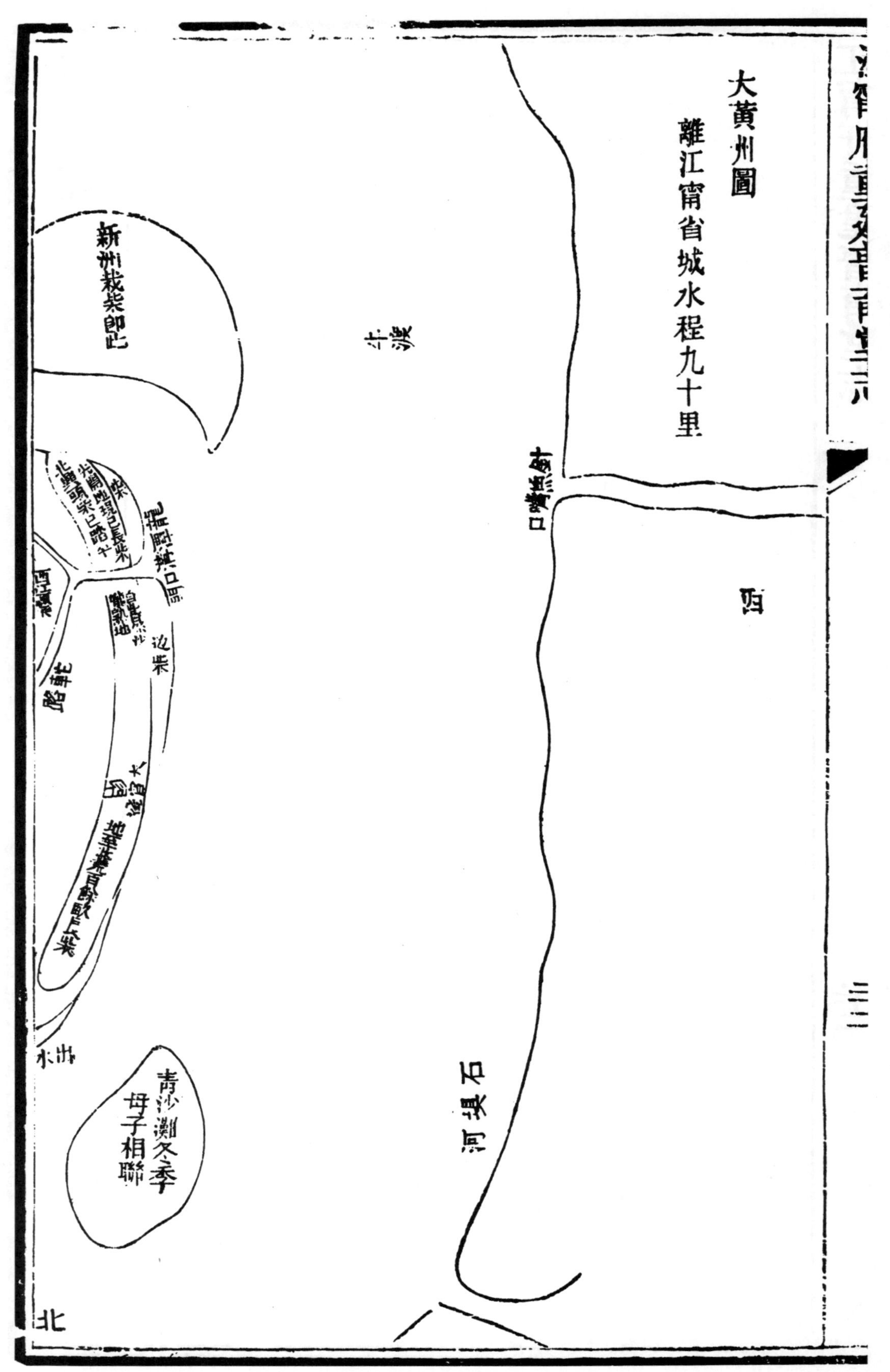
大黄州圖
離江甯省城水程九十里
新洲栽柴圩
石埧河
青沙灘冬季
母子相聯
北
西

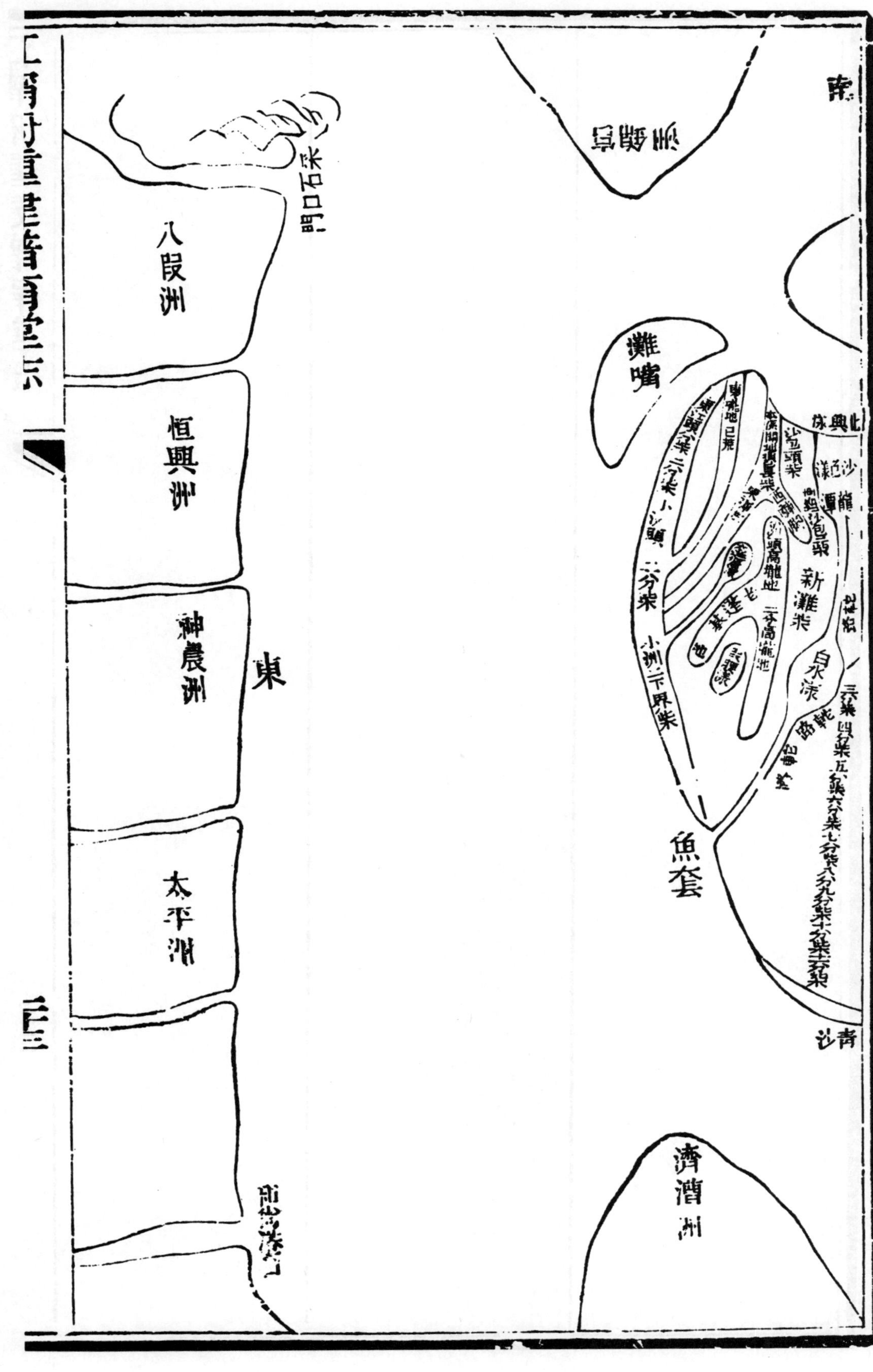
八段洲
恒興洲
神農洲
太平洲
東
魚套
濟漕洲
新灘柴
白水汴

烈山洲圖

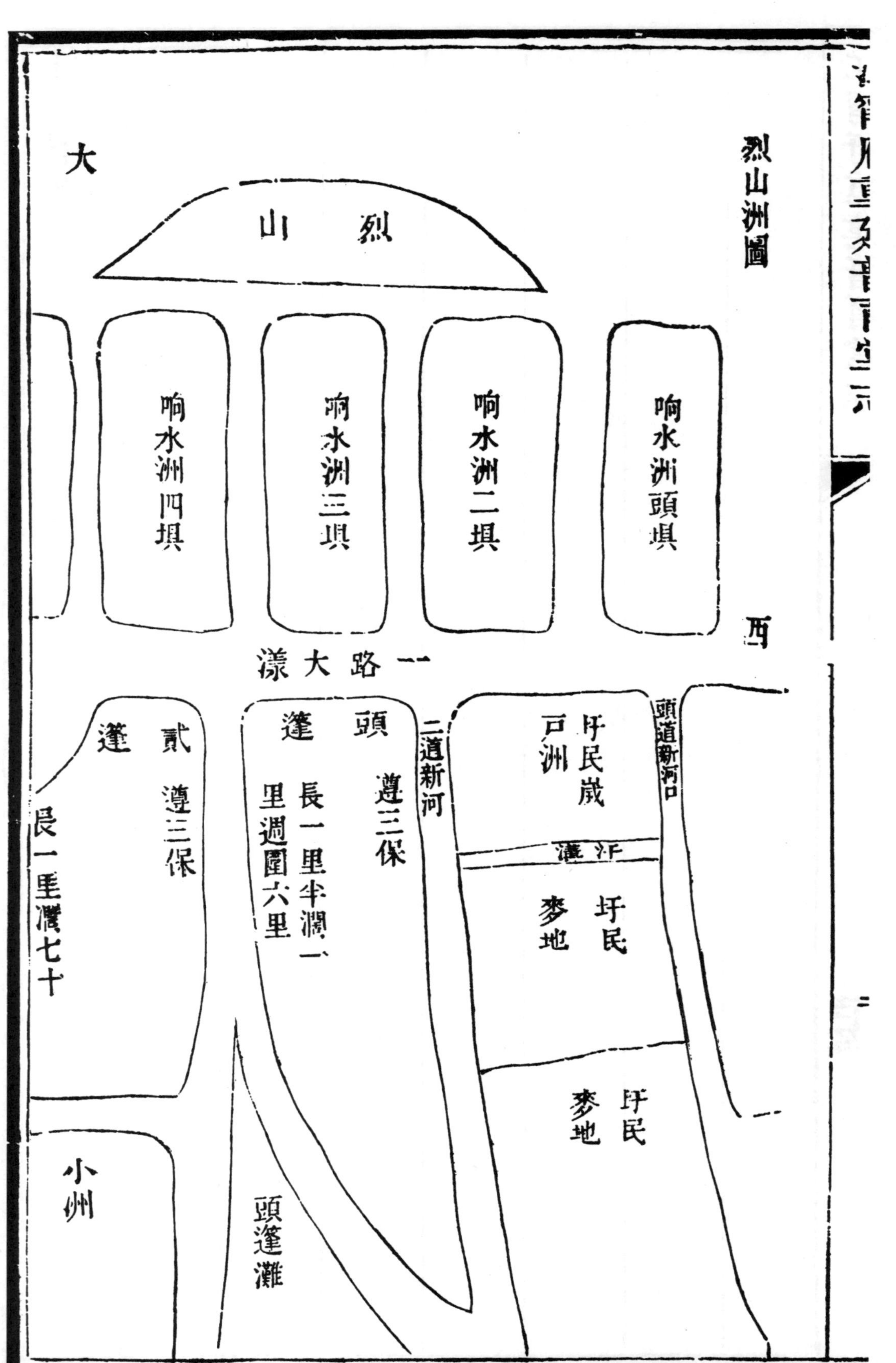
烈山洲圖
大
烈山
響水洲四埧
響水洲三埧
響水洲二埧
響水洲頭埧
西
一路大漾
貳蓬
遵三保
長一里濶七十
頭蓬
遵三保
長一里半濶一
里週圍六里
二道新河
頭道新河口
戶洲
圩民歲
圩灘
麥地
圩民
麥地
圩民
小州
頭蓬灘

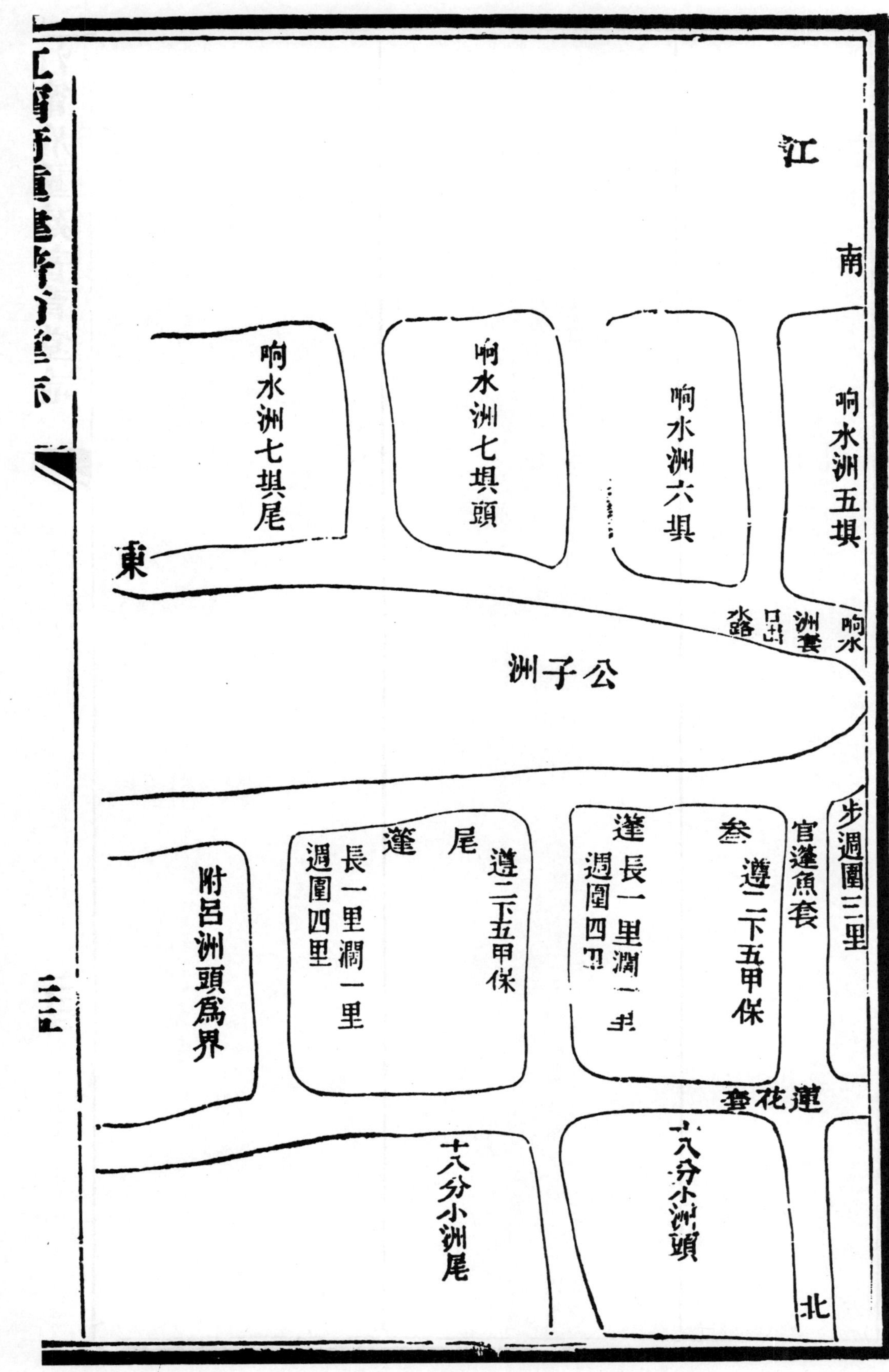
江
南
東
北
響水洲五埧
響水洲六埧
響水洲七埧頭
響水洲七埧尾
響水洲套口出路
公子洲
步週圍三里
官蓬魚套
叁遵二下五甲保
蓬長一里濶一里
週圍四里
尾蓬
遵二下五甲保
長一里濶一里
週圍四里
附呂洲頭爲界
蓮花套
十八分小洲頭
十八分小洲尾

江甯府重建普育堂志

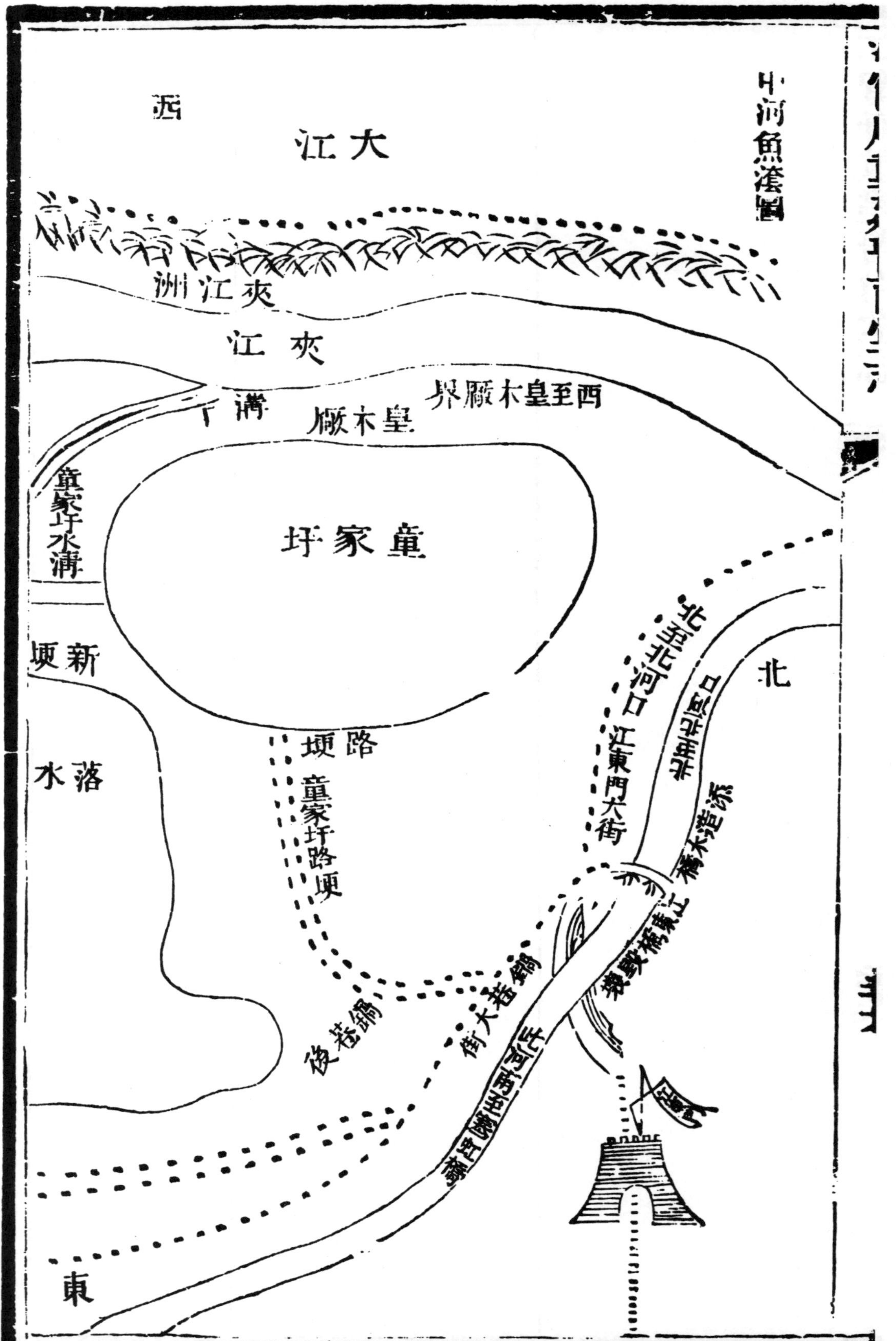
中河魚滄圖
西
大江
夾江洲
夾江
西至皇木廠界
皇木廠
童家圩
童家圩水溝
新埂
落水
路埂
童家圩路埂
北
後鍋巷
鍋巷大街
江東門大街
江東橋
北河口
東

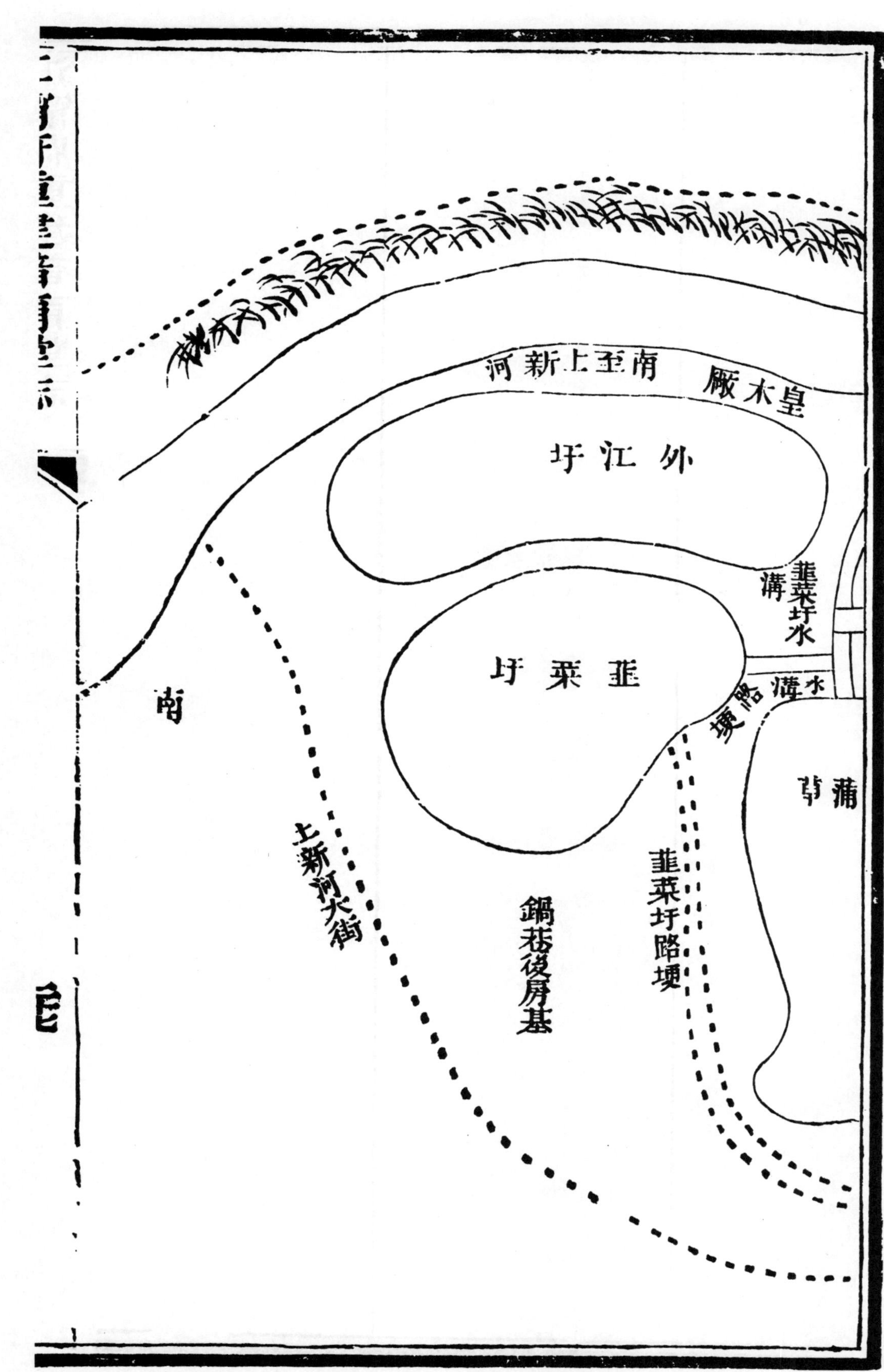
南至上新河
皇木廠
外江圩
韭菜圩
韭菜圩水溝
水溝路埂
蒲
南
上新河大街
鍋巷後房基
韭菜圩路埂

江甯府重建普育堂志

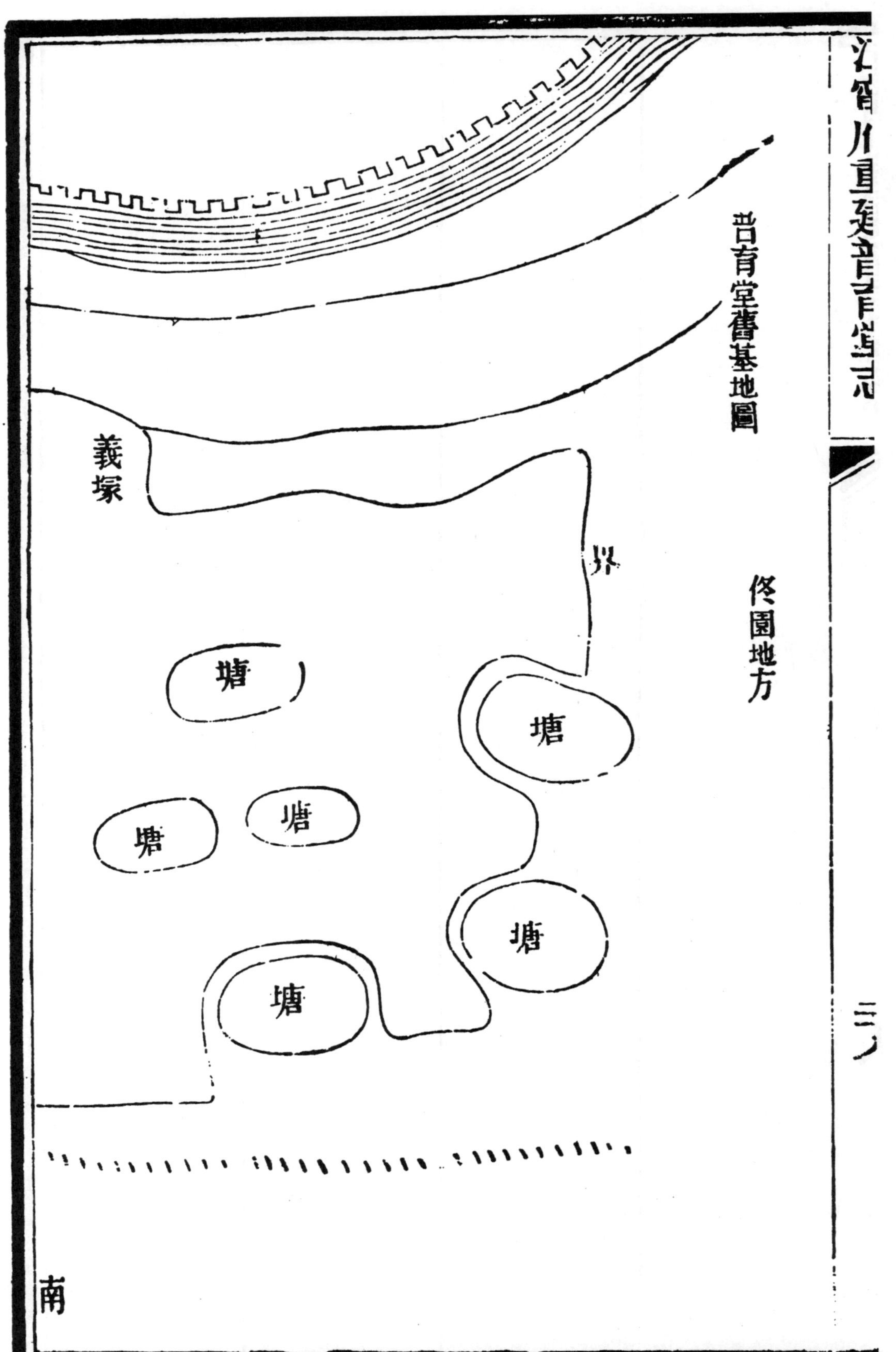
普育堂舊基地圖
義塚
界
佟園地方
塘
塘
塘
塘
塘
塘
南

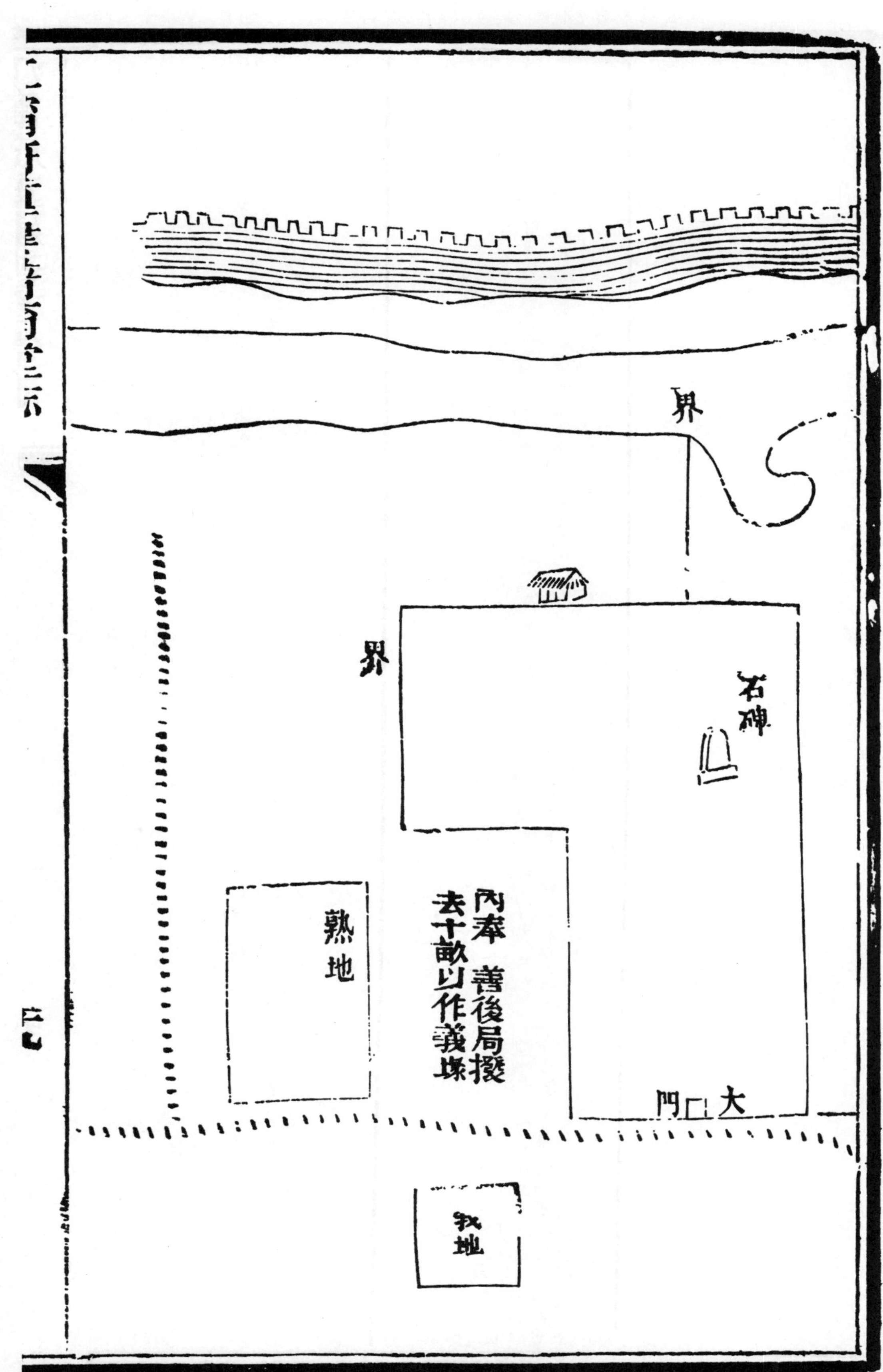
界
界
石碑
熟地
內奉善後局撥去十畝以作義塚
大門
地

朱家圩

上元縣屬朱家圩莊田一業同治七年查得該莊原田約計拾餘畝全荒未墾茲因水長草深圩數不分難以覆查未繪圖

新子埠

上元縣屬新子埠莊田一業同治七年查得該莊原田約計肆拾餘畝全荒未墾

兹因水長草深坵數不分難以覆查未繪圖

趙家圩

上元縣屬趙家圩莊田一業同治七年查得該莊原田約計叁拾餘畝全荒未墾

茲因水長草深坵數不分難以覆查未繪圖

崇禮鄉田圖

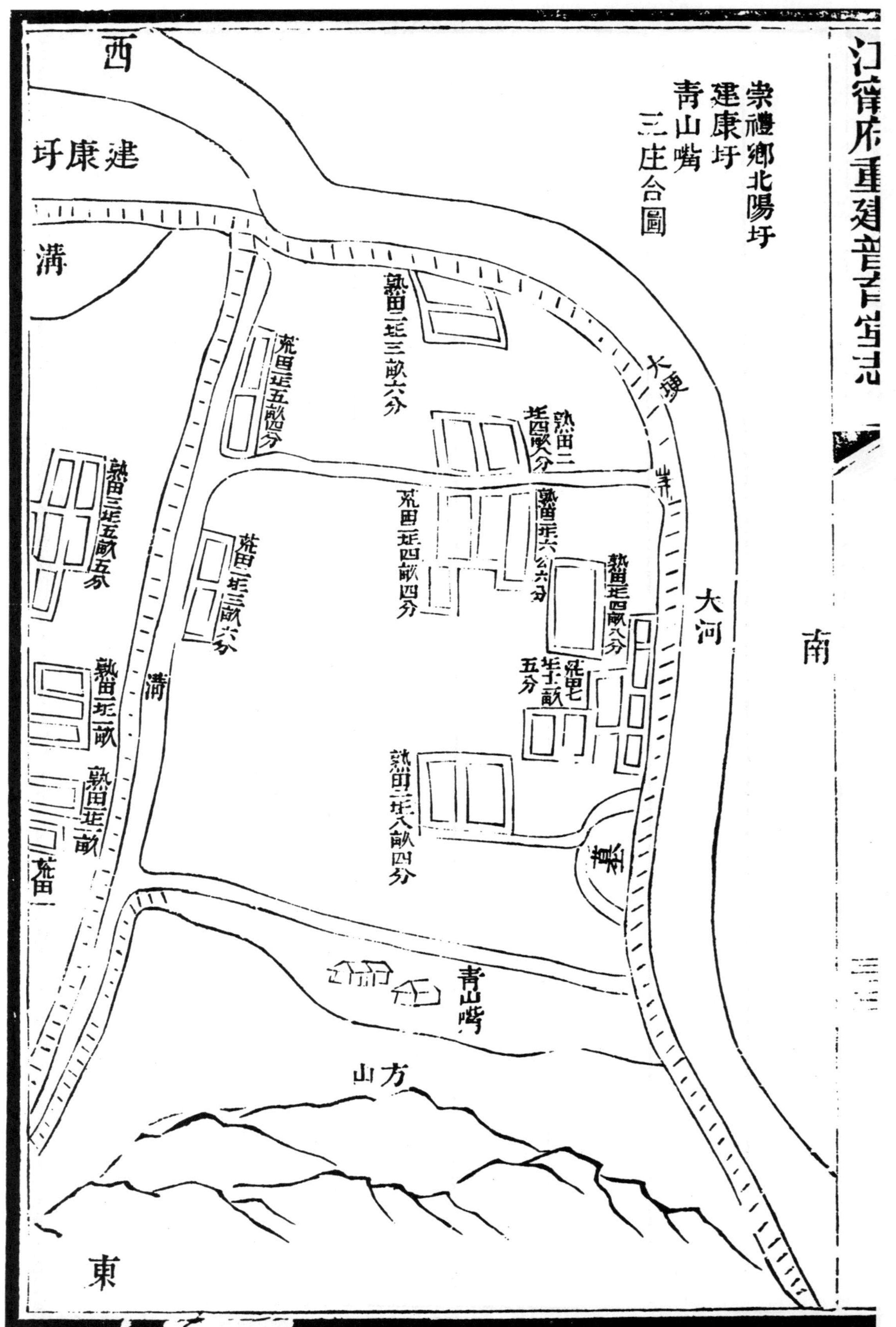
崇禮鄉北陽圩
建康圩
青山嘴
三庄合圖
西
建康圩
溝
大埂
大河
溝
墓
青山嘴
方山
東
南

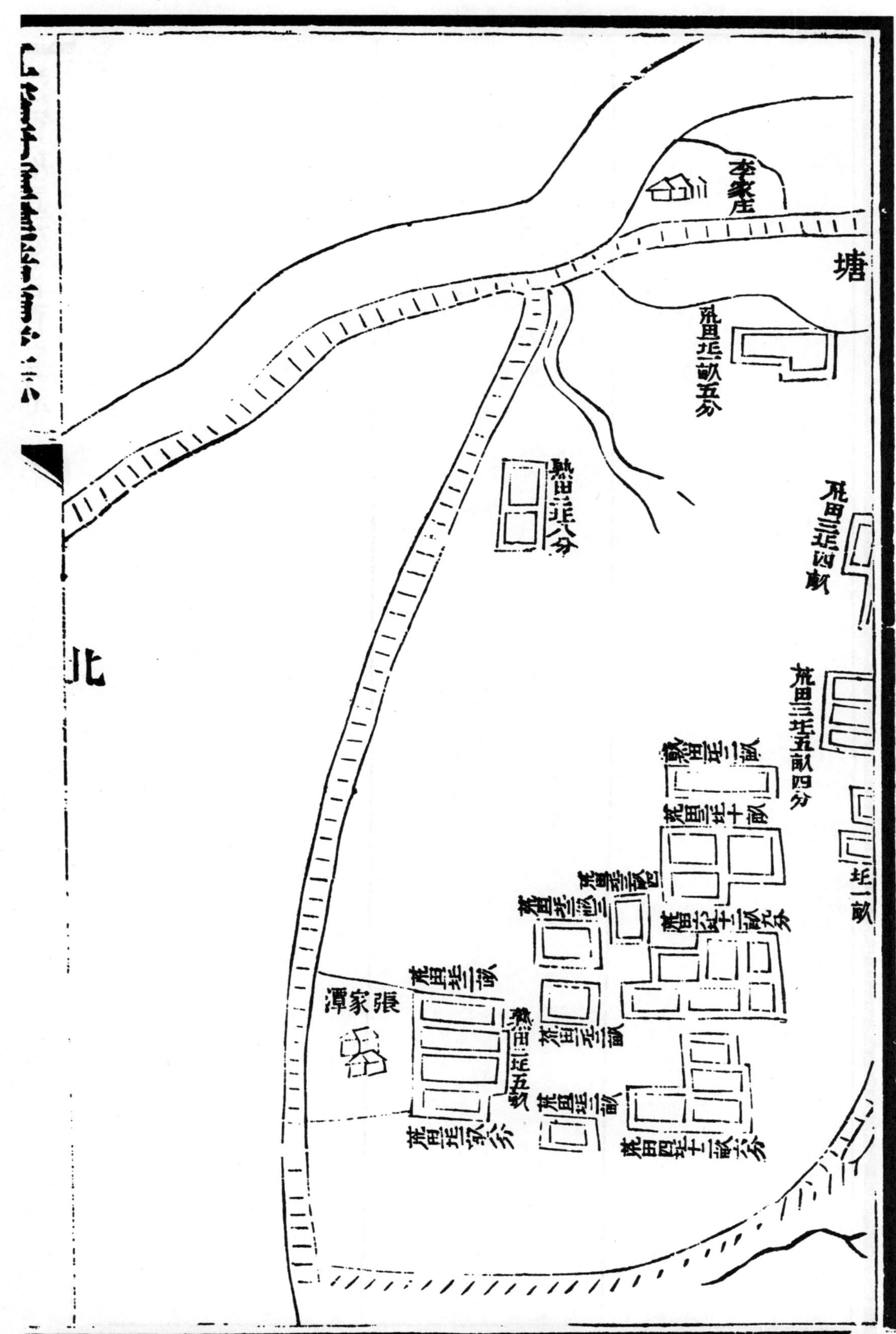
塘
北
張家潭

江甯府重建普育堂志

清涼菴中莊田圖

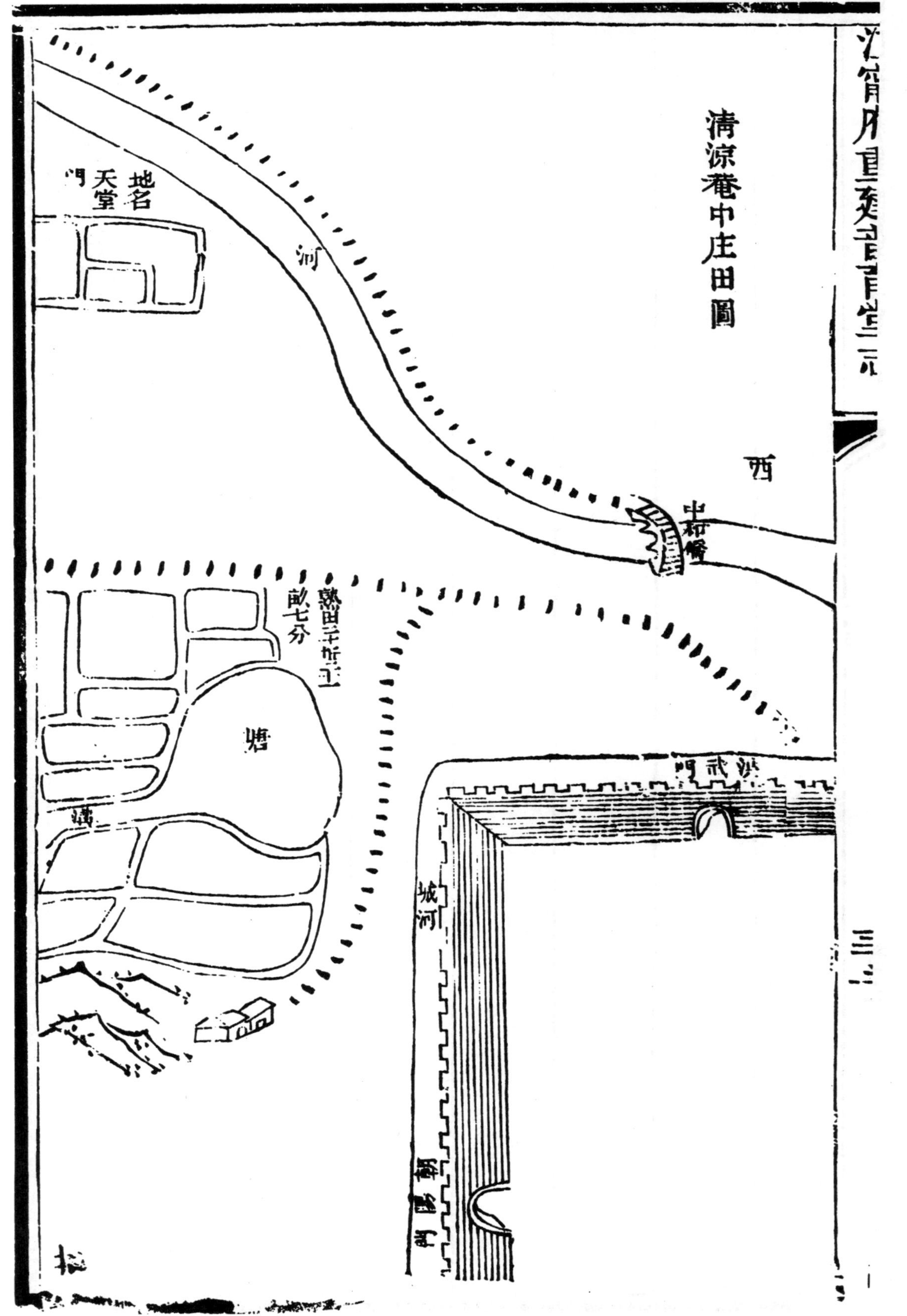
江甯府重建普育堂志
清涼菴中庄田圖
地名天堂門
河
西
中橋
熟田三十九畝七分
塘
城河
漢武門
朝陽門
三

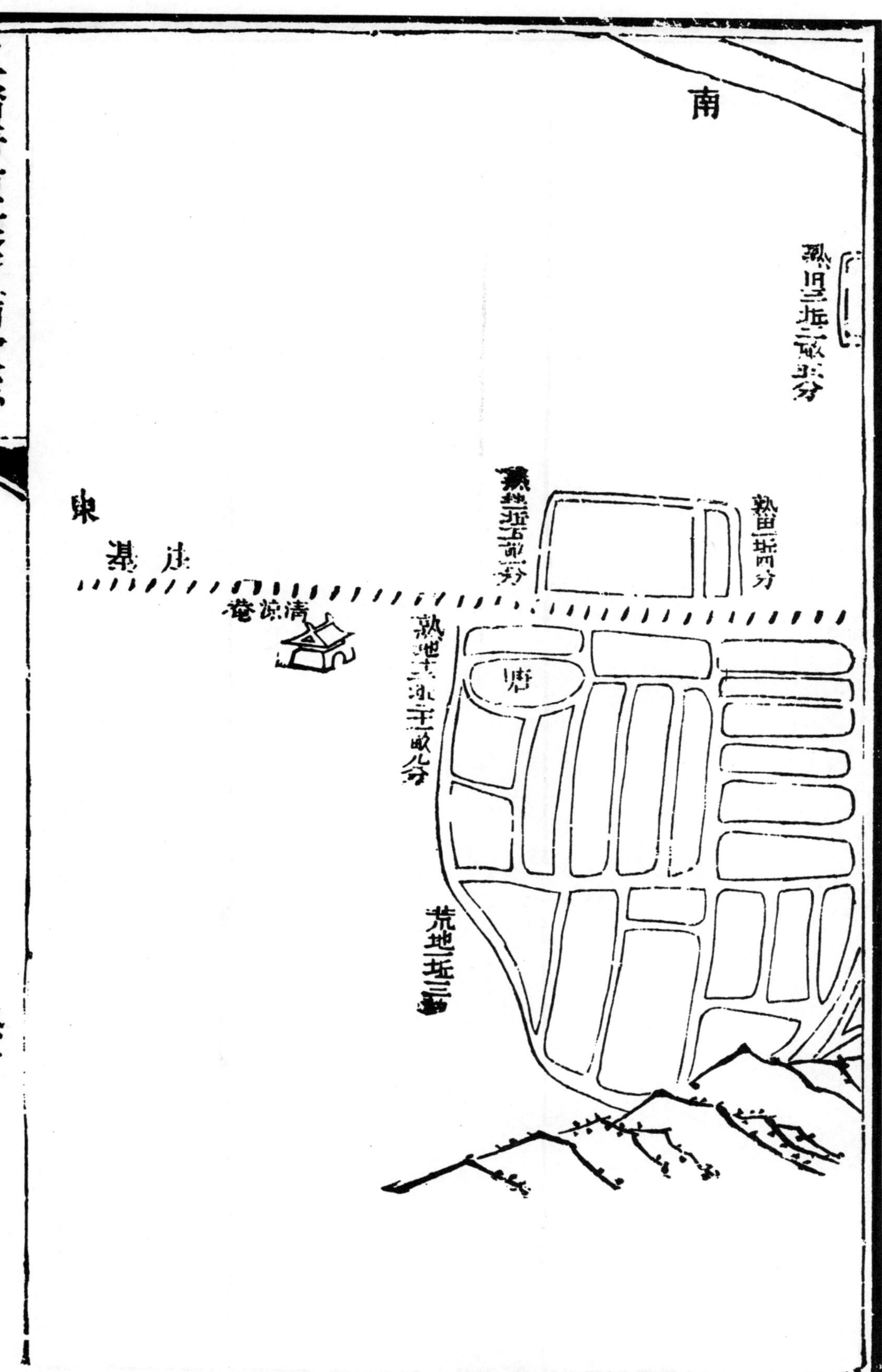
南
東
清涼庵
塘
荒地一坵三畝

江甯府重建普育堂志

崇禮鄉新六圖夏村庄田圖

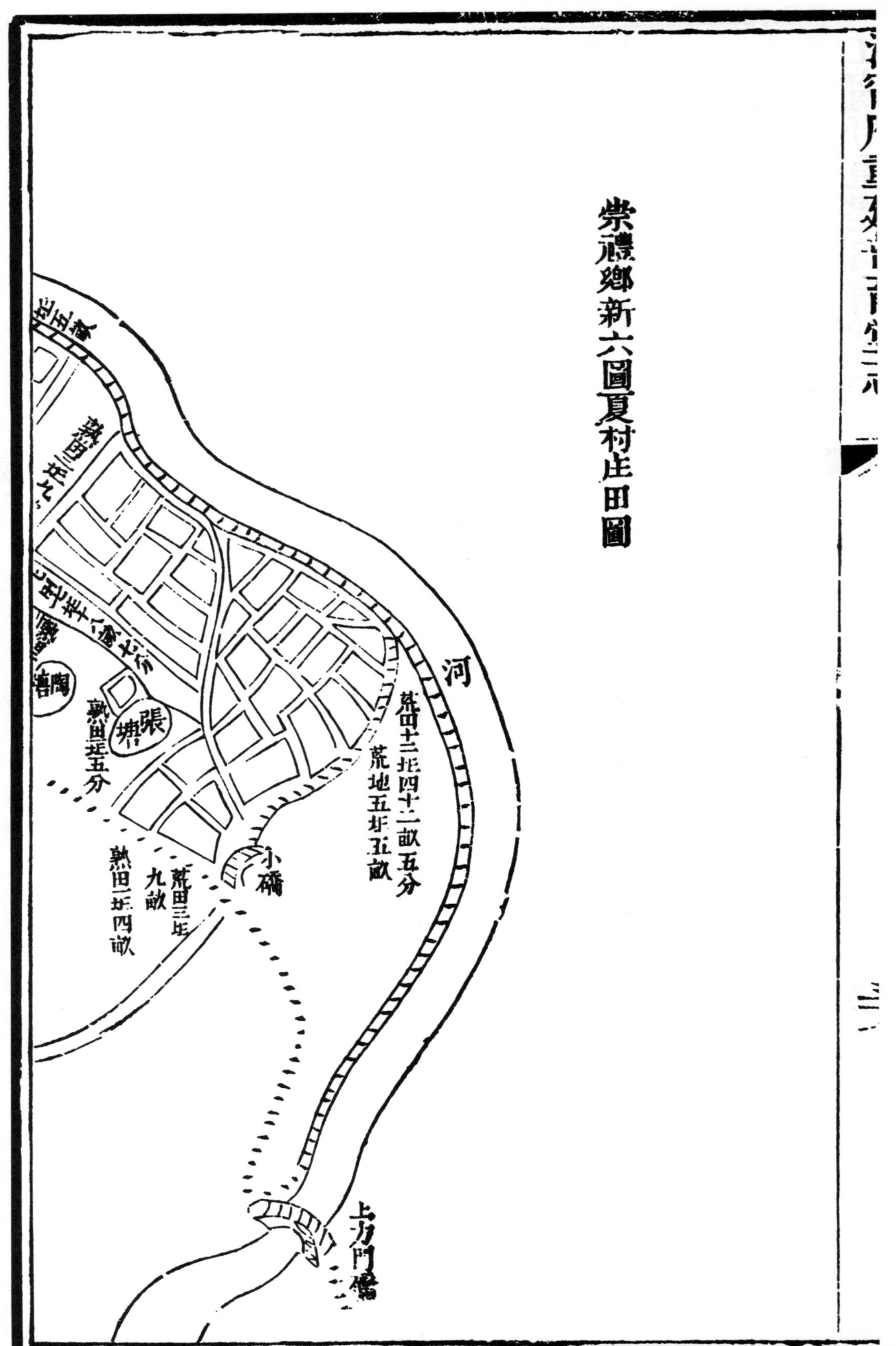

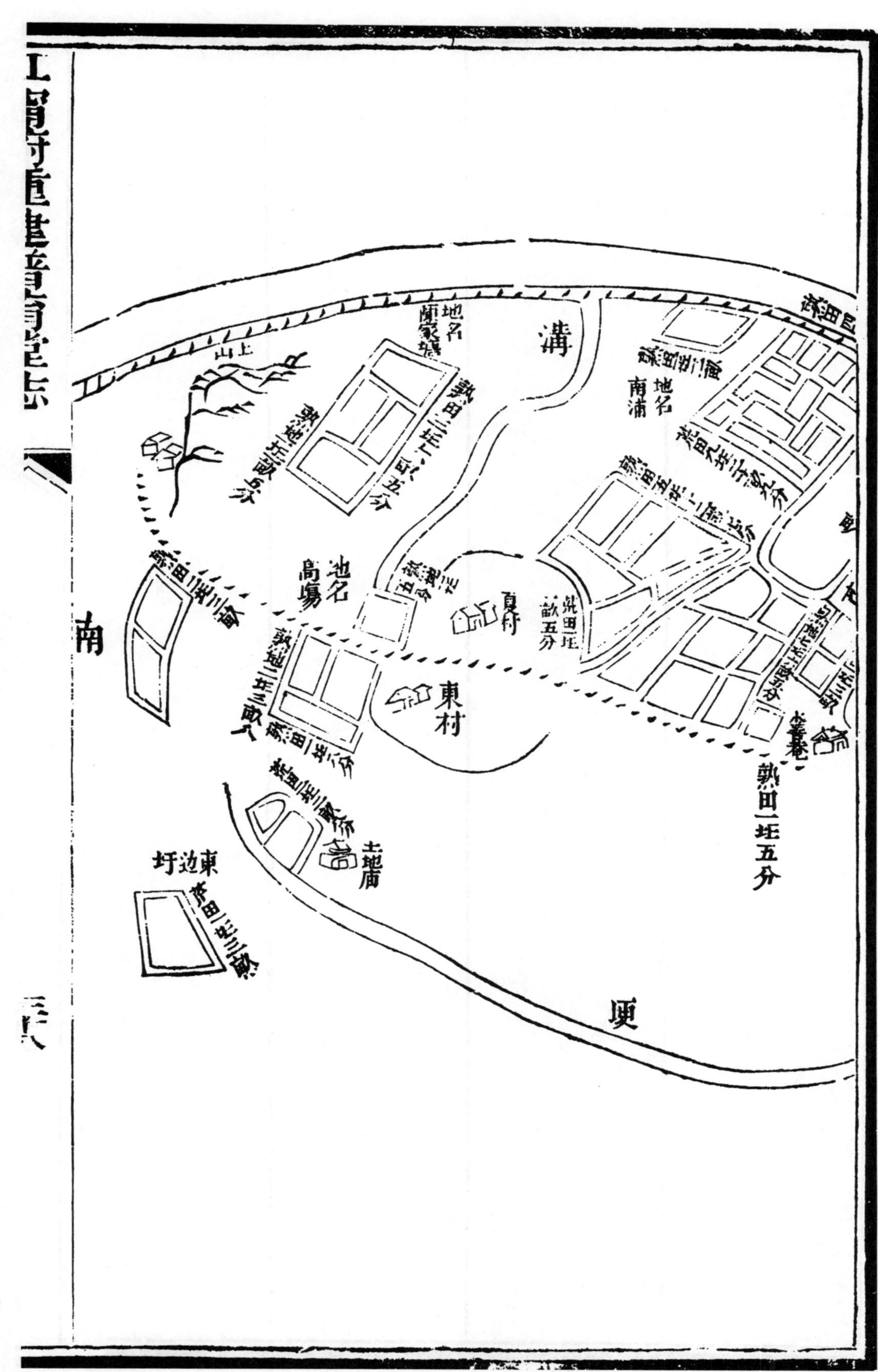

溝
南
東村
東边圩
土地廟
熟田一圩五分
池名
烏塲
地名
南浦

江甯府重建普育堂志

江甯府重建普育堂志

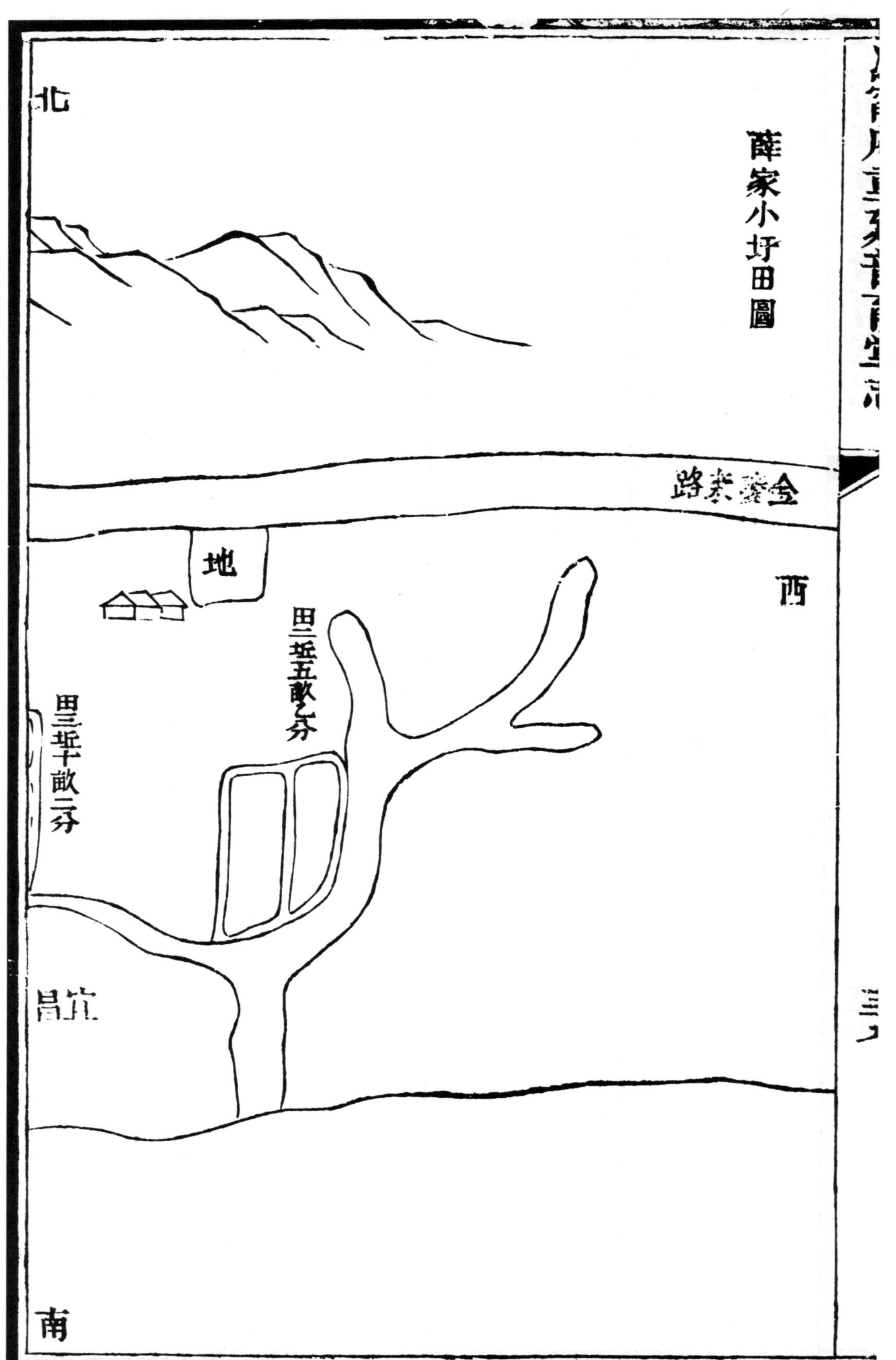
北
薛家小圩田圖
金陵來路
地
西
田三坵五畝乙分
田三坵十畝二分
南

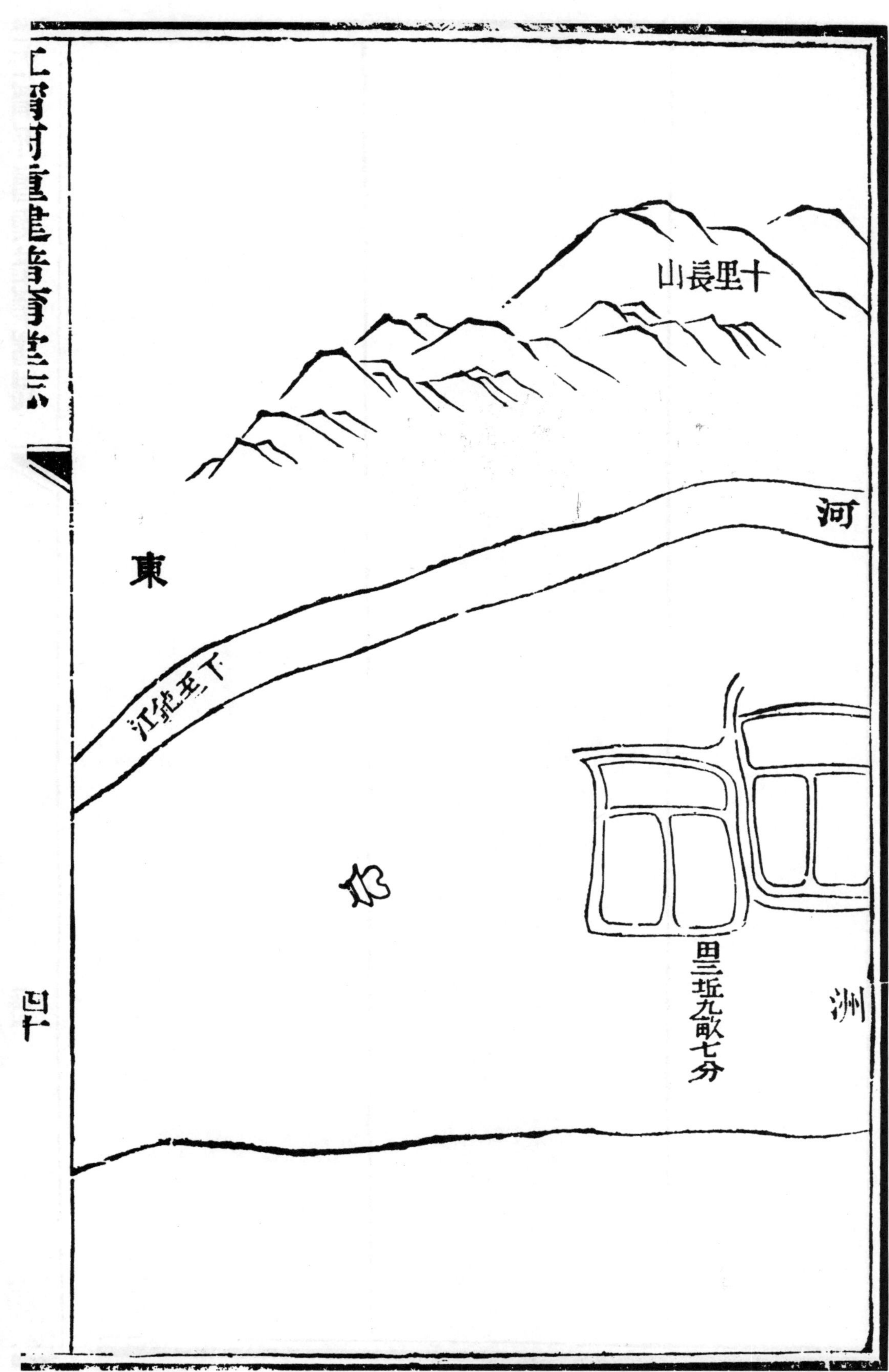
十里長山
河
東
田三坵九畝七分
洲

東陽圩田圖

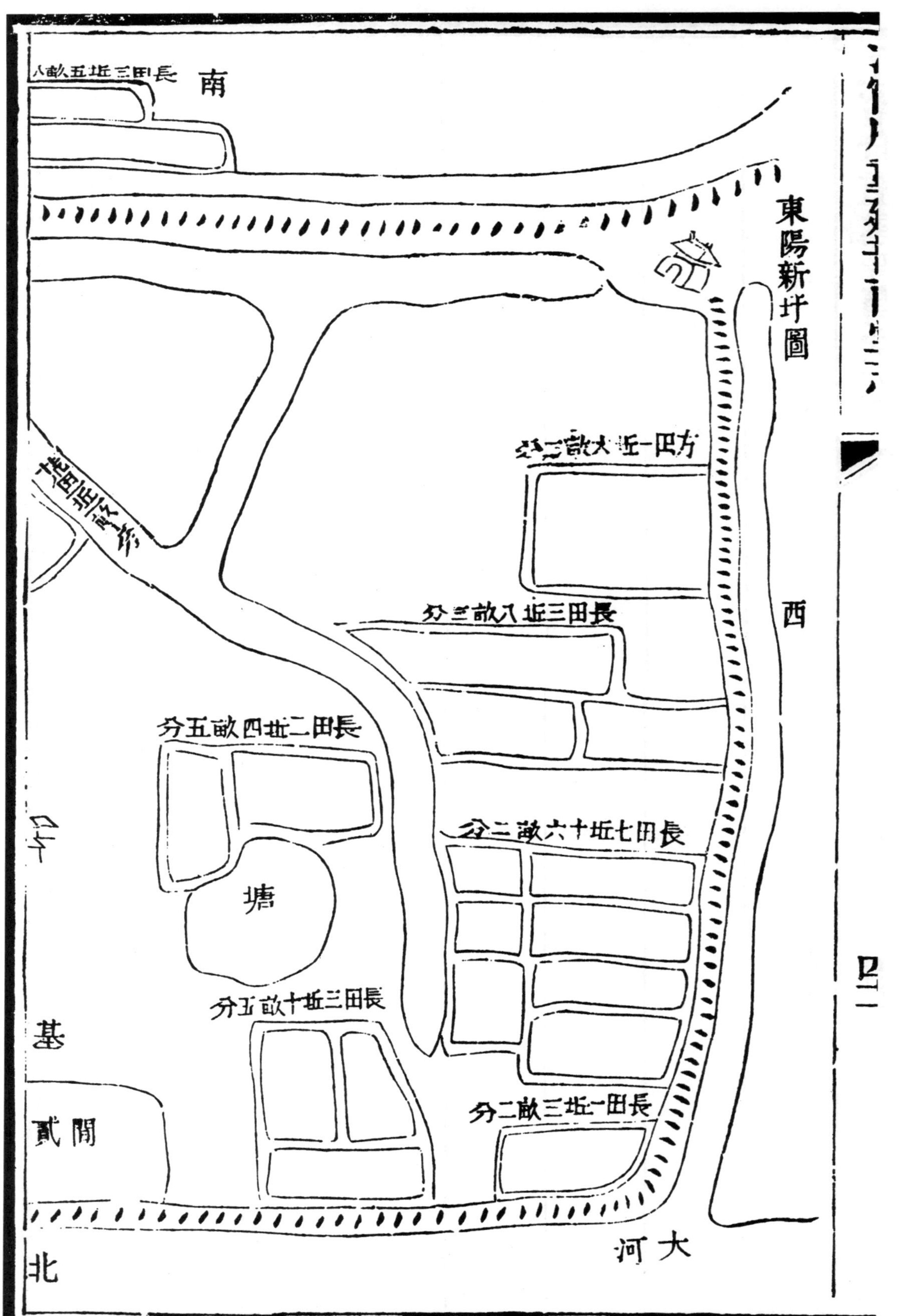
東陽新圩圖
南
長田三坵五畝八
方田一坵大畝二分
長田三坵八畝三分
長田二坵四畝五分
長田七坵十六畝二分
塘
長田三坵十畝五分
長田一坵三畝二分
西
基
貳閒
大河
北

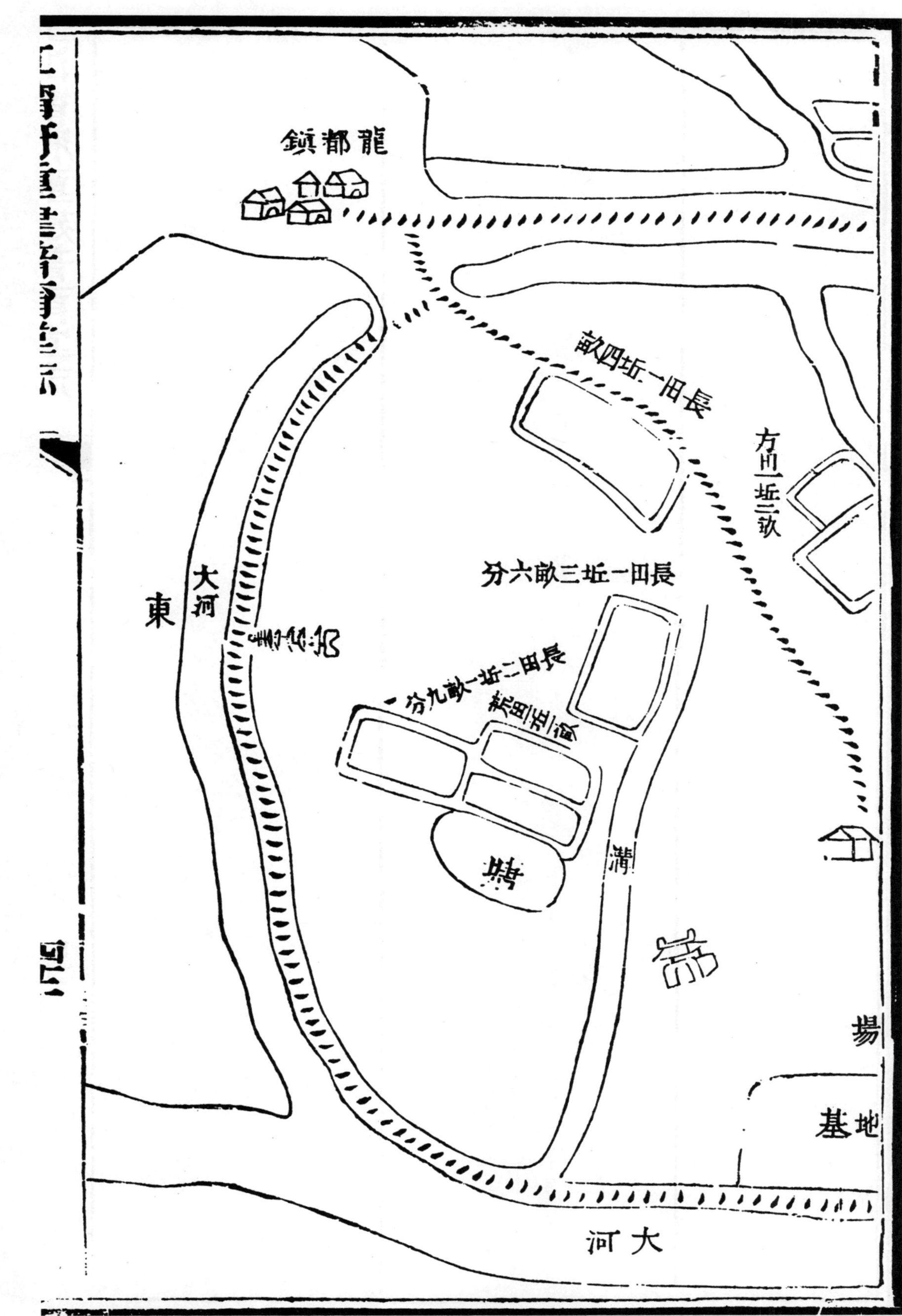
龍都鎮
長田一坵四畝
方田一坵二畝
長田一坵三畝六分
長田二坵一畝九分
東
大河
塘
溝
場
地基
大河

下關寶塔橋田圖

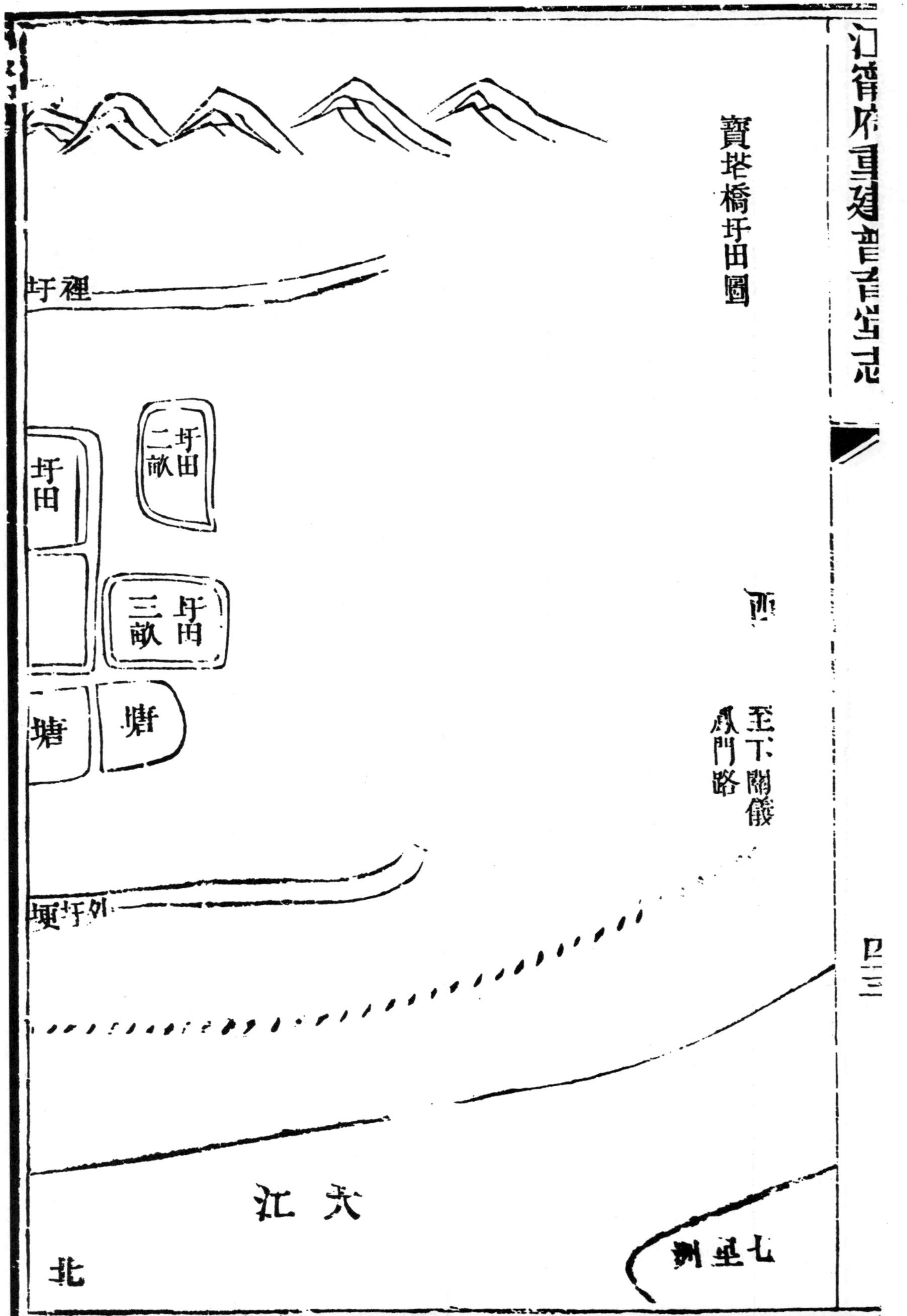
江甯府重建普育堂志
四三
寶塔橋圩田圖
裡圩
圩田
二畝
圩田
圩田
三畝
塘
西
至下關儀鳳門路
外圩埂
大江
七里洲
北

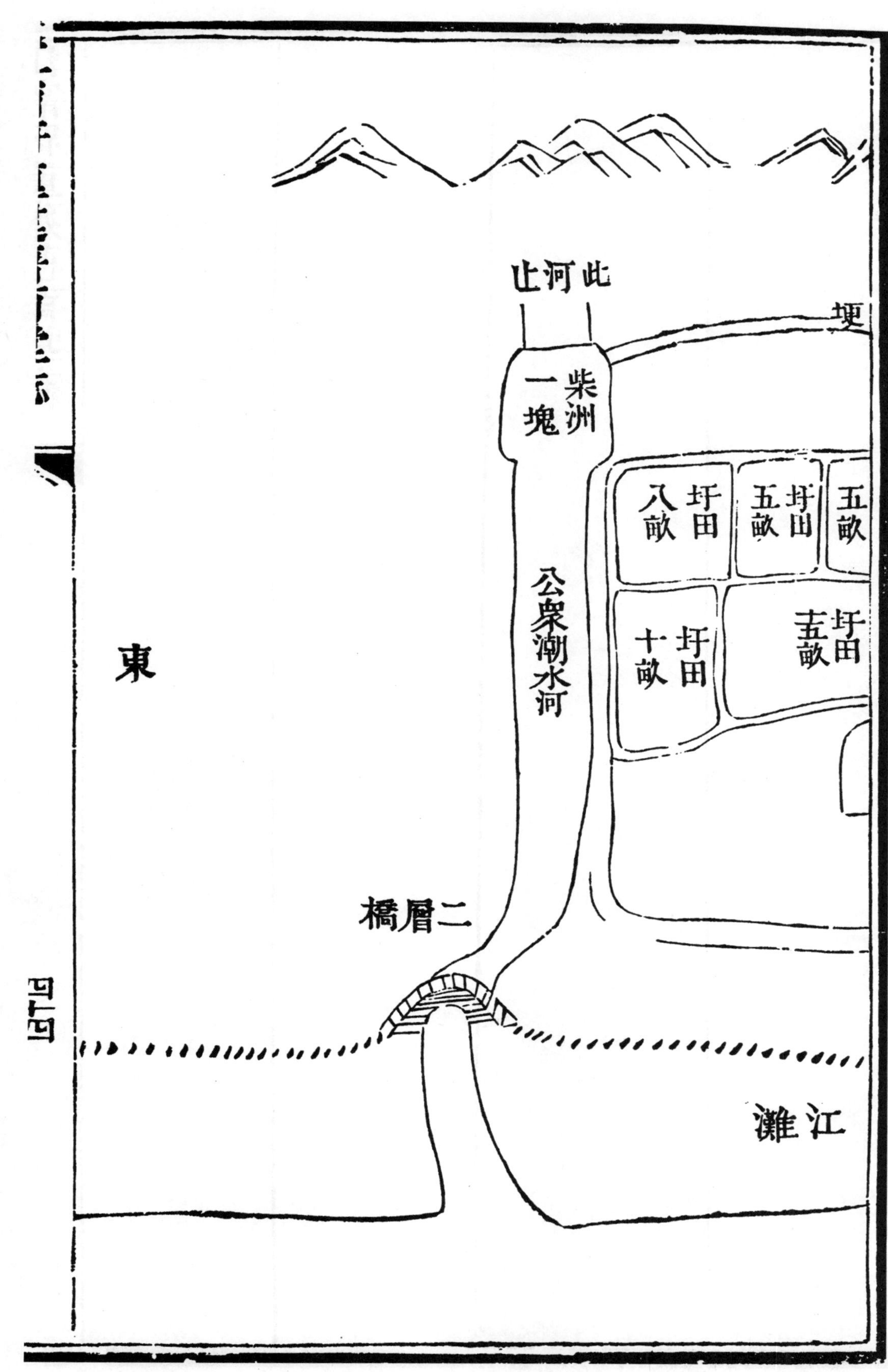
此河止
柴洲一塊
埂
圩田八畝
圩田五畝
五畝
公泉潮水河
圩田十畝
圩田十五畝
東
二層橋
江灘

江甯府重建普育堂志

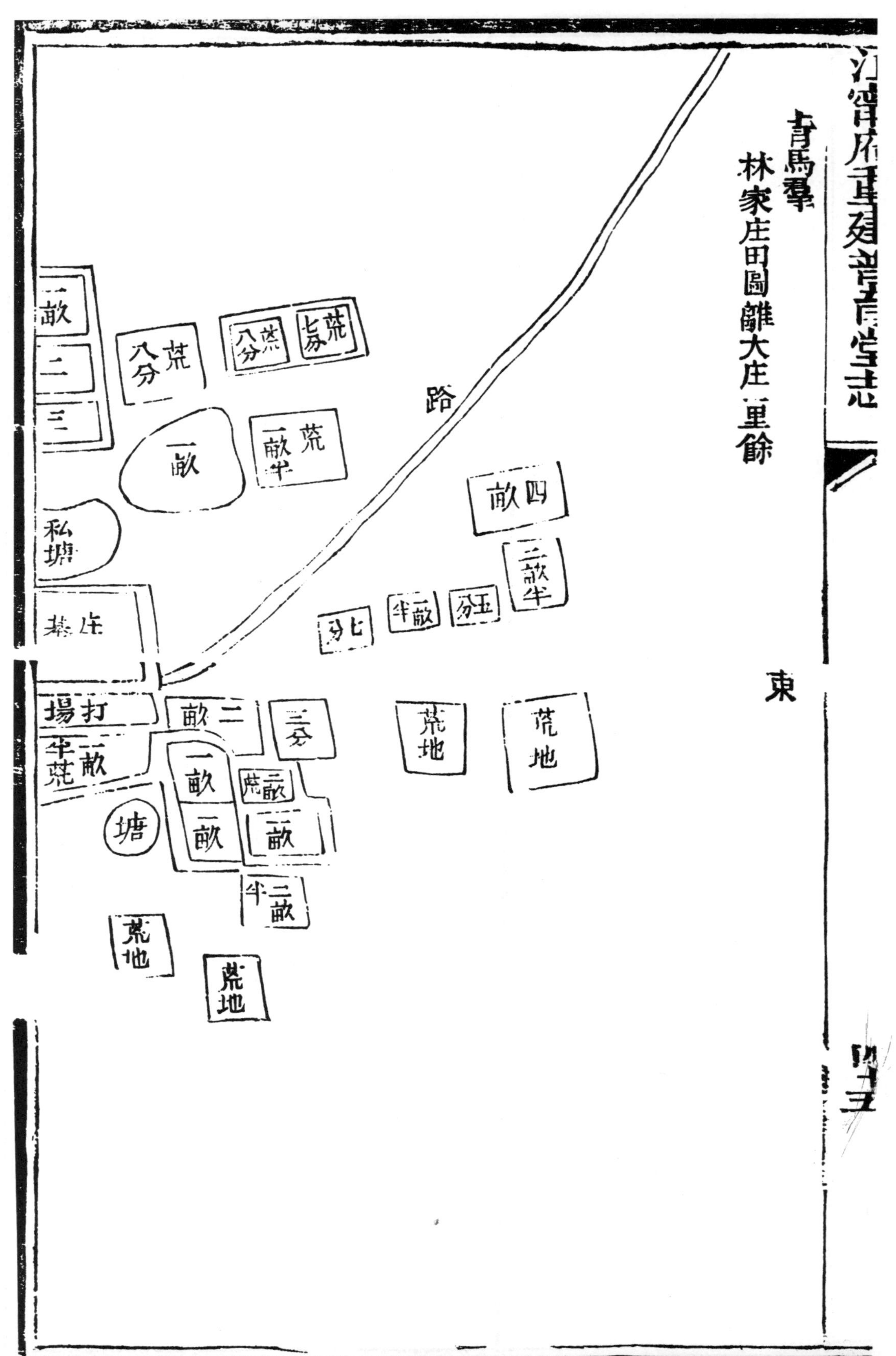
江甯府重建普育堂志
青馬羣
林家庄田圖離大庄一里餘
路
東
荒七分
荒八分
荒八分
一畝
二
三
一畝
荒一畝半
四畝
二畝半
五分
一畝半
七分
私塘
庄基
打場
二畝
三分
一畝半荒
一畝
荒二畝
一畝
一畝
塘
二畝半
荒地
荒地
荒地
荒地

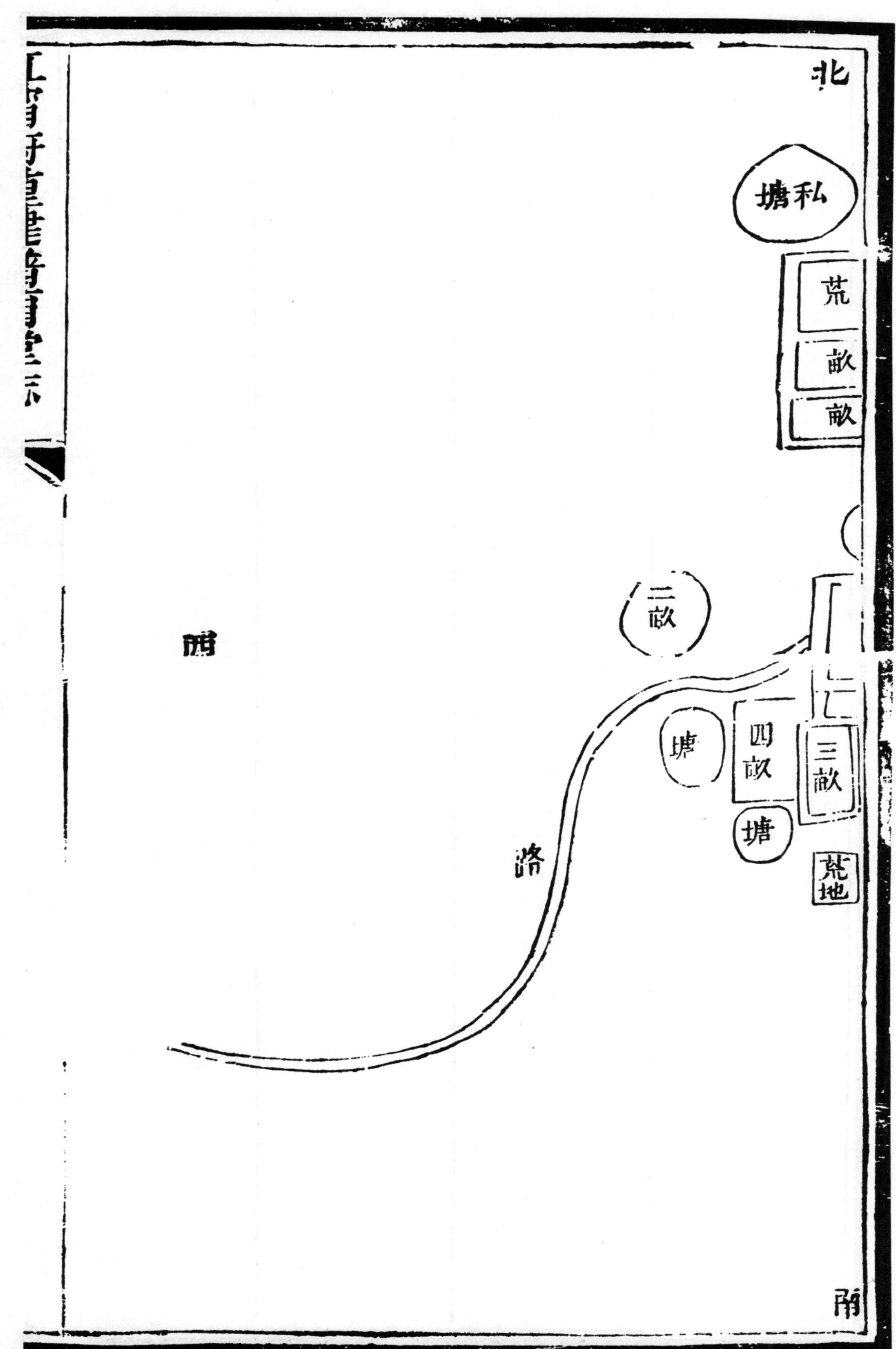
北
私塘
荒
畝
畝
三畝
塘
四畝
三畝
塘
荒地
路

殷巷莊田圖

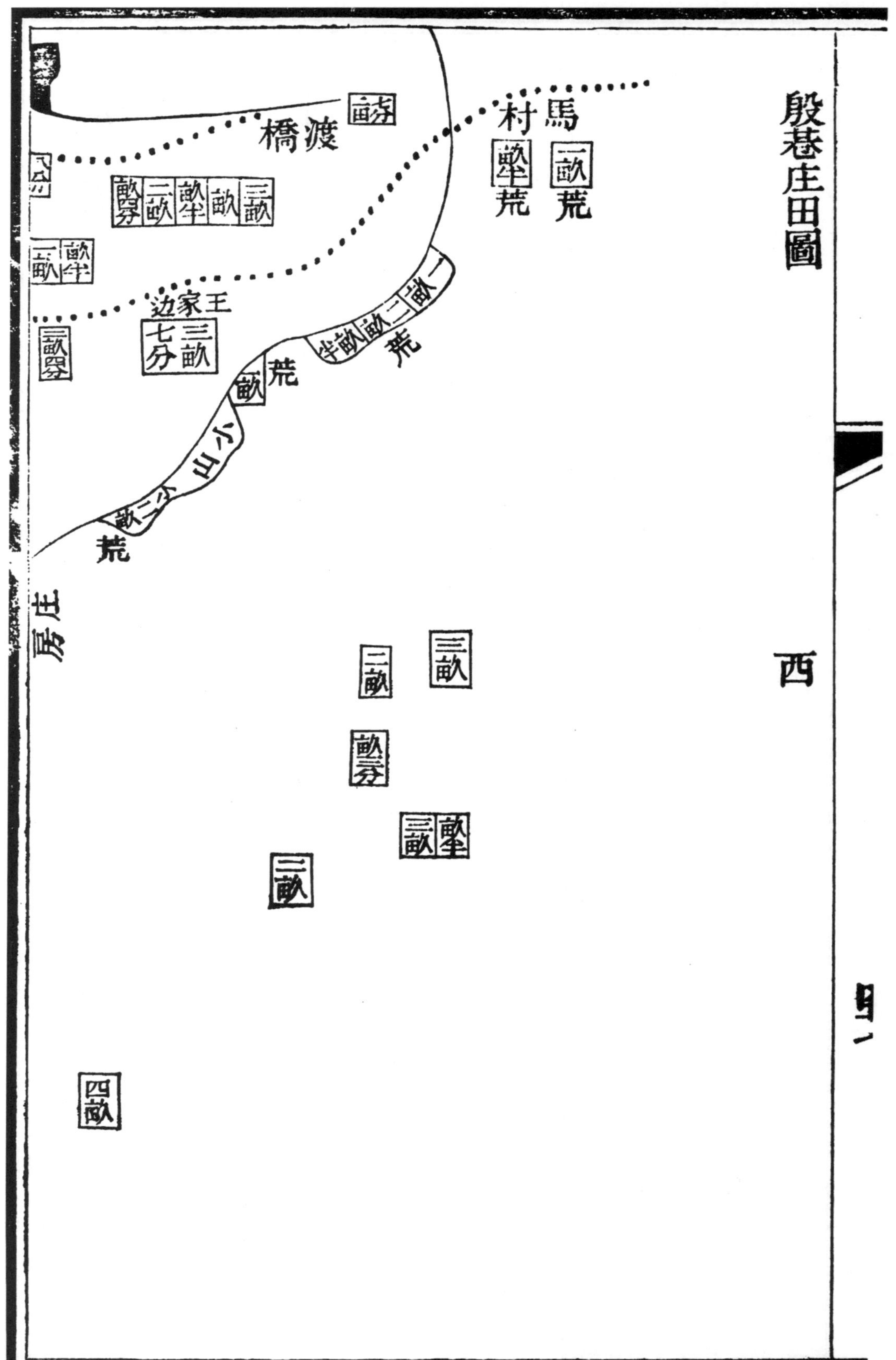
殷巷庄田圖
西
馬村
渡橋
王家边
小山
房庄
荒
三畝
二畝
四畝

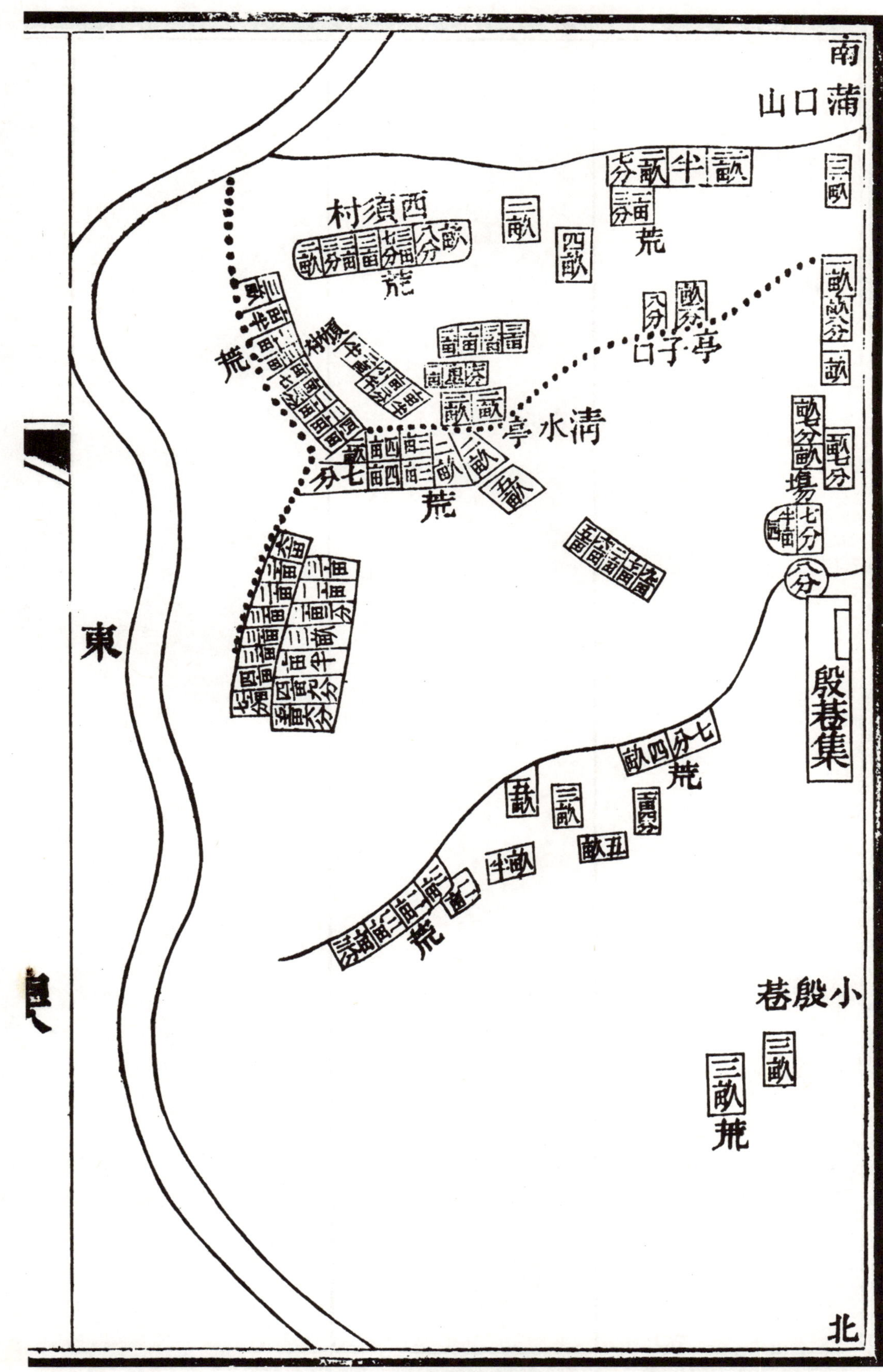
南
蒲口山
西湏村
清水亭
亭子口
東
殷巷集
小殷巷
北

仙後庄田圖

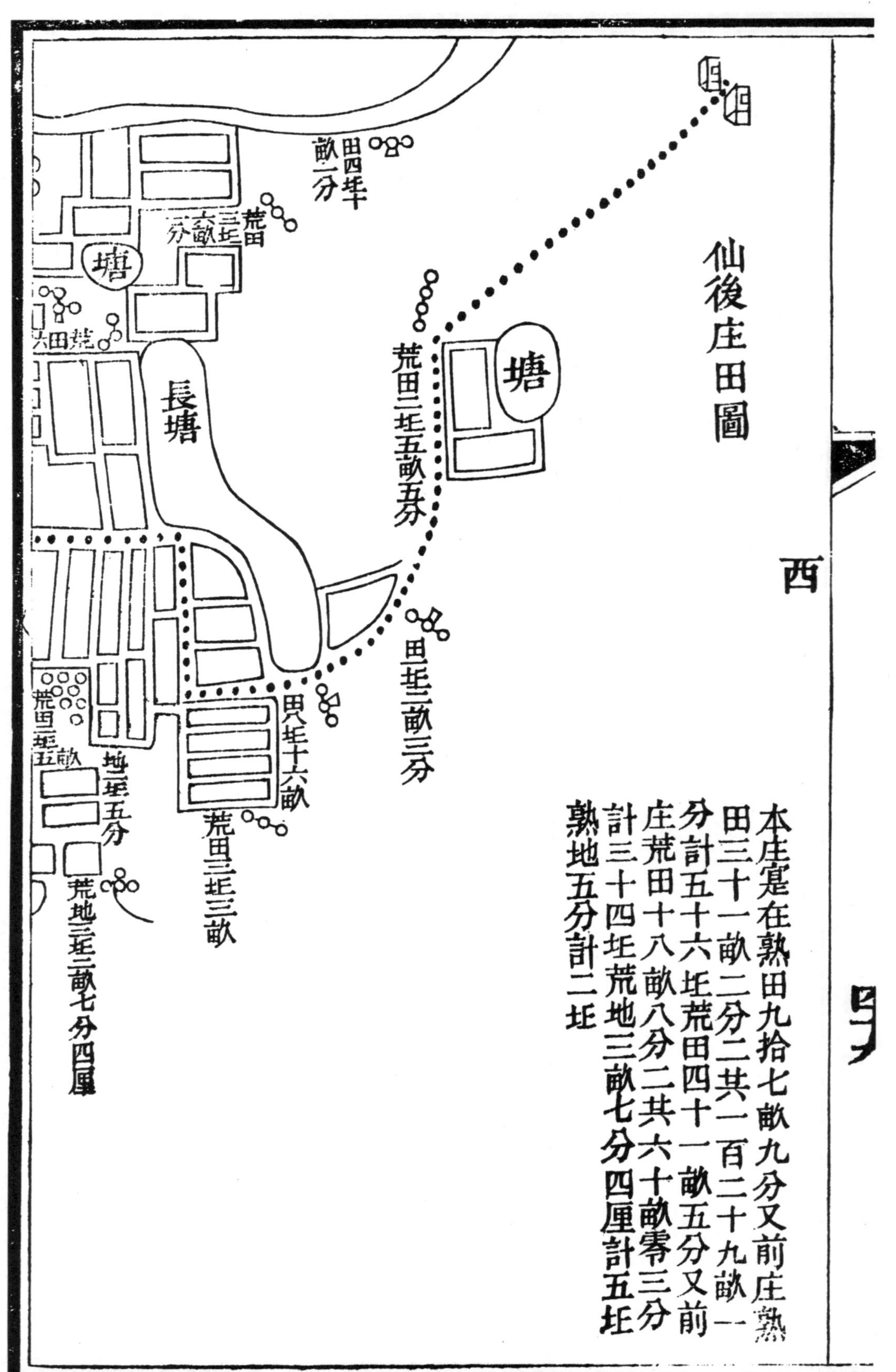
仙後庄田圖
西
塘
長塘
荒田二坵五畝五分
荒田三坵三畝
荒地三坵二畝七分四厘
本庄寔在熟田九拾七畝九分又前庄熟
田三十一畝二分二共一百二十九畝一
分計五十六坵荒田四十一畝五分又前
庄荒田十八畝八分二共六十畝零三分
計三十四坵荒地三畝七分四厘計五坵
熟地五分計二坵

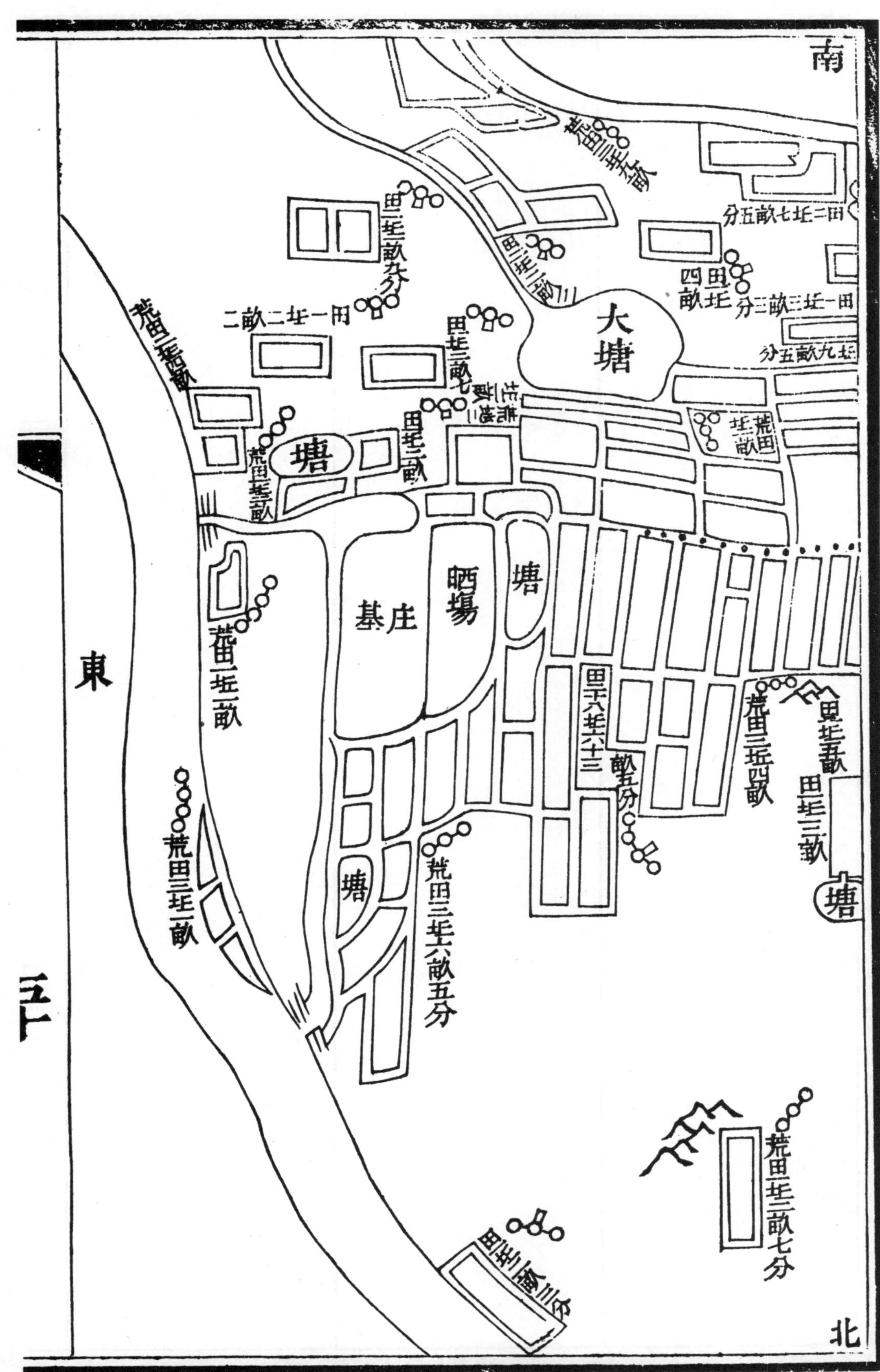
南
北
東
大塘
塘
晒場
基庄
荒田三坵一畝
荒田三坵七畝五分
荒田一坵二畝
荒田三坵六畝五分
荒田坵三畝七分

三

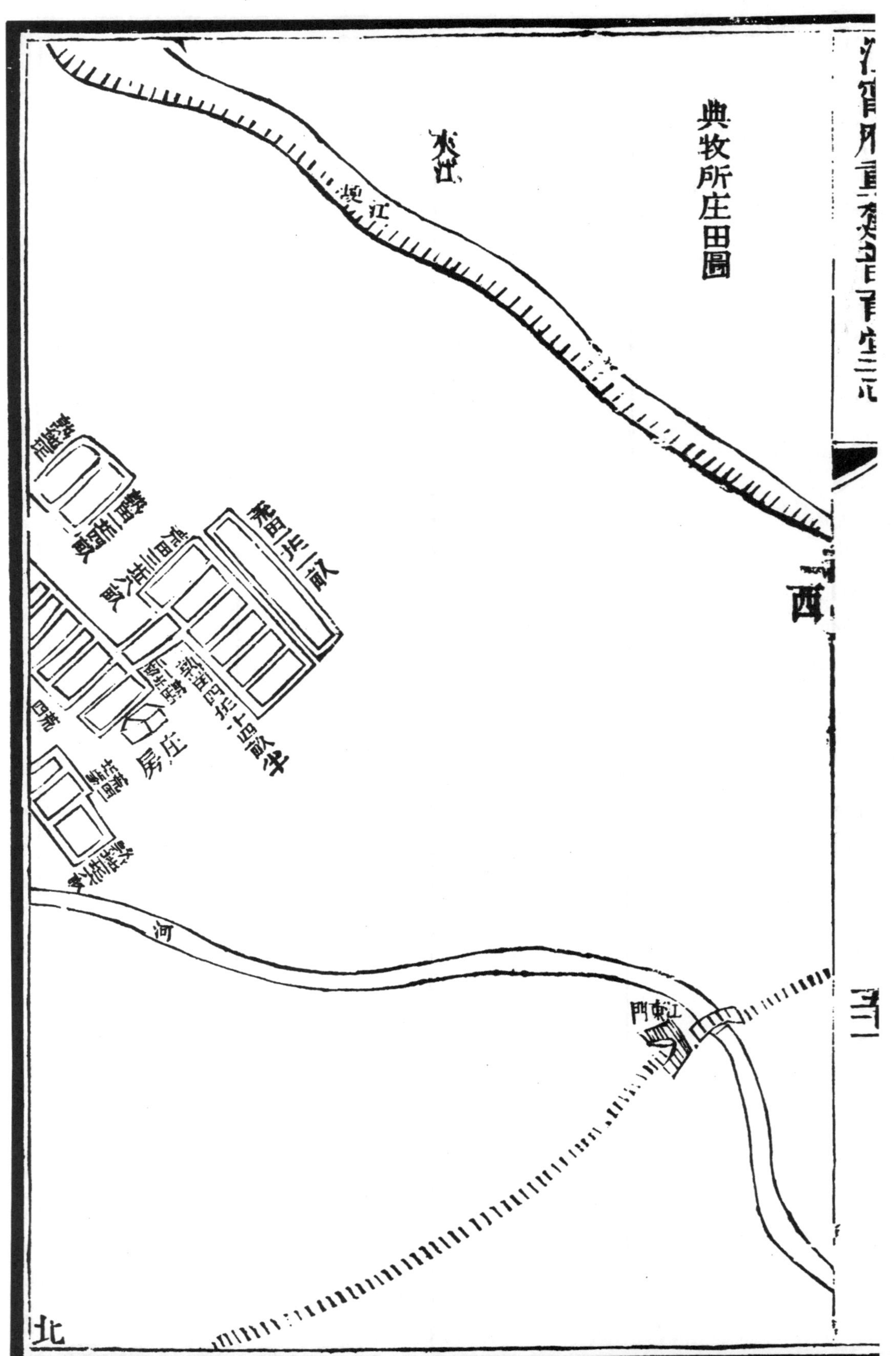
典牧所庄田圖
西
北
河
庄房
江東門

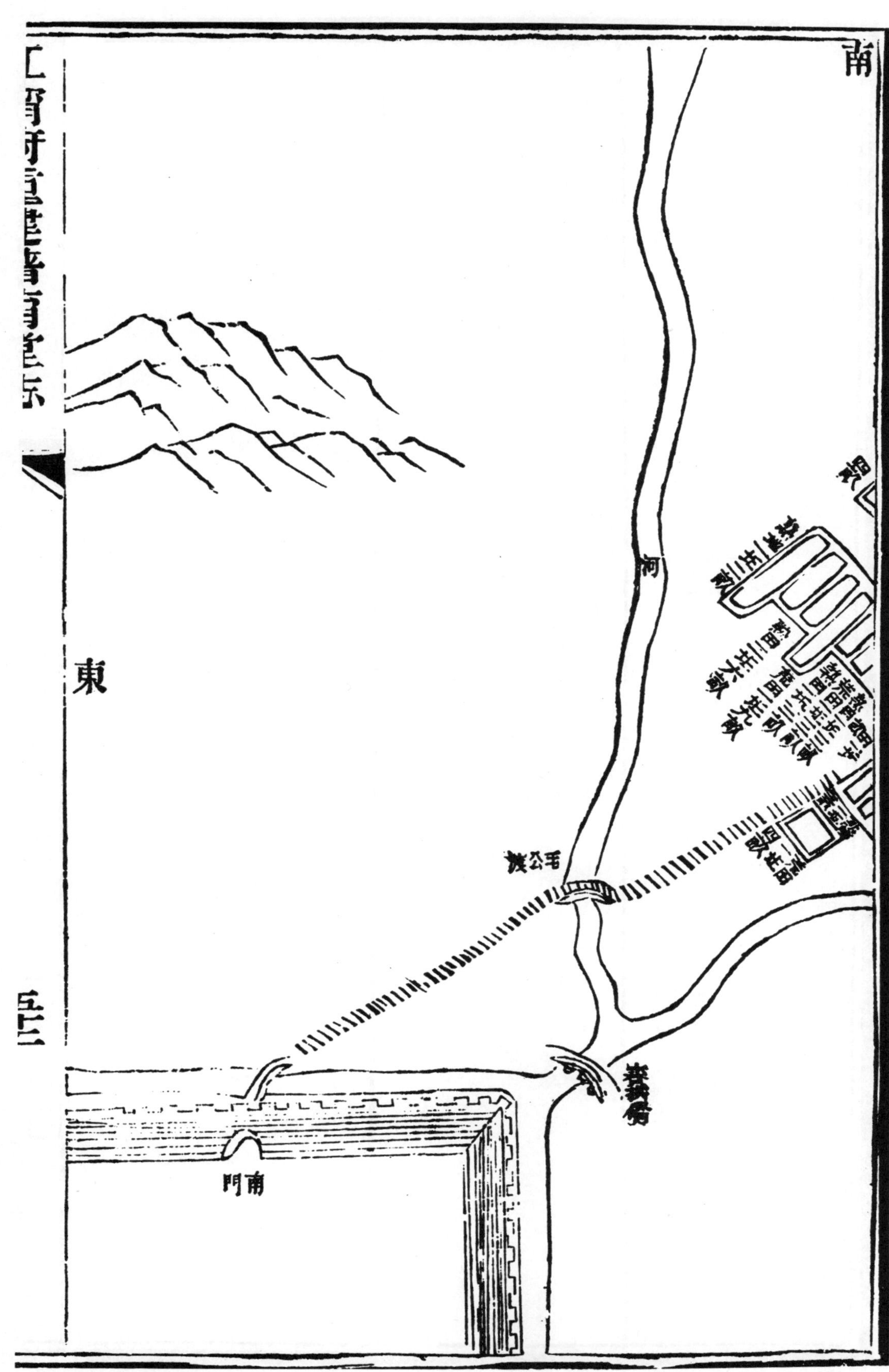
南
東
河
南門

葛塘寺田圖

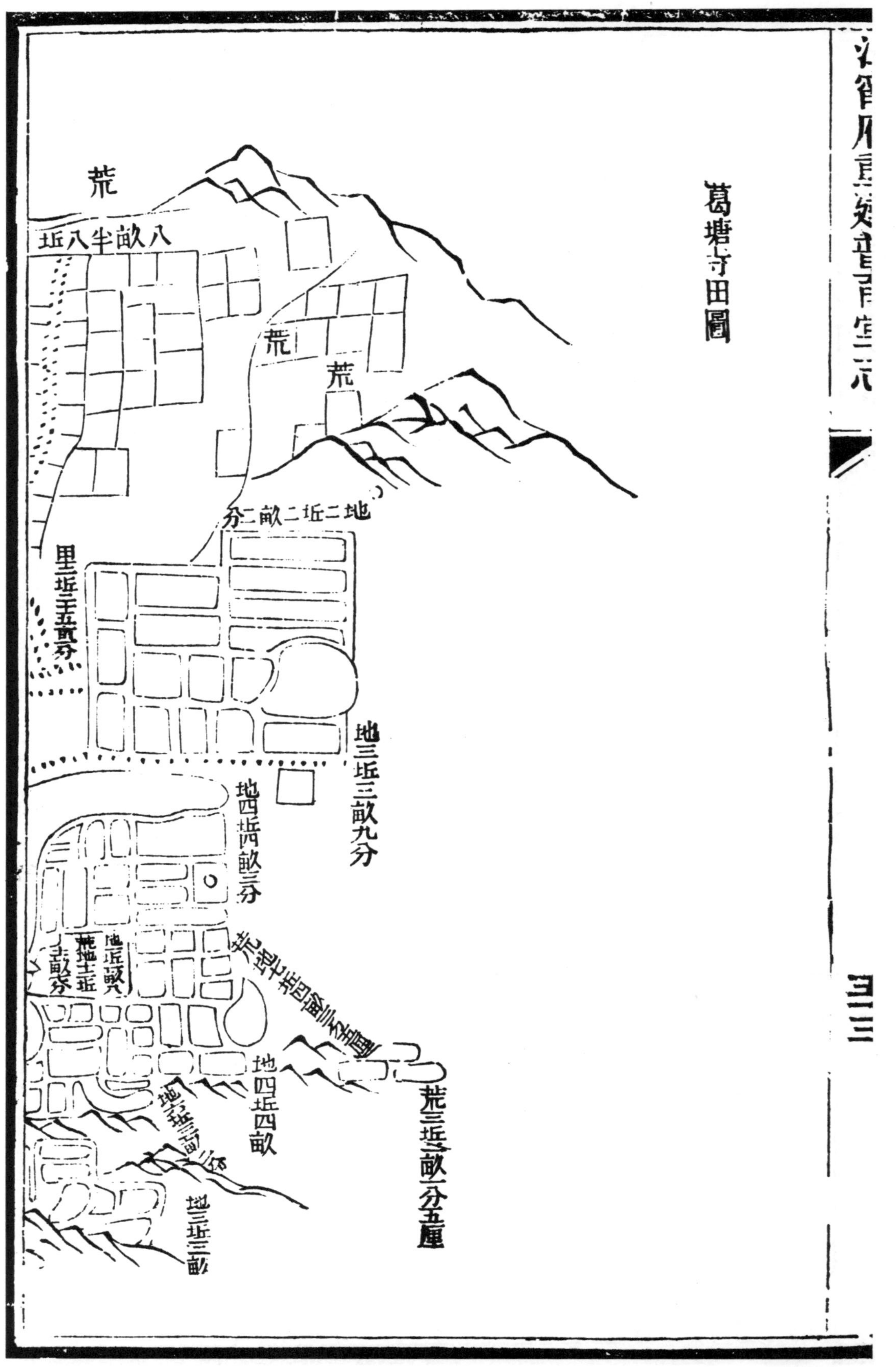
葛塘寺田圖
荒
荒
荒
八畝半八坵
地二坵二畝二分
地三坵三畝九分
荒三坵三畝一分五釐
地四坵四畝
地三坵三畝

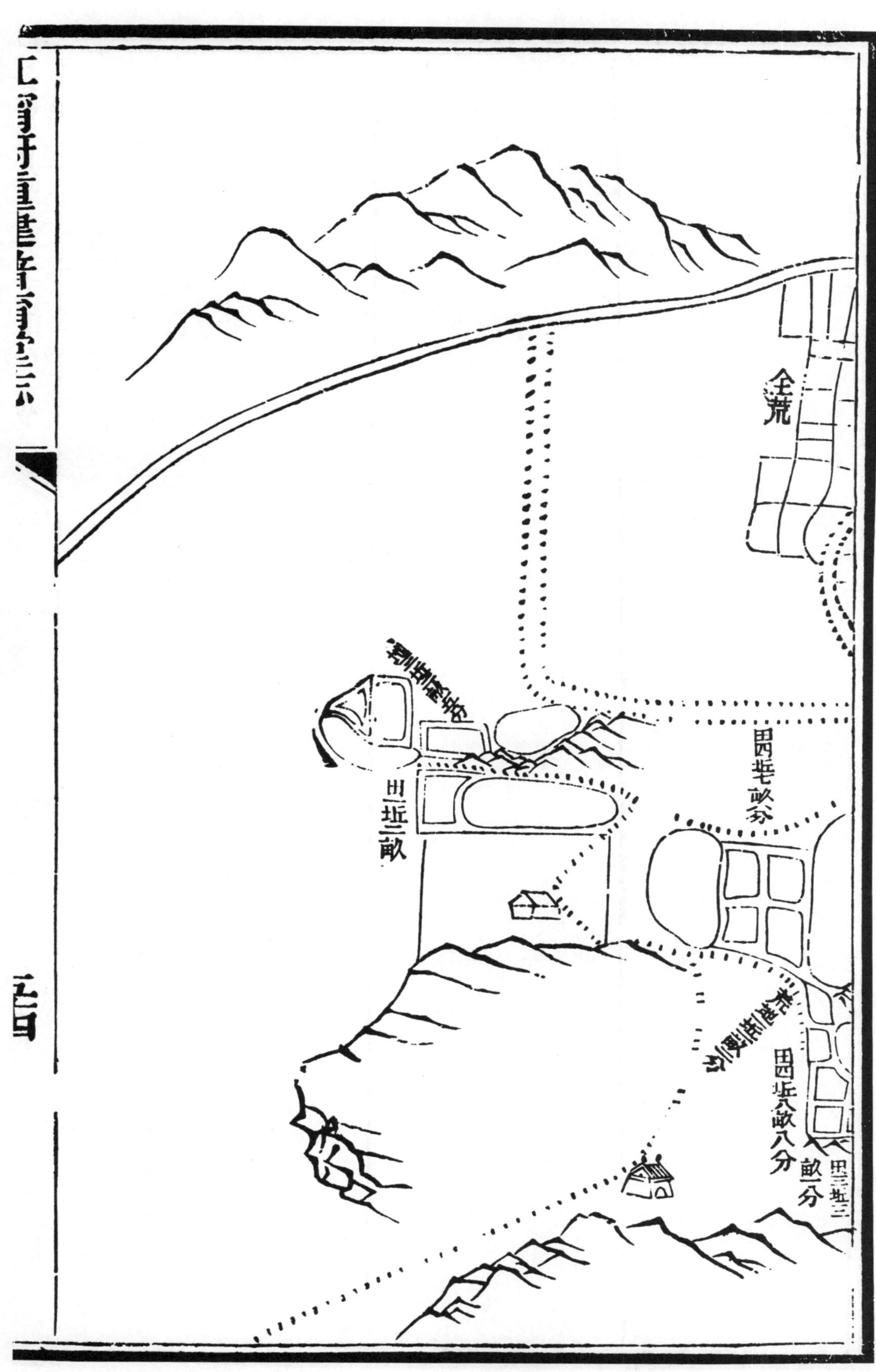
全荒
田四坵七畝分
田一坵三畝

江甯府重建普育堂志

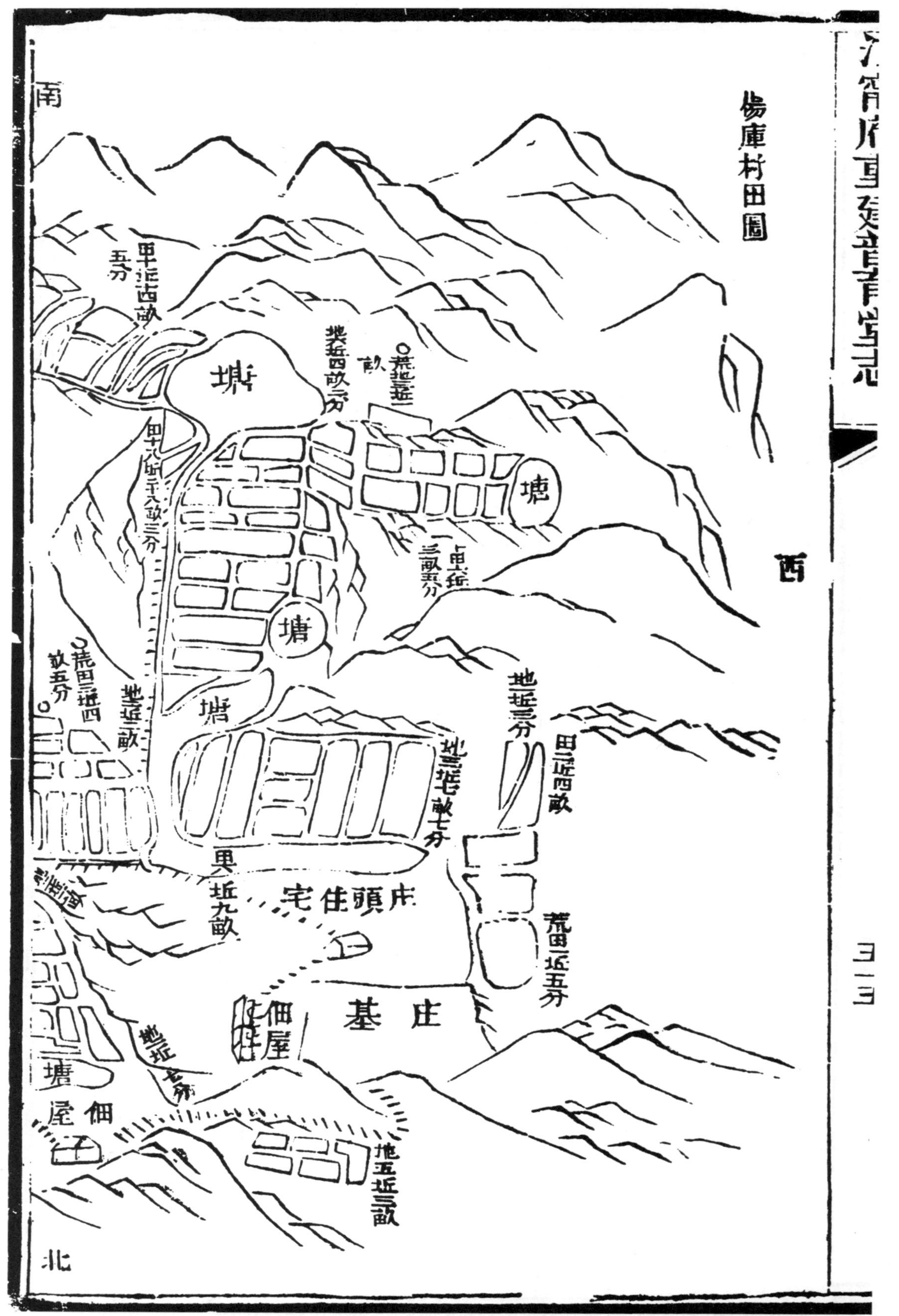

傷庫村田圖
南
西
北
塘
塘
塘
塘
庄頭住宅
庄基
佃屋
佃屋
塘
田三坵四畝
荒田一坵五分
地五坵三畝

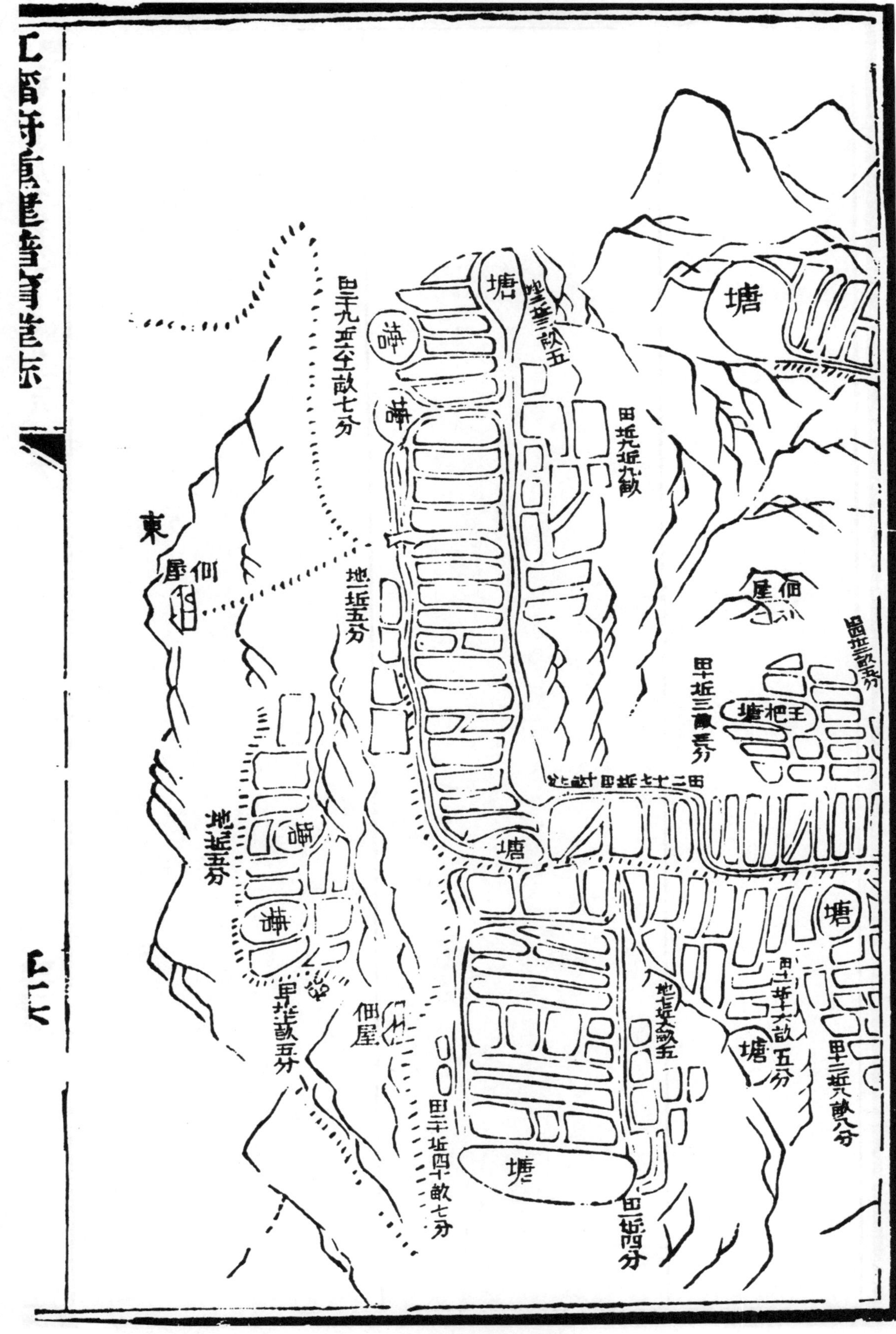
東
佃屋
佃屋
佃屋
塘
塘
塘
塘
塘
地一坵五分
田二十坵四十畝七分
田一坵四分

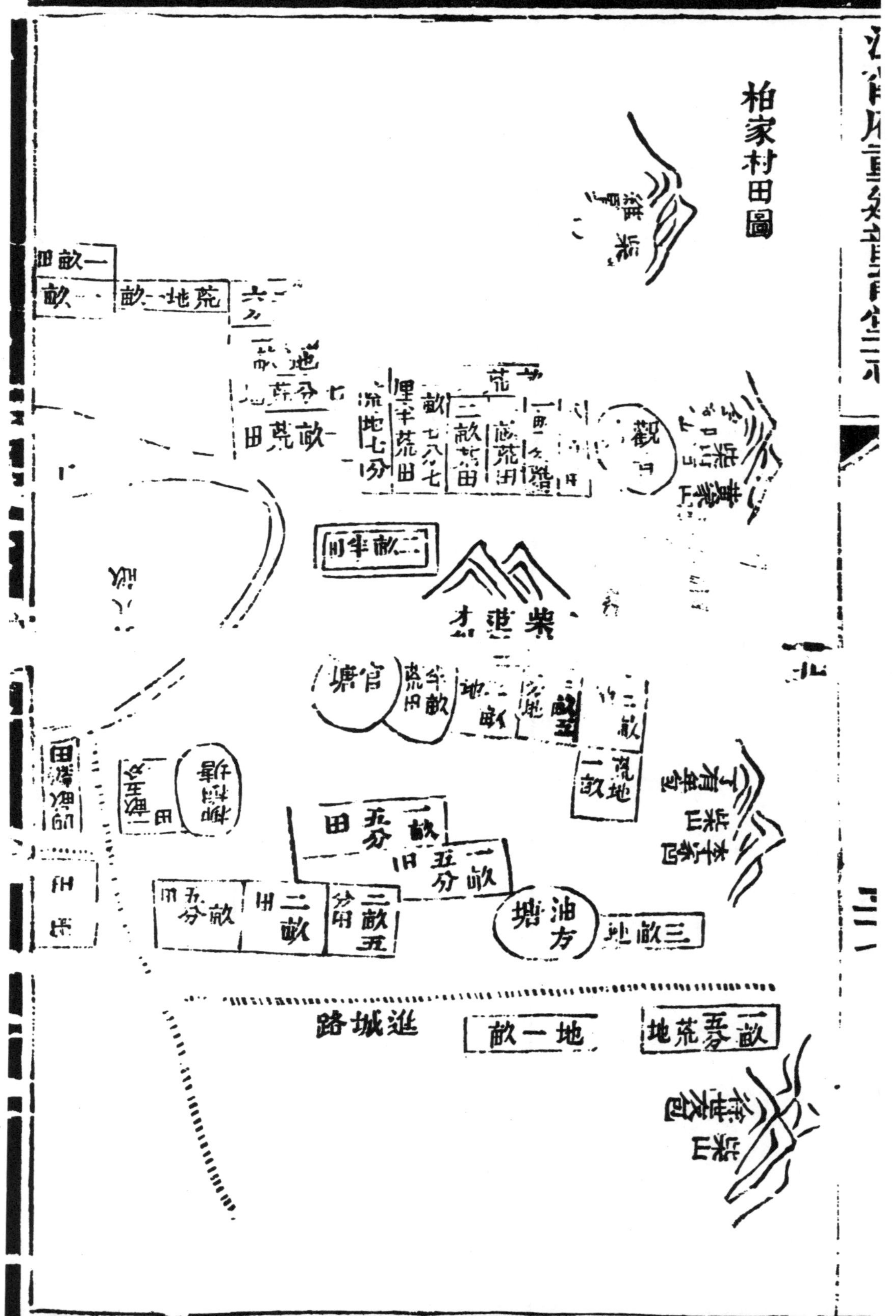
柏家村田圖
二畝半田
官塘
油方塘
三畝地
進城路
一畝地

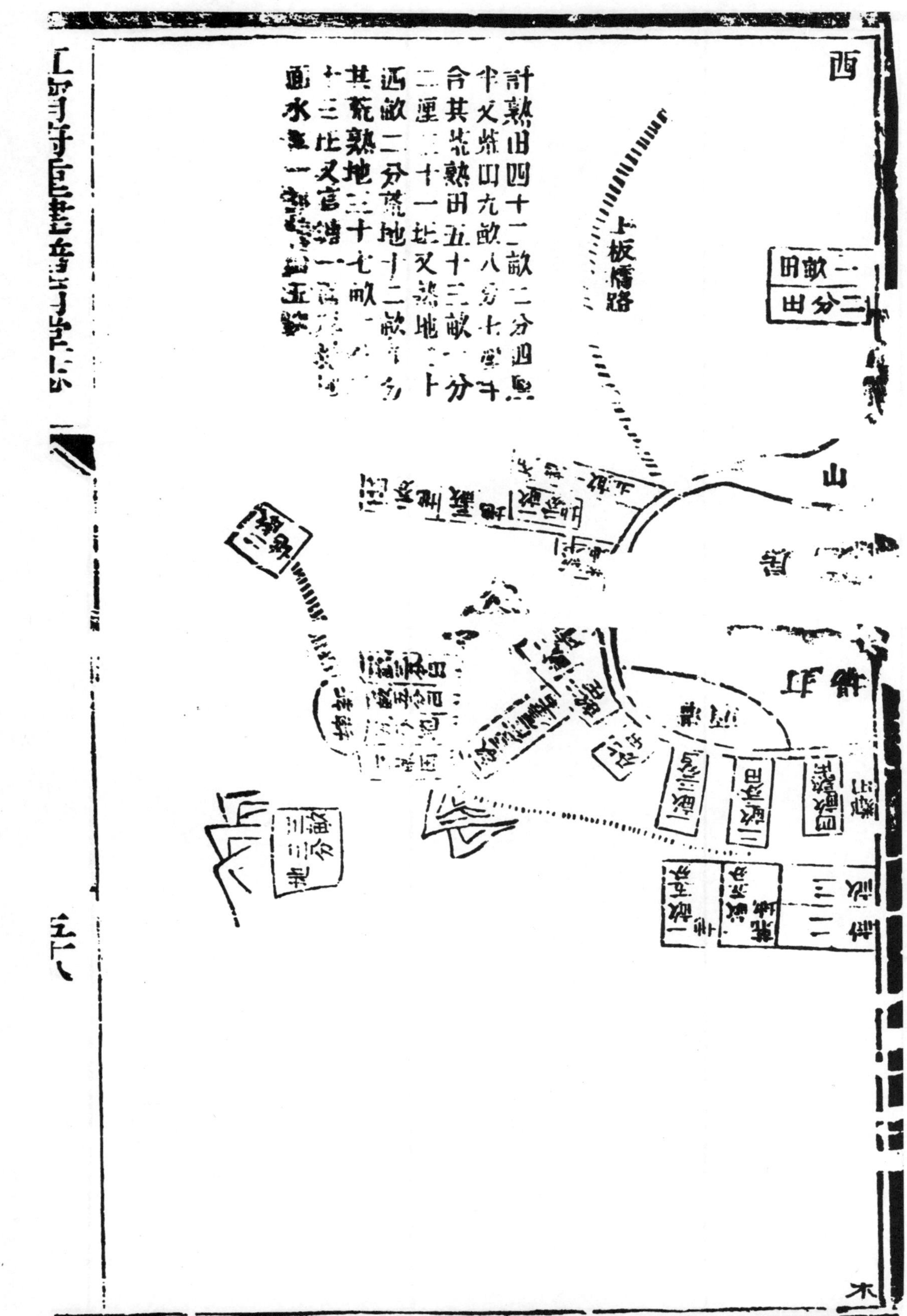
西
計熟田四十二畝二分四釐
合共荒熟田五十三畝一分
其荒熟地三十七畝
上板橋路
山

陳官渡田圖

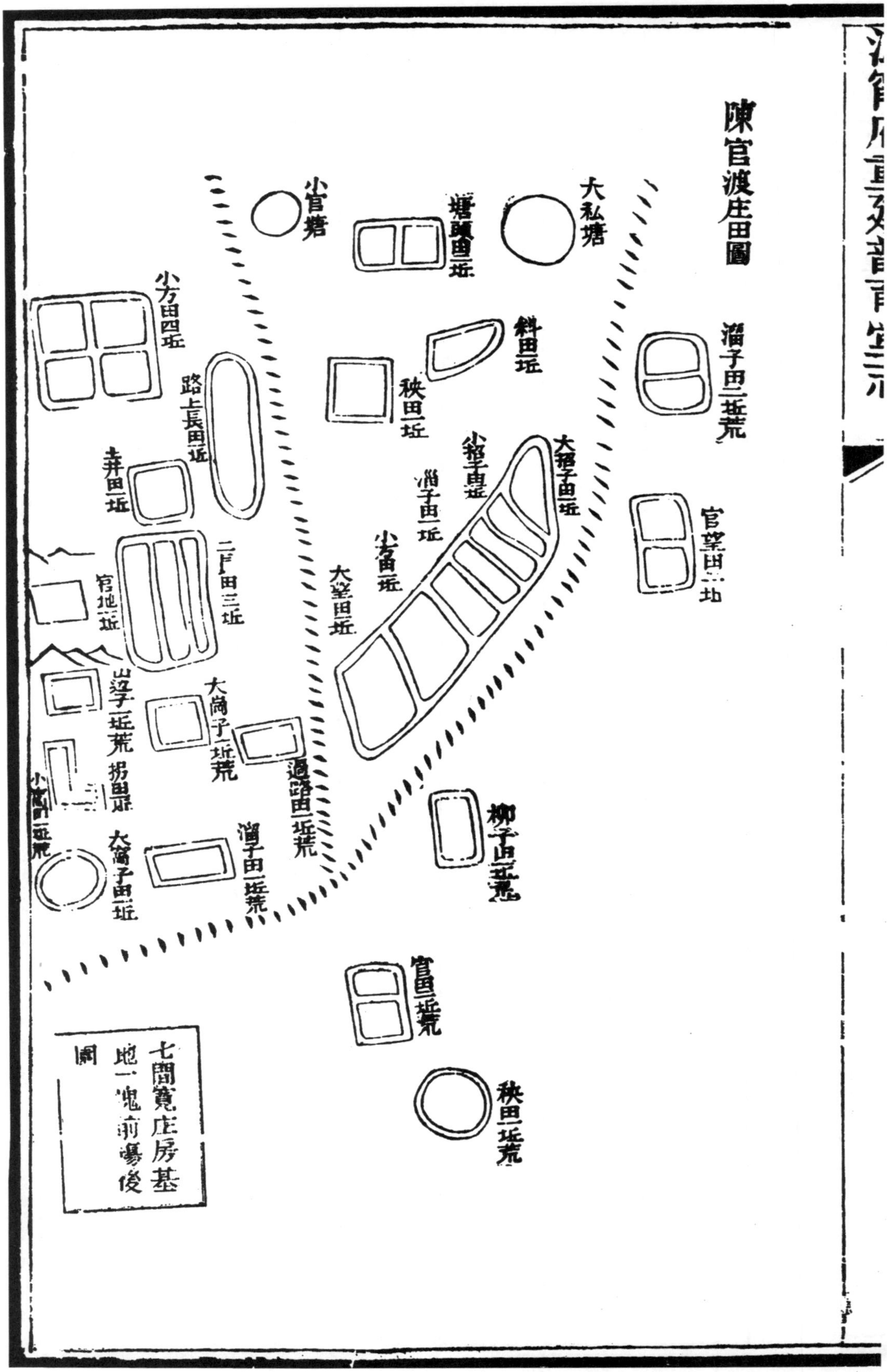

陳官渡庄田圖

大私塘

塘頭田二坵

小官塘

淄子田二坵荒

斜田一坵

秧田一坵

大稻子田一坵

小稻子田一坵

淄子田一坵

官望田二坵

小方田一坵

大望田一坵

小方田四坵

路上長田一坵

井田一坵

二斗田三坵

官地一坵

山边子一坵荒

大崗子一坵荒

過路田一坵荒

拐田一坵

小崗子一坵荒

大崗子田一坵

淄子田一坵荒

柳子山一坵荒

官田二坵荒

秧田一坵荒

七間寬庄房基地一塊前場後圖

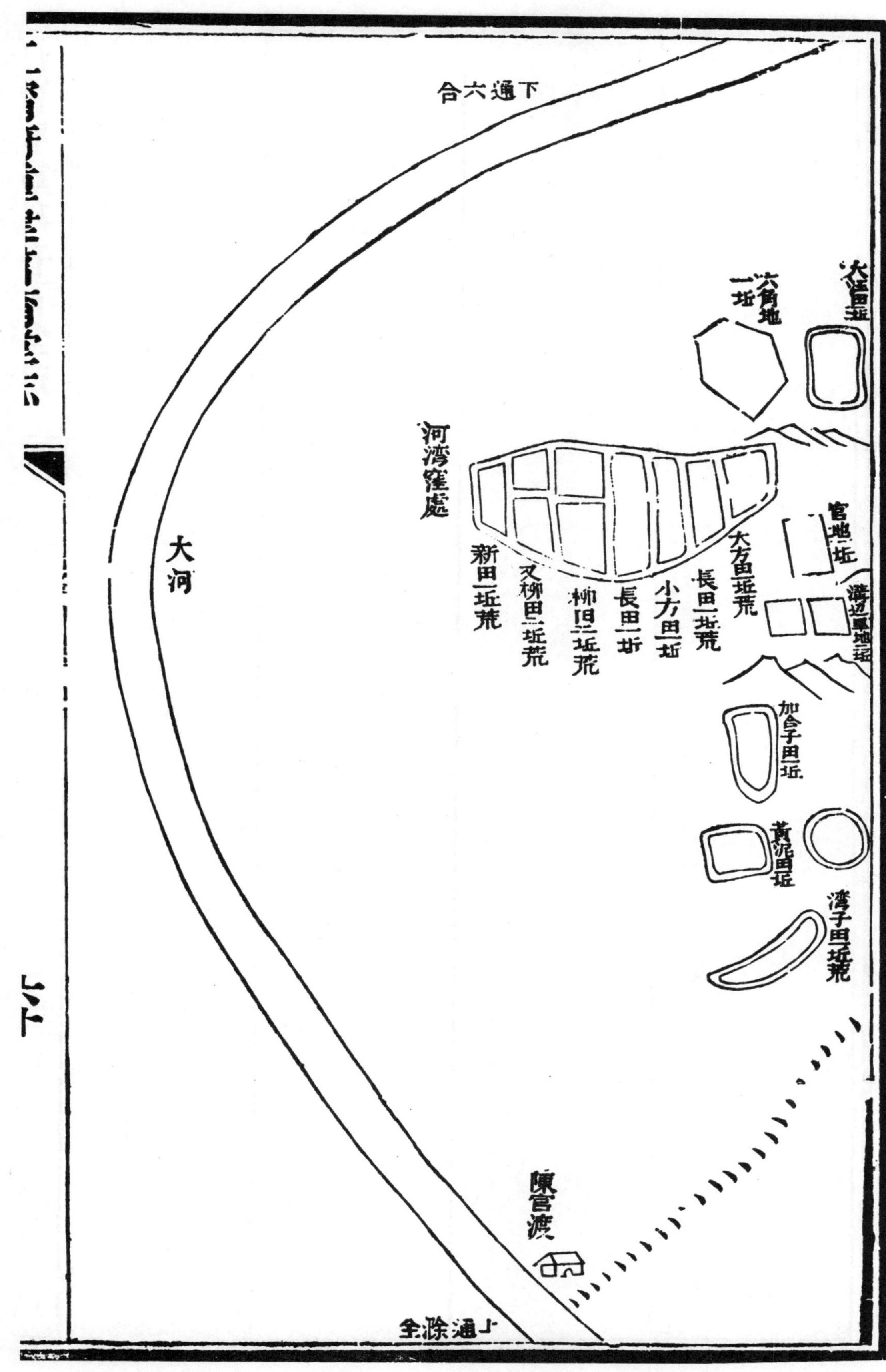
下通六合
六角地一坵
溝边旱地二坵
河灣窪處
官地一坵
大河
大方田一坵荒
新田一坵荒
又柳田三坵荒
柳田三坵荒
長田一坵
小方田一坵
長田一坵荒
加合子田一坵
黃泥田一坵
灣子田一坵荒
陳官渡
上通滁全

江甯府重建普育堂志 之

頭橋集田圖

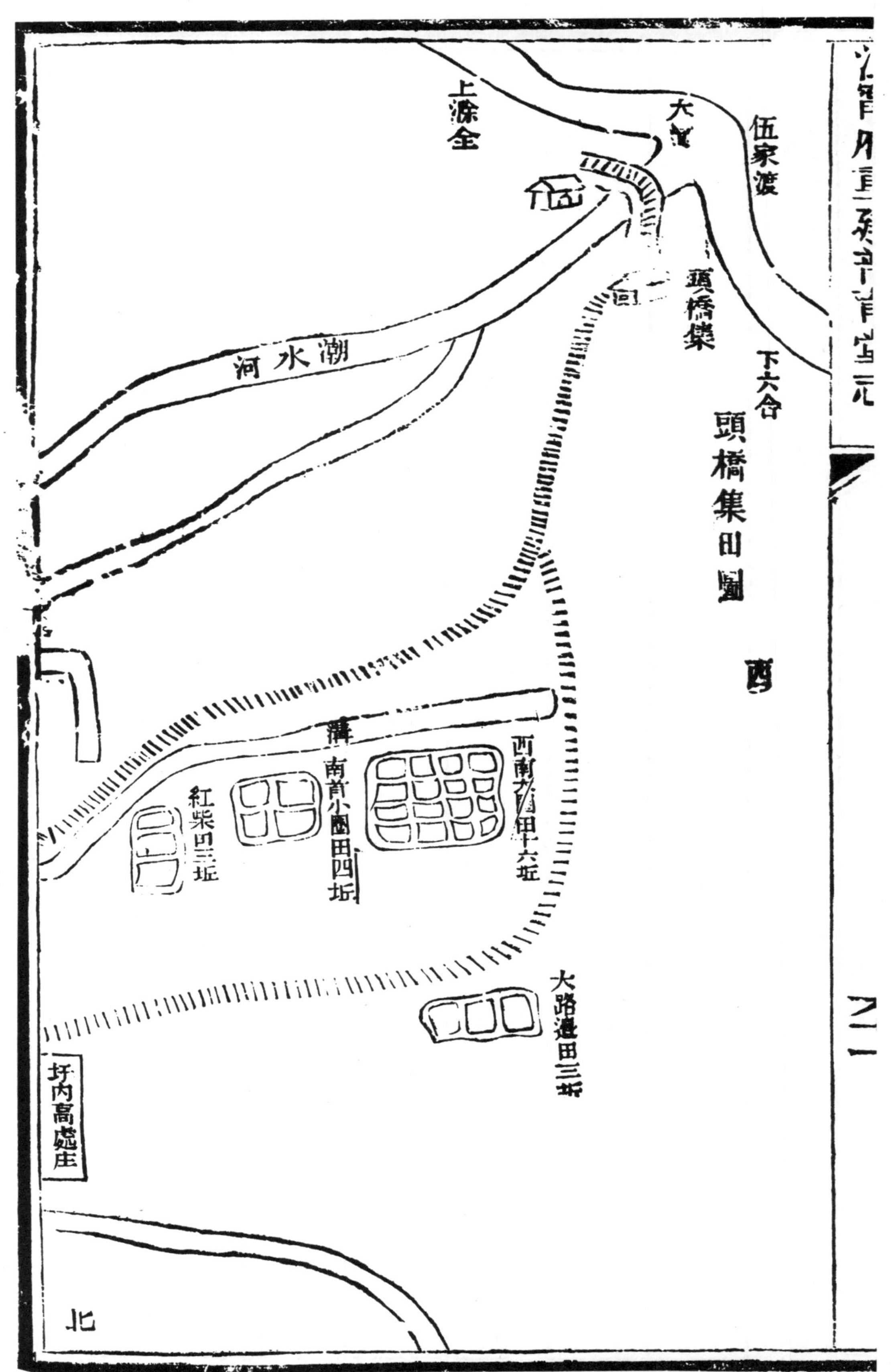
頭橋集田圖
上滁全
大
伍家渡
頭橋集
下六合
潮水河
西
紅柴田三坵
南首小圈田四坵
西南大圈田十六坵
大路邊田三坵
圩內高處庄
北

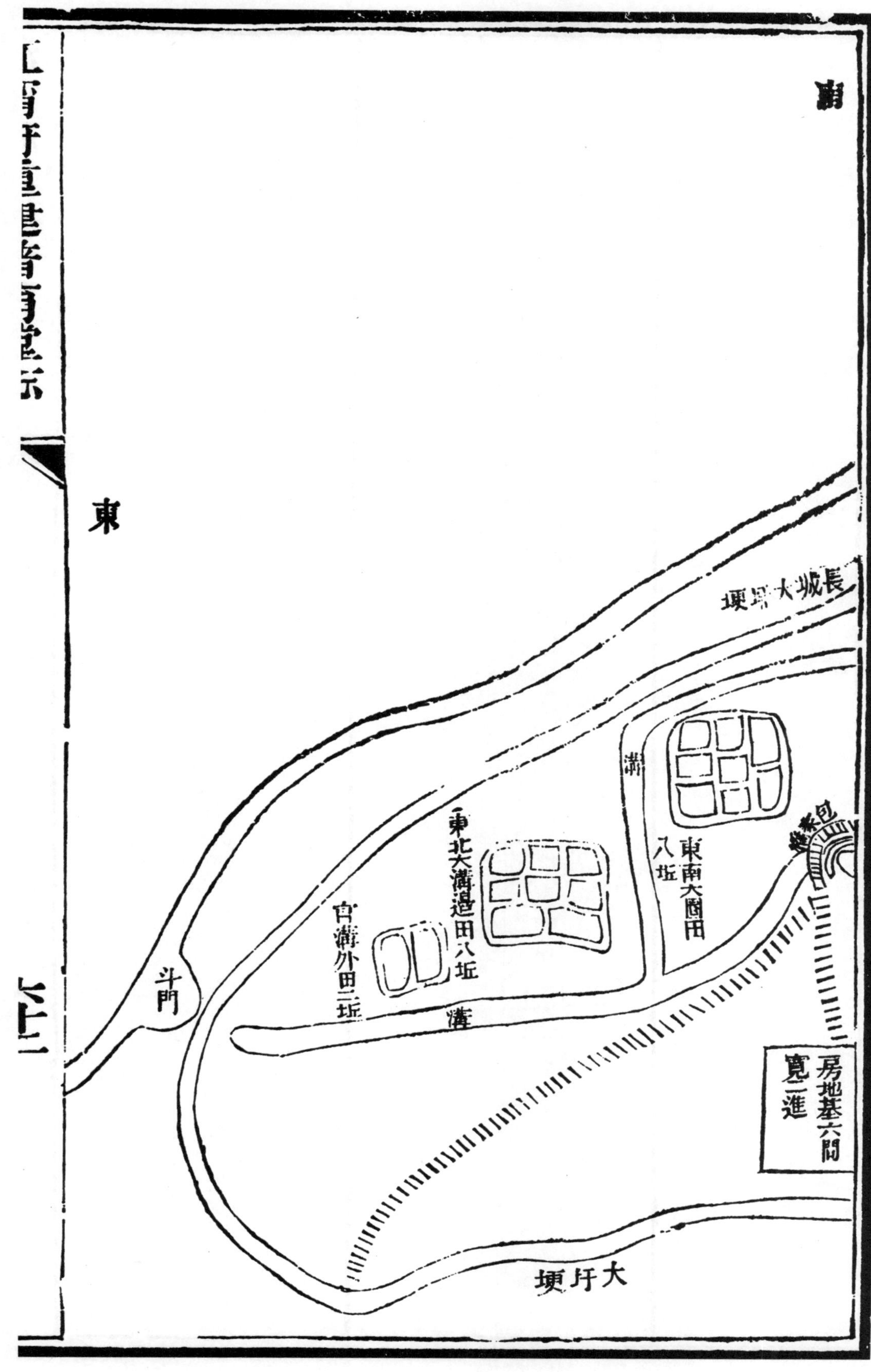
南
東
長城大圩埂
溝
東南大圍田八坵
東北大溝邊田八坵
官溝外田二坵
溝
斗門
包家橋
房地基六間寬一進
大圩埂

江甯府重建普育堂志

杜村田圖
南
東
北
大塘
塘

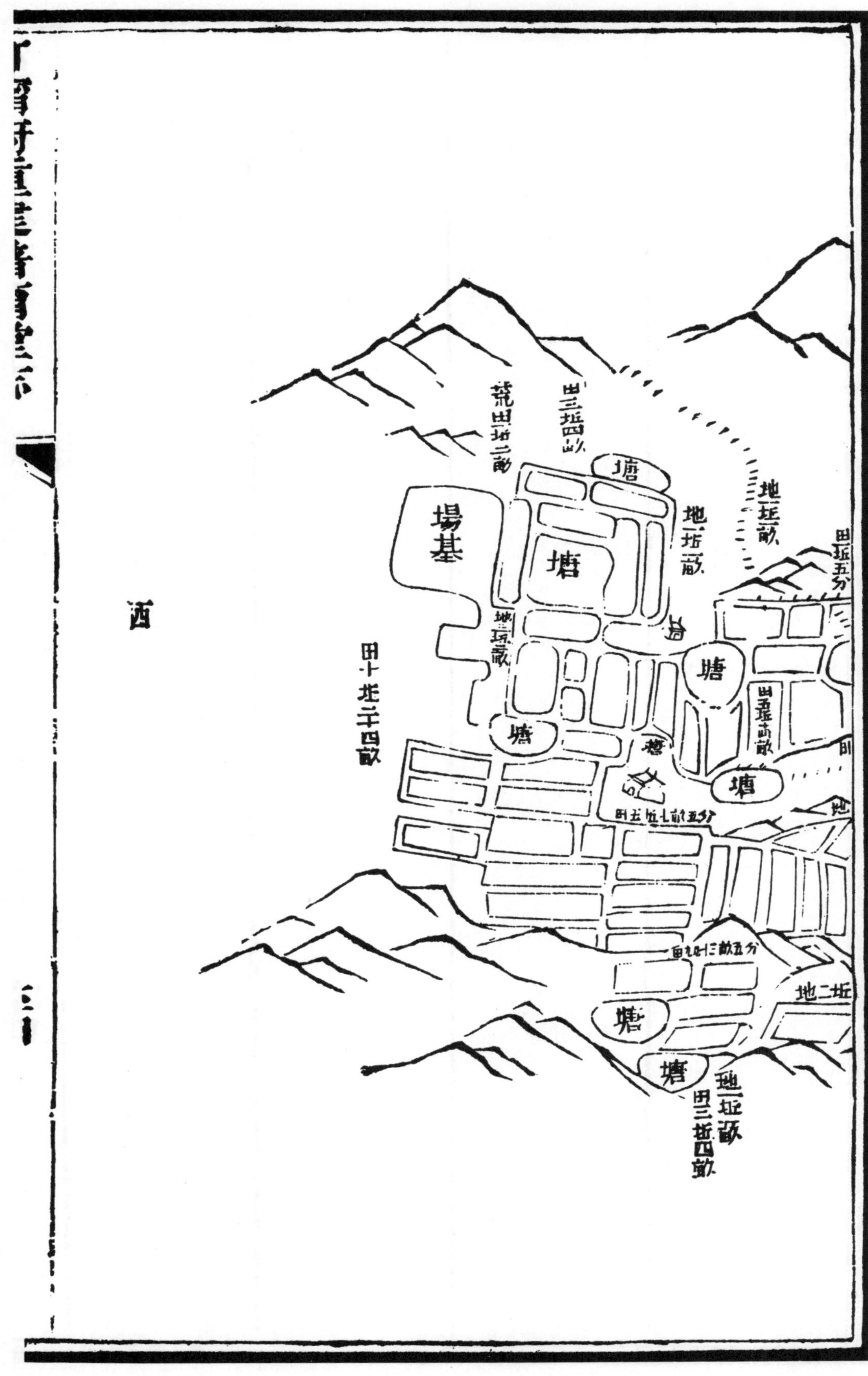
西
場基
塘
荒田一坵二畝
田三坵四畝
地一坵一畝
田十坵二十四畝
田五坵七畝五分
田九坵二畝五分
地二坵
地一坵一畝
田三坵四畝

江浦縣馬騾圩田圖

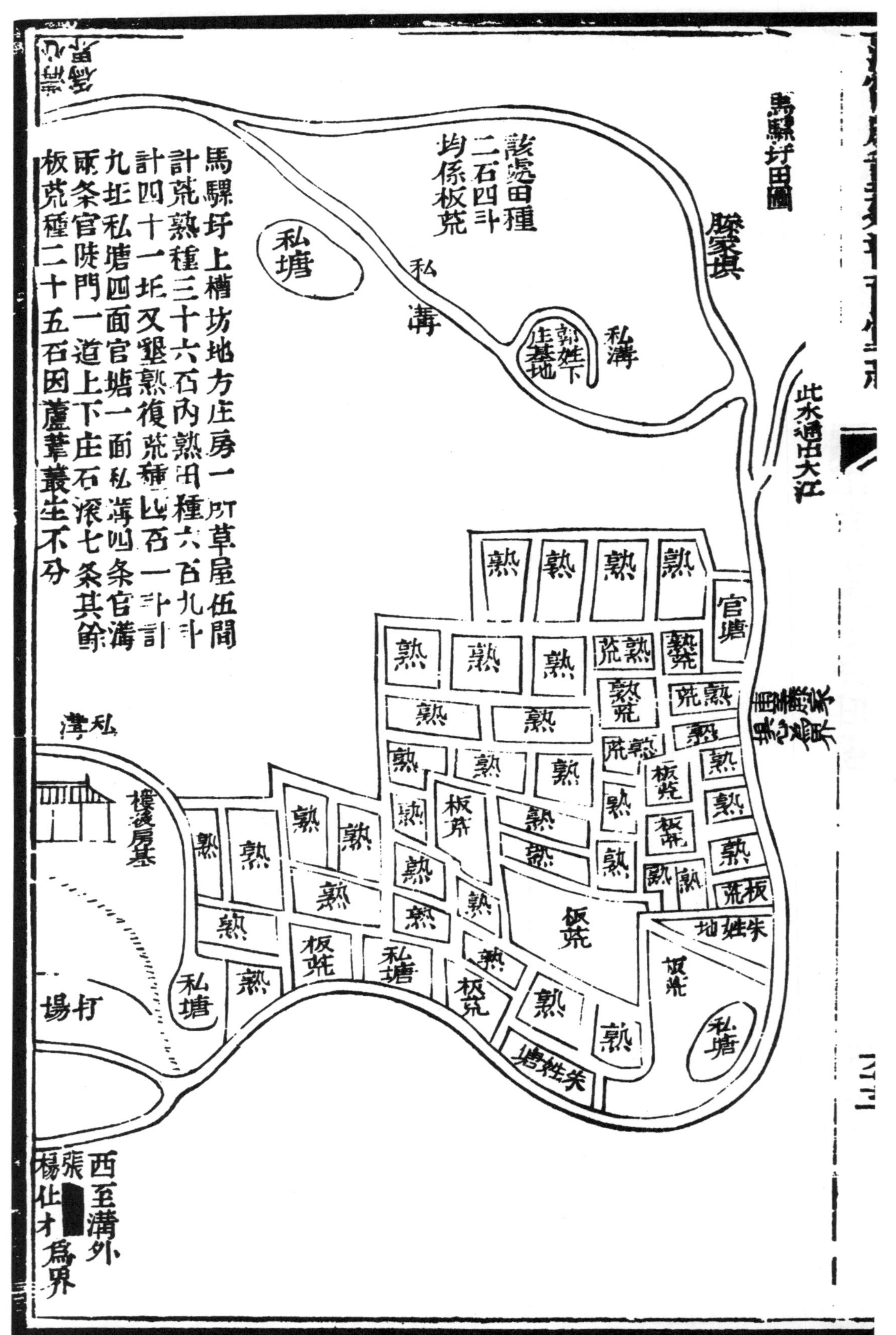
馬騾圩田圖
滕家埂
該處田種
二石四斗
均係板荒
私塘
私溝
郭姓下庄基地
私溝
此水通出大江
馬騾圩上槽坊地方庄房一所草屋伍間
計荒熟種三十六石內熟田種六石九斗
計四十一坵又墾熟復荒種四石一斗計
九坵私塘四面官塘一面私溝四条官溝
兩条官陡門一道上下庄石滚七条其餘
板荒種二十五石因蘆葦叢生不分
官塘
私溝
樓後房基
打場
私塘
私塘
朱姓地
朱姓塘
西至溝外
張
楊仕才為界

此溝與張姓官用
郭姓庄基
張姓庄基
上屋基地一方至張姓滴水為界
中心埂為界
埂外河溝
熟荒
熟荒
張姓荒田二坵約一斗種
官陡門
旱谷
熟荒
旱谷
板荒
旱谷
熟
概行板荒
熟
官溝

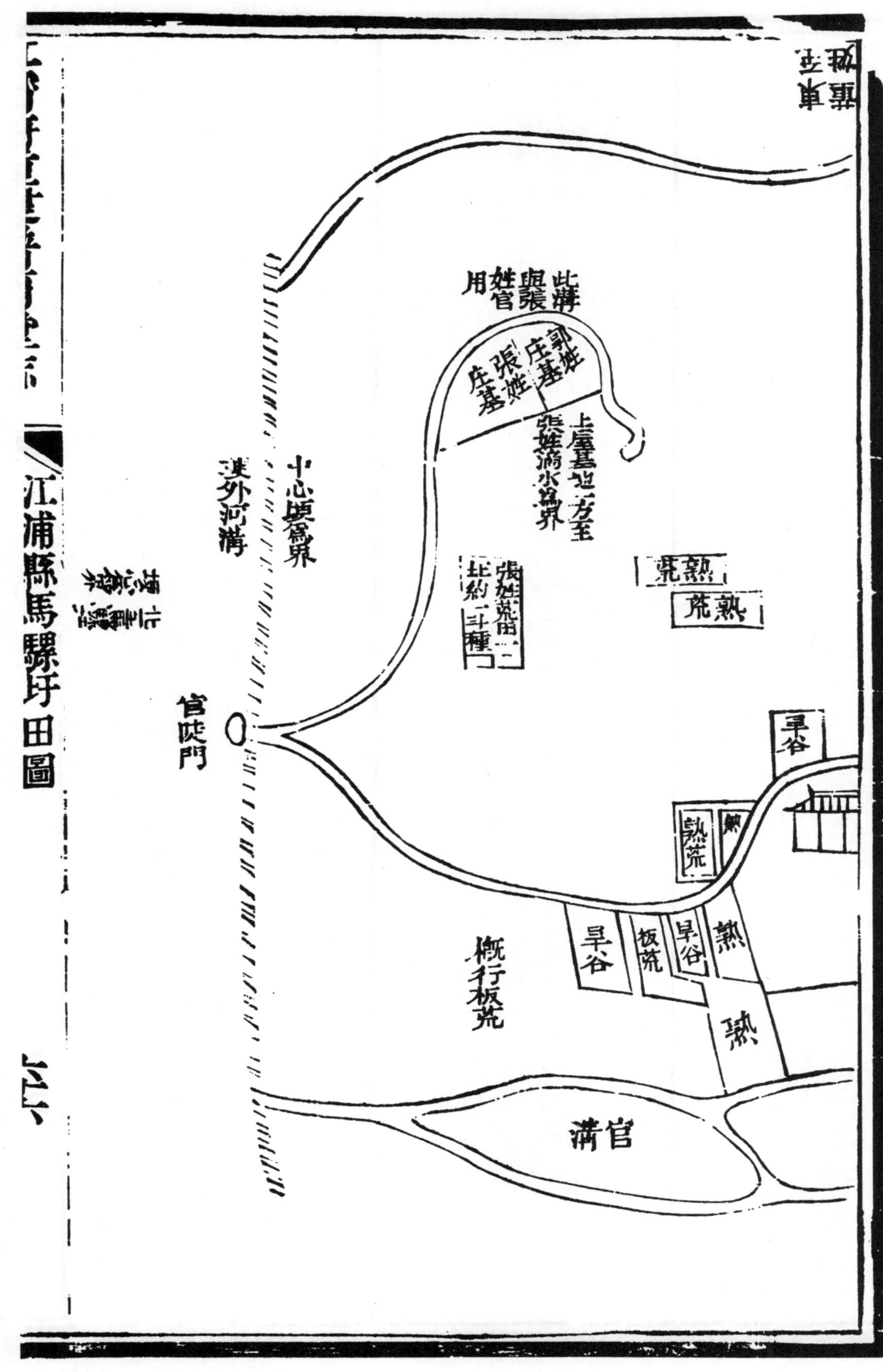

江浦縣馬驂圩田圖

永豐圩田圖 又名十遽

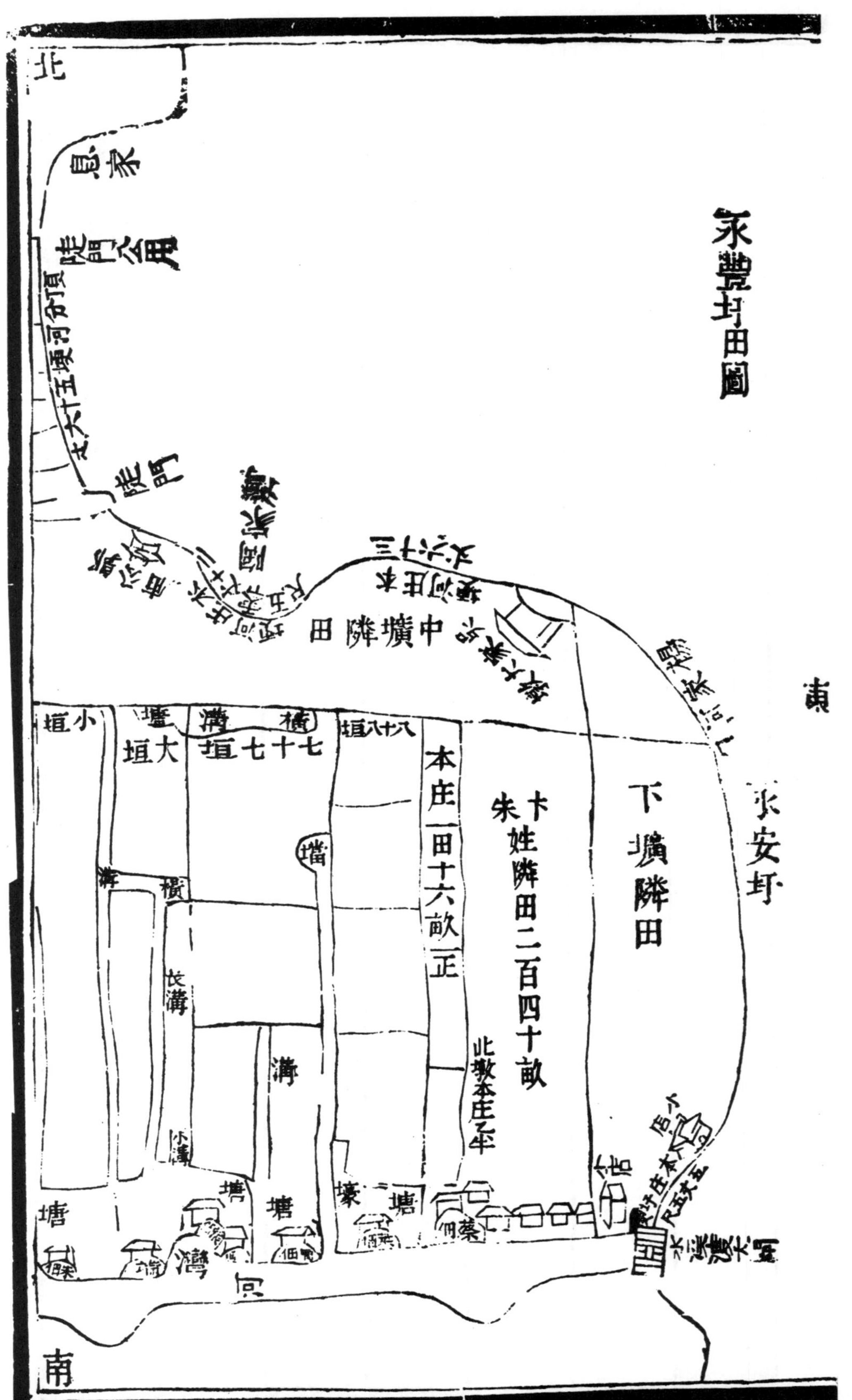
永豐圩田圖
北
南
東
下壙隣田
本庄田十六畝正
卞朱姓隣田二百四十畝
中壙隣田
永安圩
陡門
河

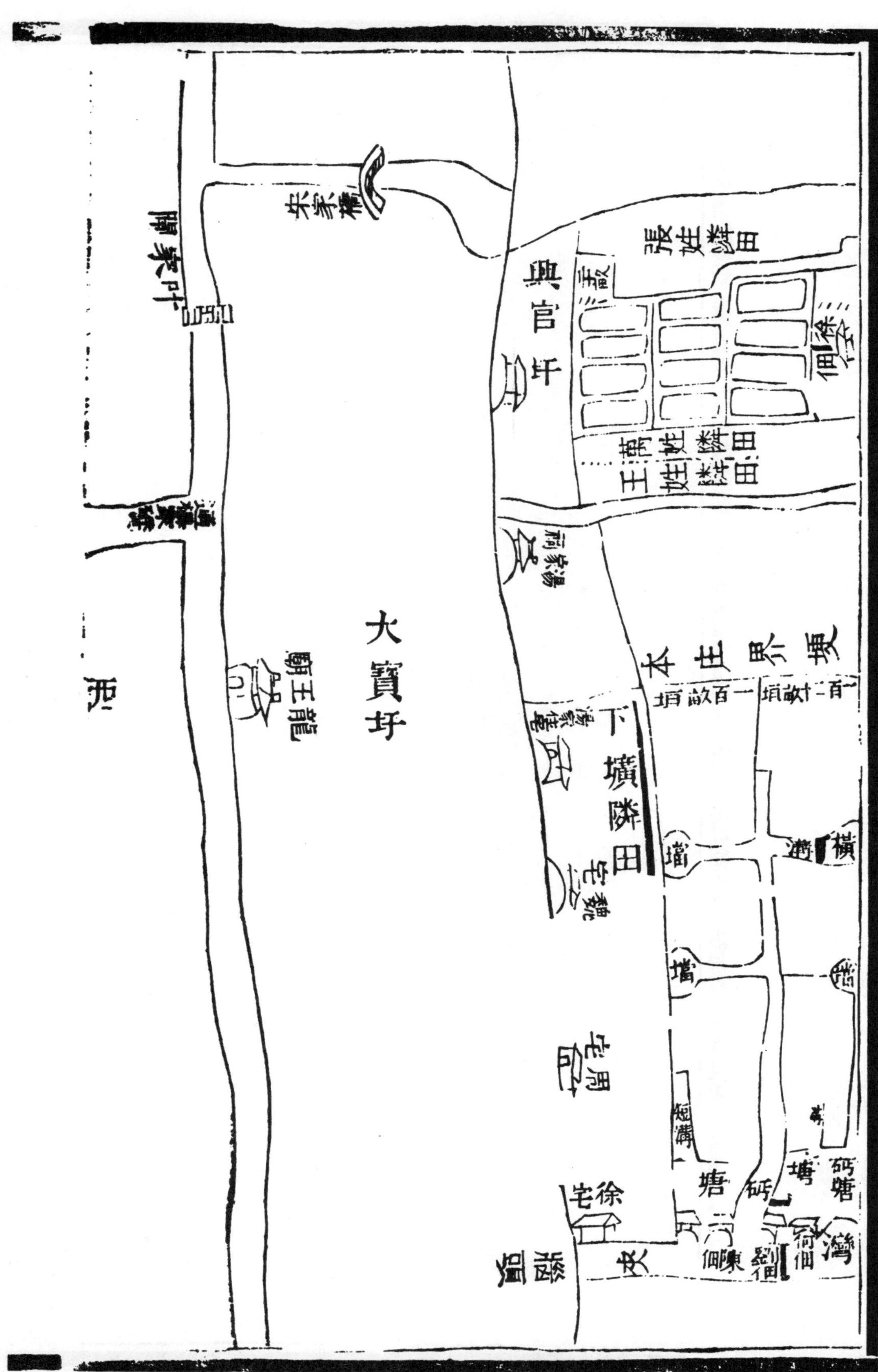
大寶圩
龍王廟
朱家橋
葉家閘
田姓張
田姓萬
田姓王
下壩
徐宅
塘
橫塘

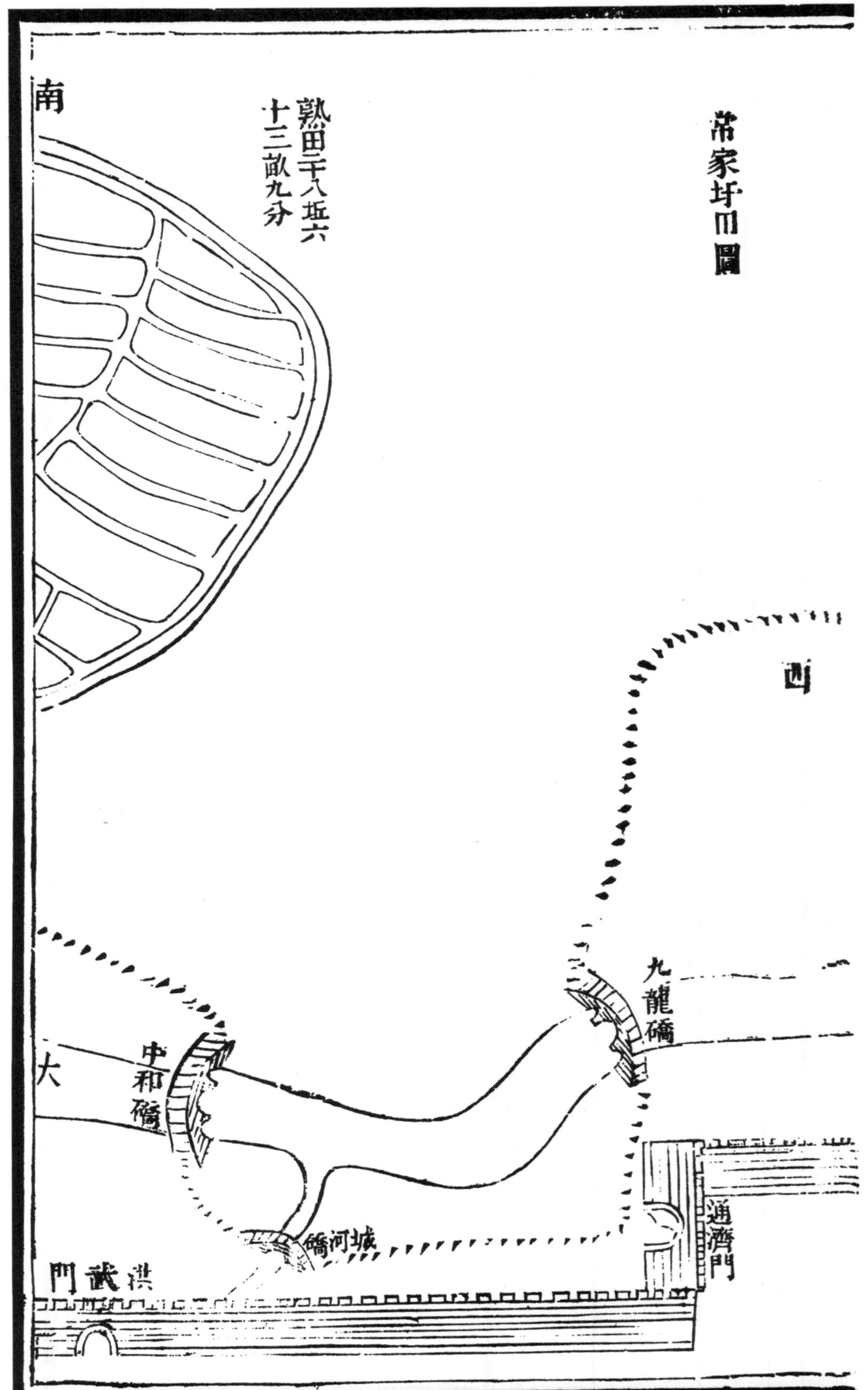

常家圩田圖
熟田二十八坵六十三畝九分
南
西
九龍橋
中和橋
大
城河橋
洪武門
通濟門

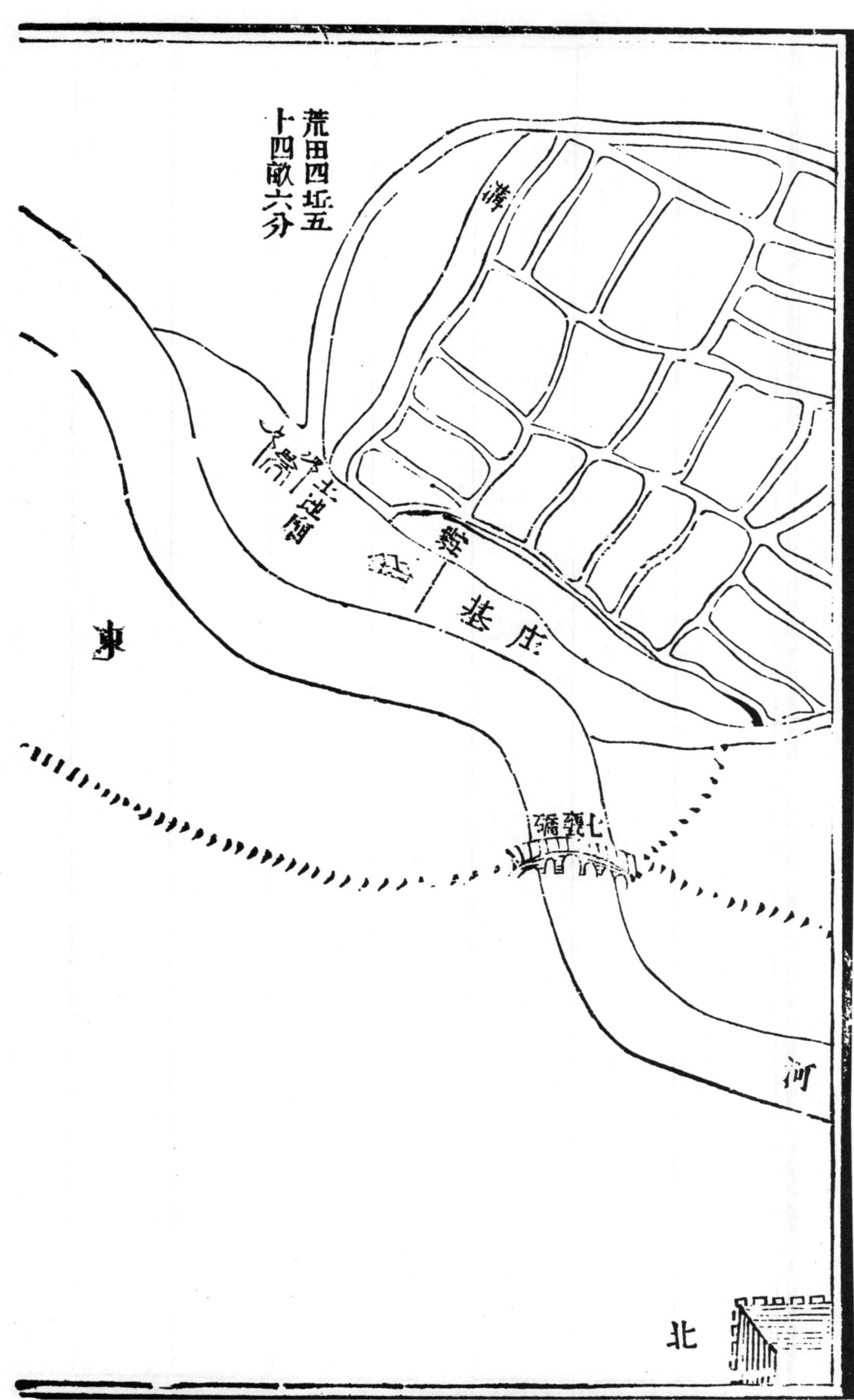
荒田四坵五
卜四畝六分
溝
東
七甕橋
河
北

靖安厰田圖

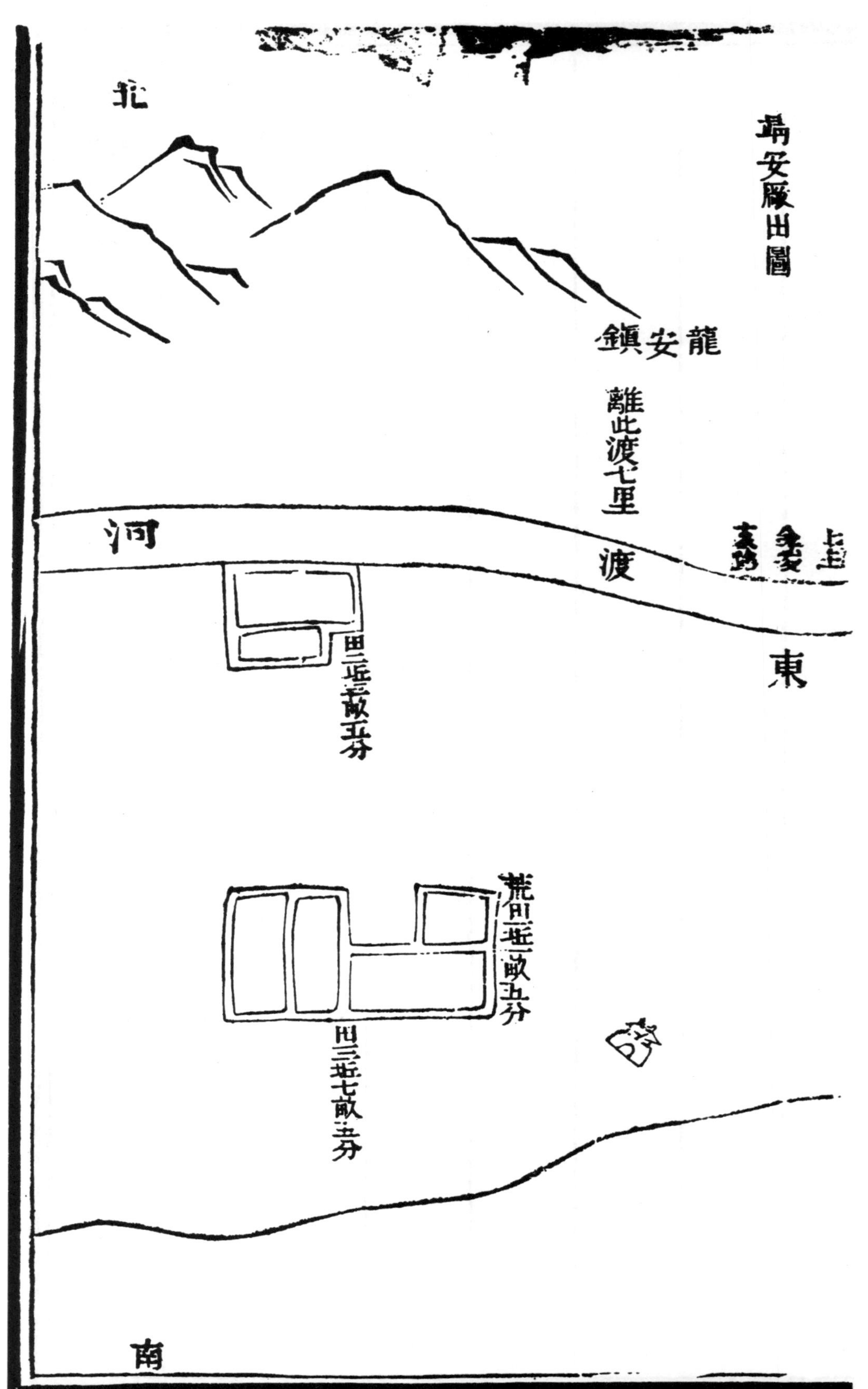
爲安厰出圖
北
龍安鎮
離此渡七里
河
渡
東
田三坵三畝五分
荒田一坵一畝五分
田三坵七畝二分
南

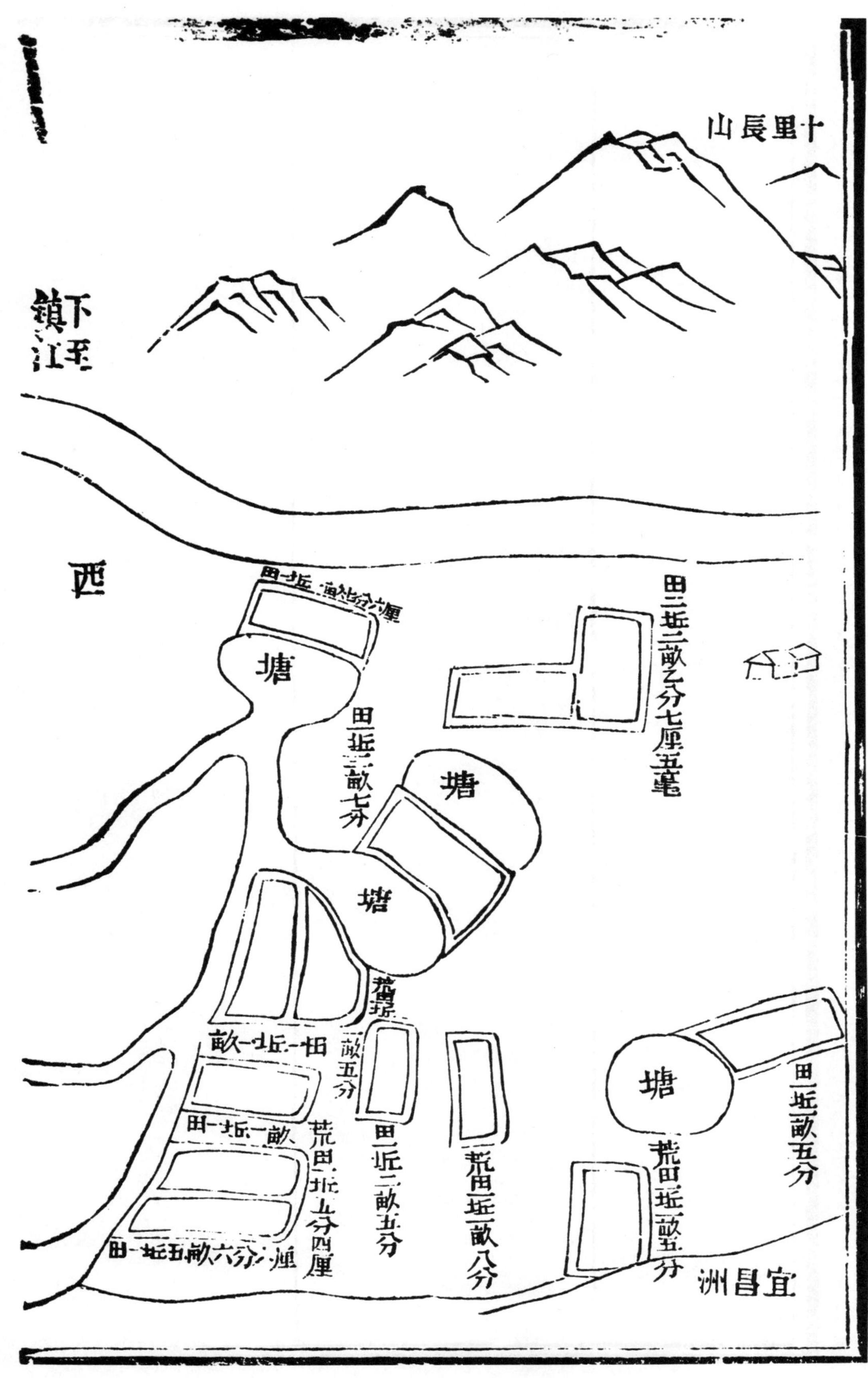
十里長山
下至鎮江
西
田一坵一畝七分八厘
塘
田三坵二畝乙分七厘五毫
田一坵三畝七分
塘
塘
荒田一坵一畝五分
田一坵一畝
田一坵一畝
荒田一坵五分四厘
田一坵五畝六分八厘
田一坵二畝五分
荒田一坵一畝八分
塘
田一坵一畝五分
荒田一坵一畝五分
宜昌洲

仙前莊田圖

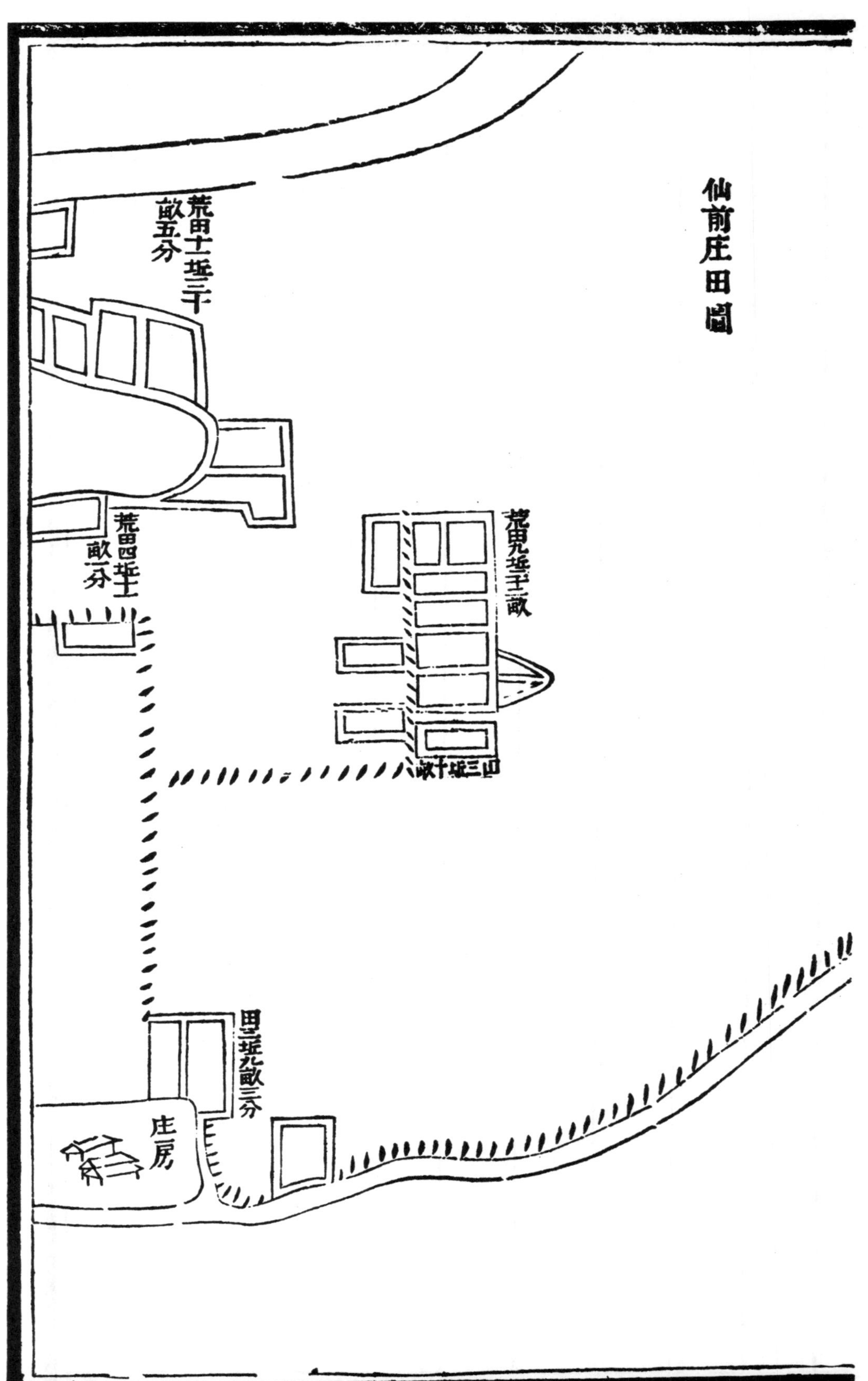
仙前庄田圖
荒田十一坵三十畝五分
荒田四坵十一畝一分
荒田九坵三十畝
田三坵十畝
田三坵九畝三分
庄房

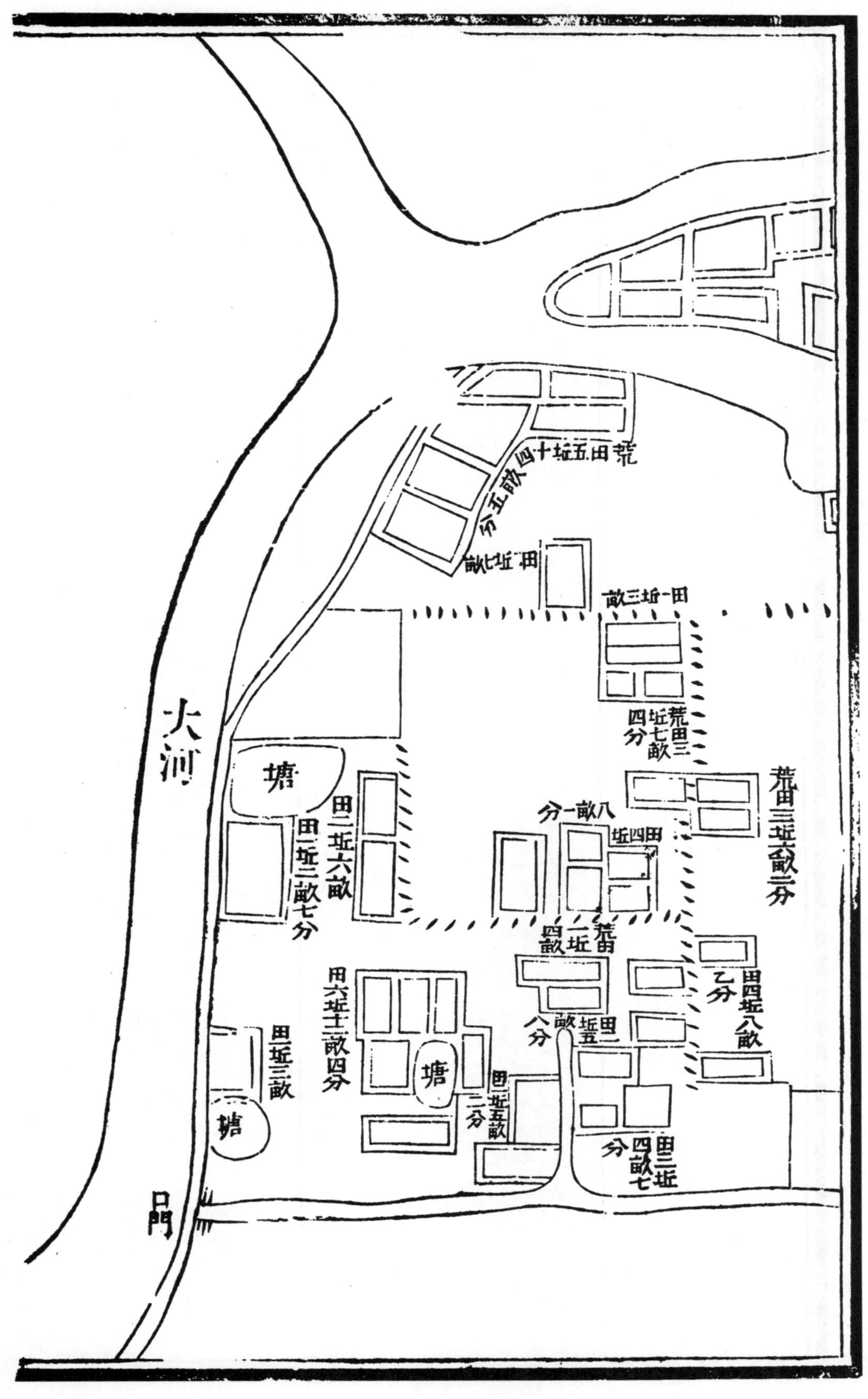
荒田五坵十四畝五分
田一坵七畝
田一坵三畝
荒田三坵七畝四分
荒田三坵六畝二分
八畝一分
田四坵
大河
塘
田二坵六畝
田一坵二畝七分
荒田一坵四畝
田四坵八畝乙分
田六坵十二畝四分
田二坵五畝八分
田一坵三畝
塘
田一坵五畝二分
塘
田三坵四畝七分
口門

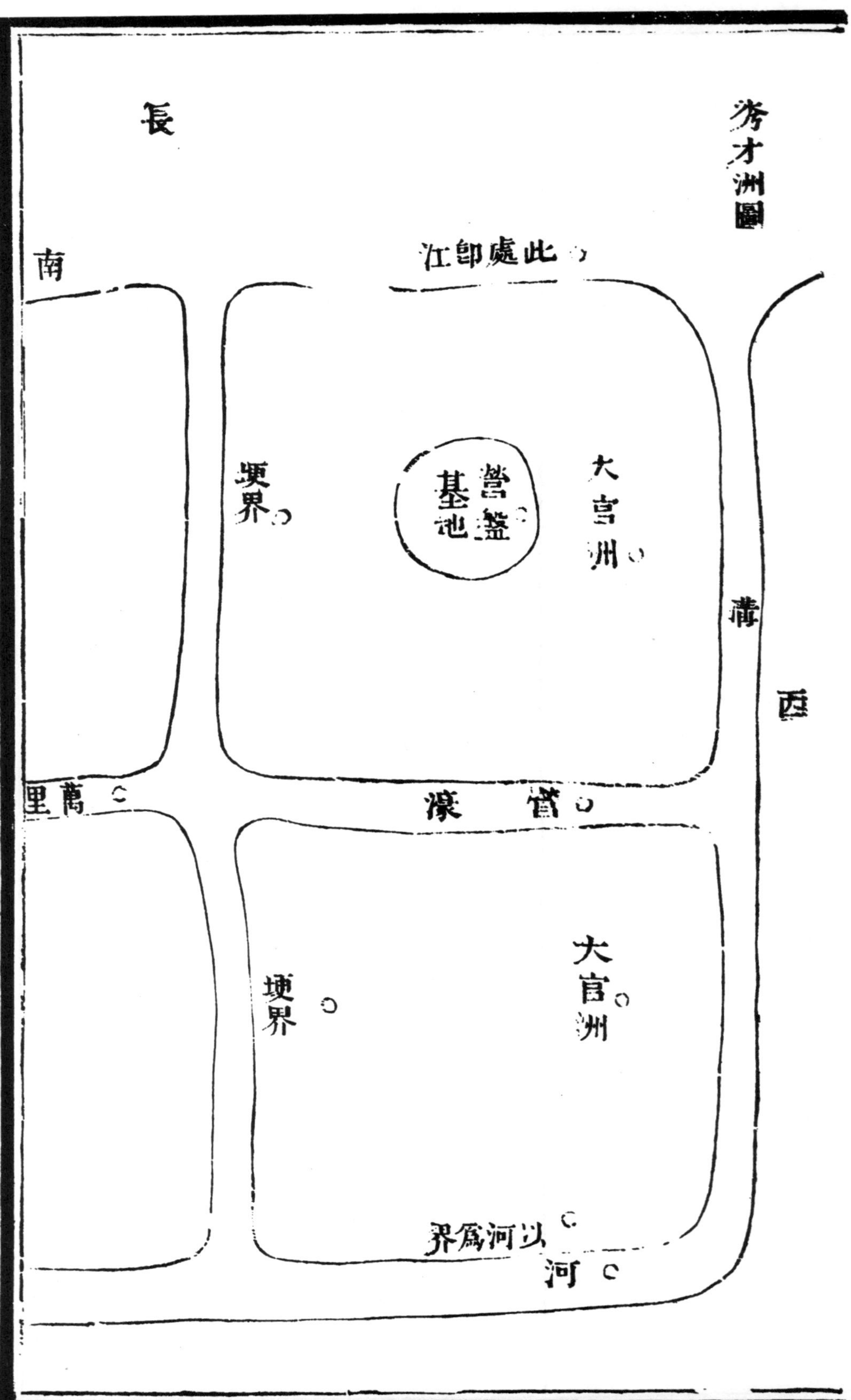
秀才洲圖
長
南
此處卽江
埂界
營盤基地
大官洲
溝
西
萬里
官濠
埂界
大官洲
以河爲界
河

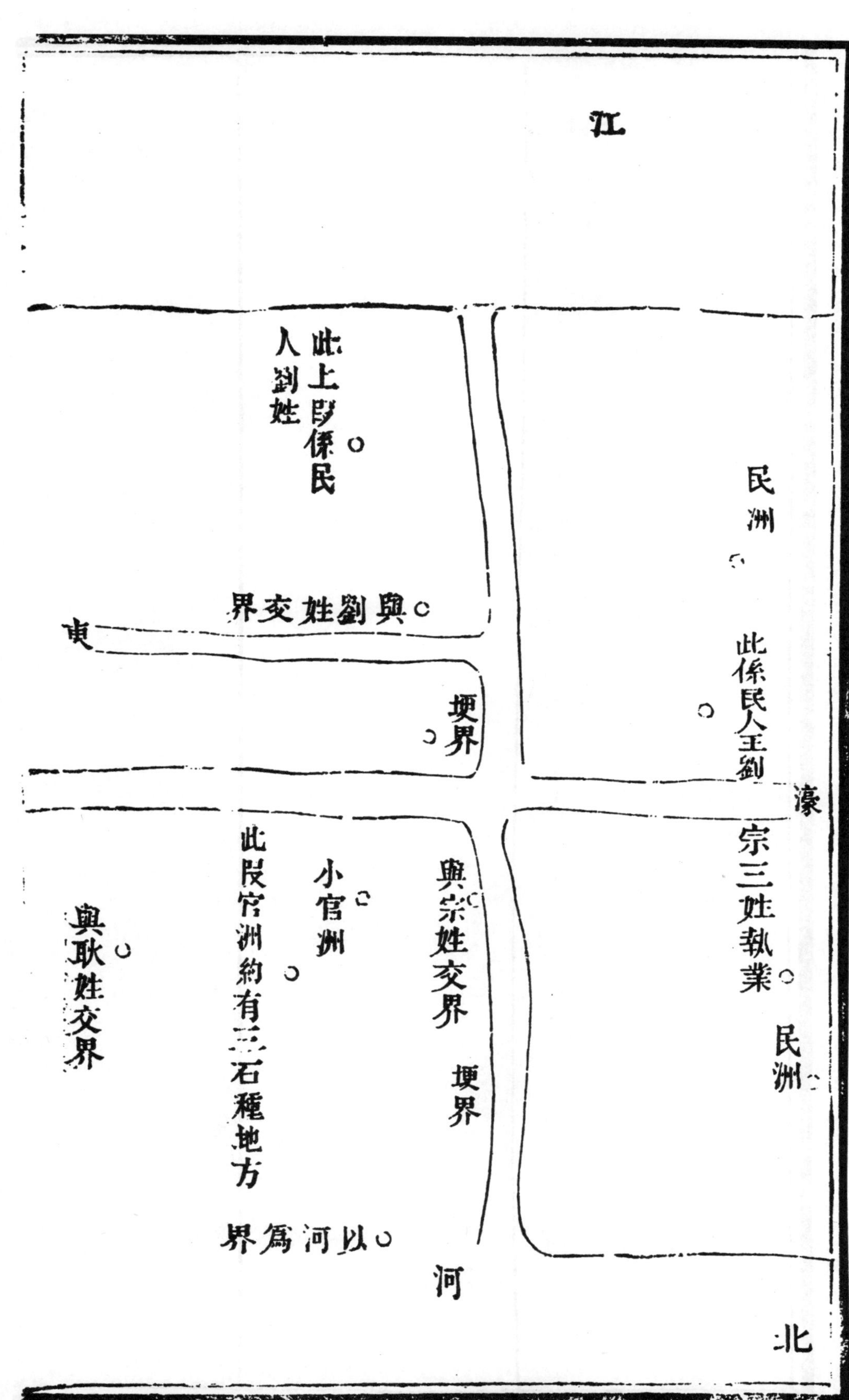
江
此上段係民
人劉姓
民洲
與劉姓交界
東
此係民人王劉
埂界
濠
宗三姓執業
此段官洲約有三石種地方
小官洲
與宗姓交界
與耿姓交界
民洲
埂界
以河爲界
河
北

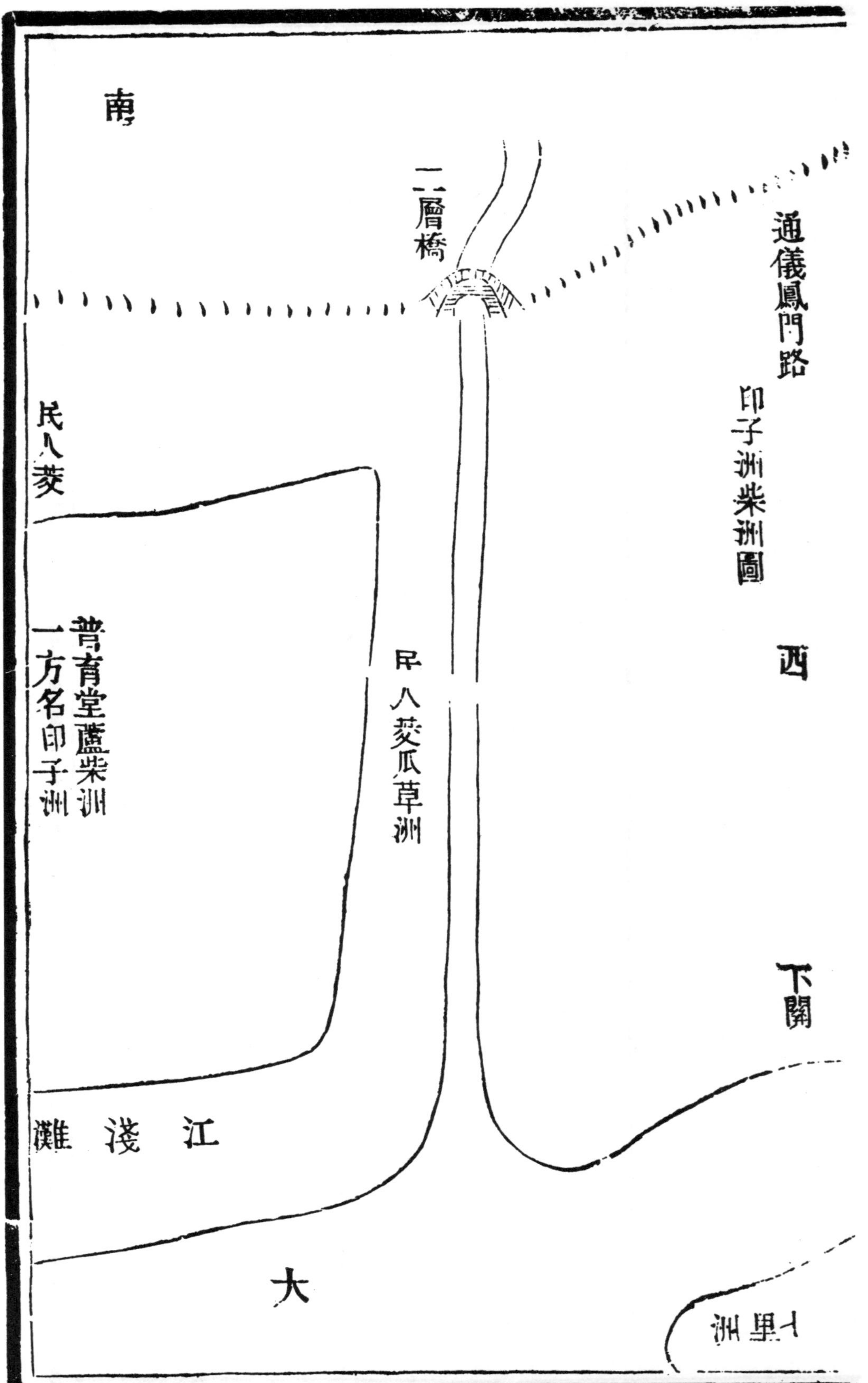
印子洲柴洲圖
南
西
二層橋
通儀鳳門路
下關
民人茭
普育堂蘆柴洲
一方名印子洲
民人茭瓜草洲
江淺灘
大
七里洲

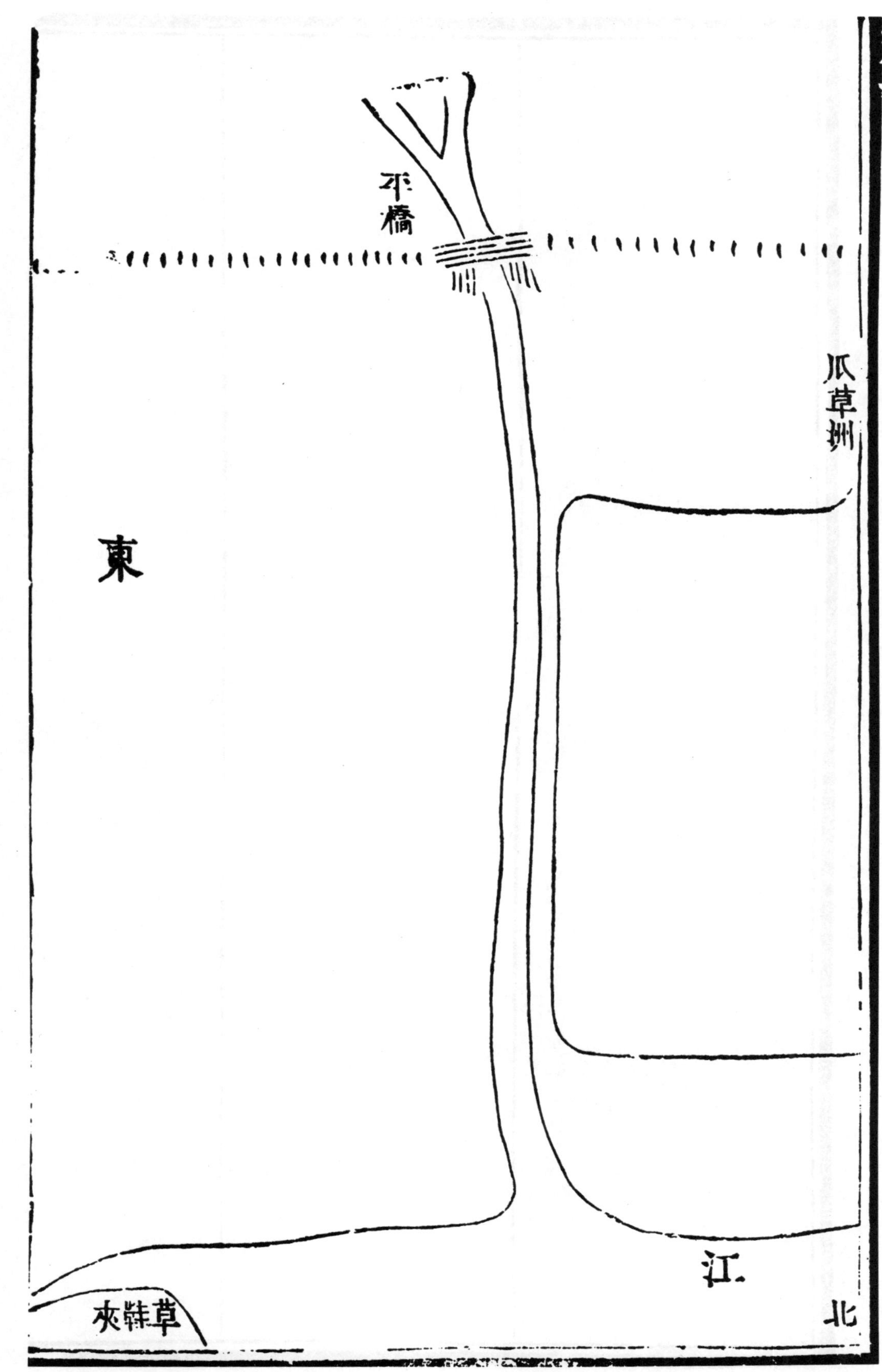
平橋
瓜草洲
東
江
北
草鞋夾

官茶局地圖

古靈應寺
佃戶
火藥局
內奉善後局撥丈一百六十畝以作義塚

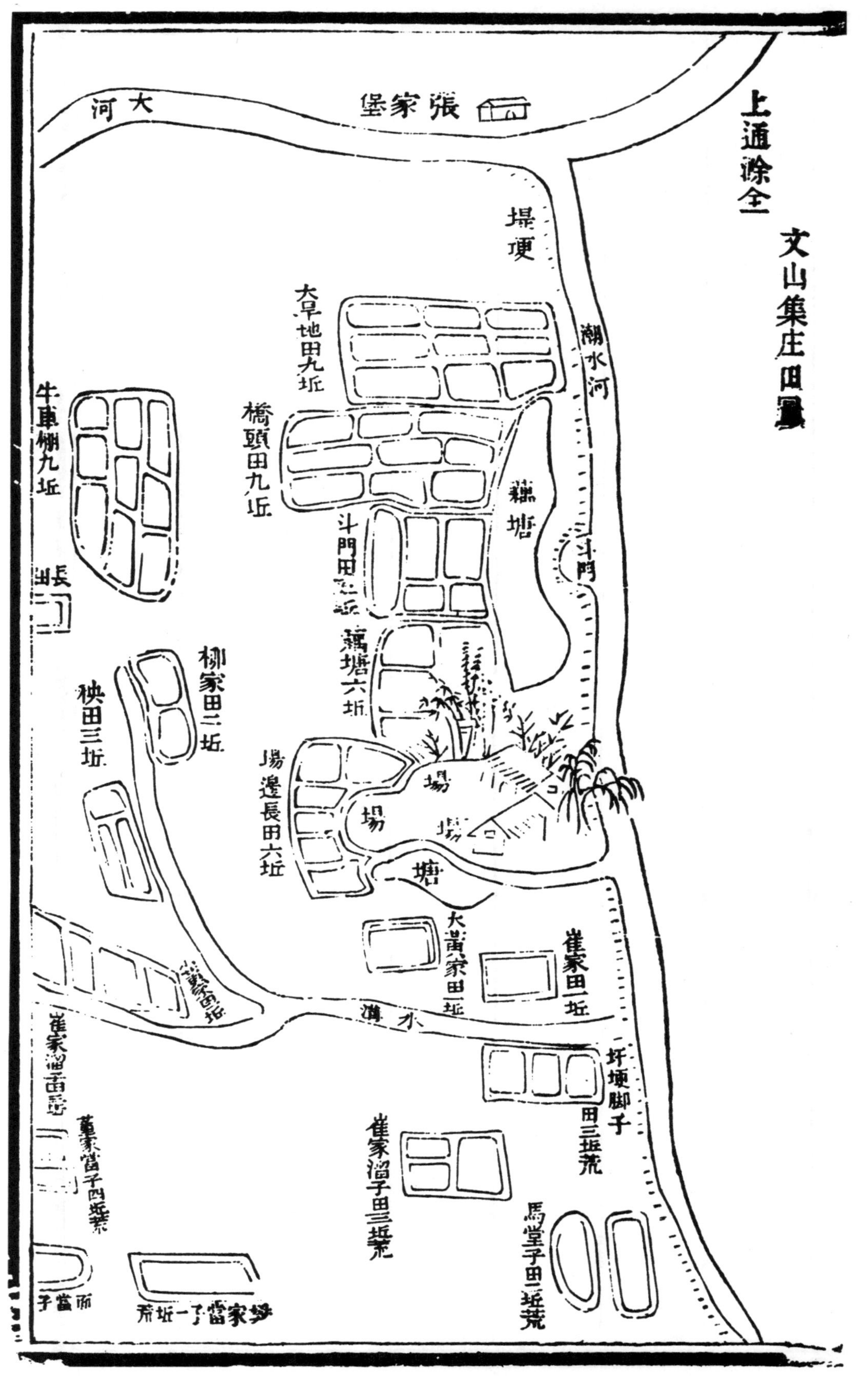
上通滁全
文山集庄田圖
大河
張家堡
堤便
潮水河
大旱地田九坵
橋頭田九坵
牛車棚九坵
斗門
斗門田
柳家田二坵
秧田三坵
場
塘
大黃家田一坵
崔家田一坵
水溝
崔家凼子田三坵荒
馬堂子田二坵荒

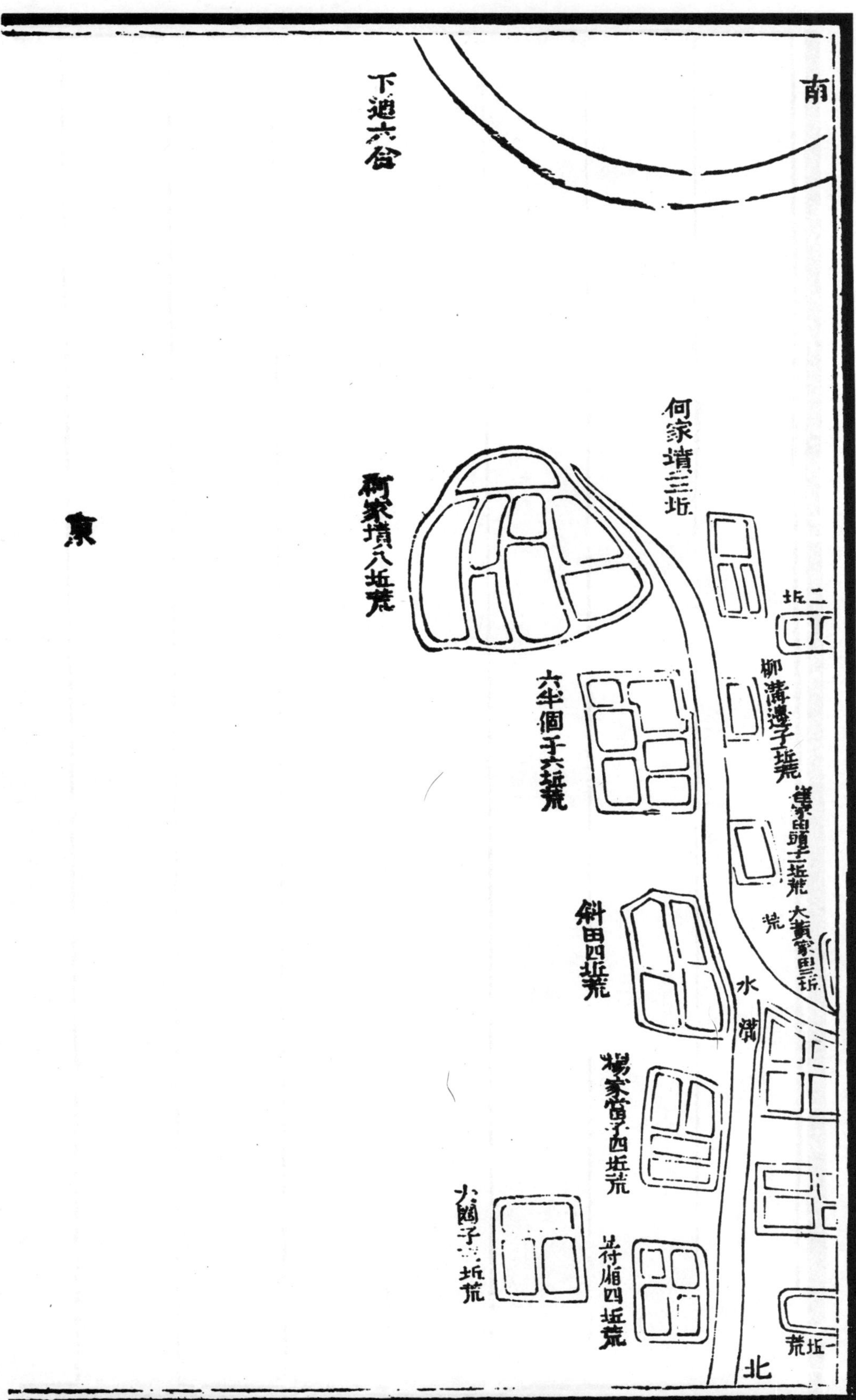
南
下通六合
何家墳二坵
東
何家墳八坵荒
二坵
柳溝邊子一坵荒
荒
大黃家四坵
斜田四坵荒
水溝
一坵荒
北

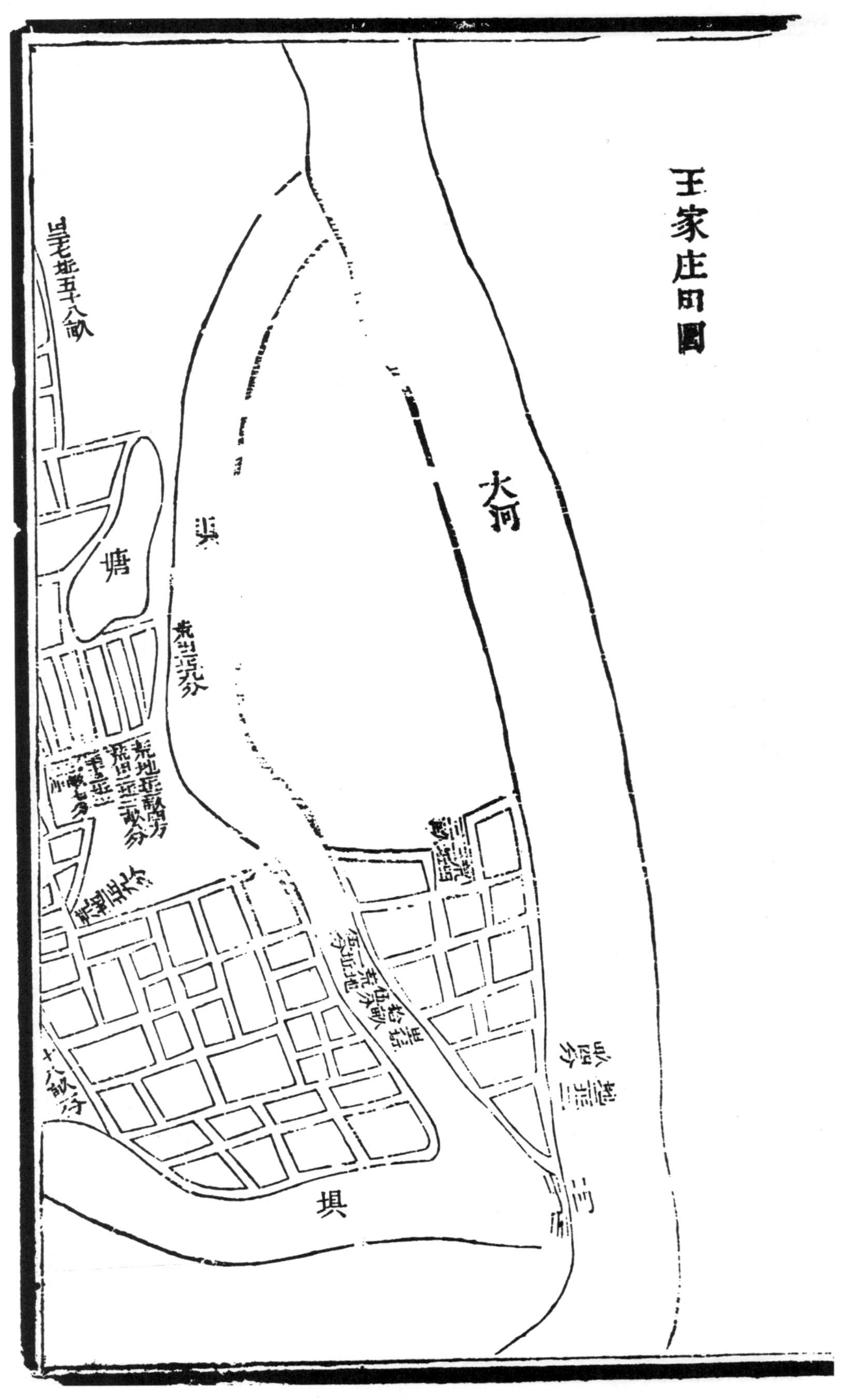
王家庄田圖
大河
塘
埧

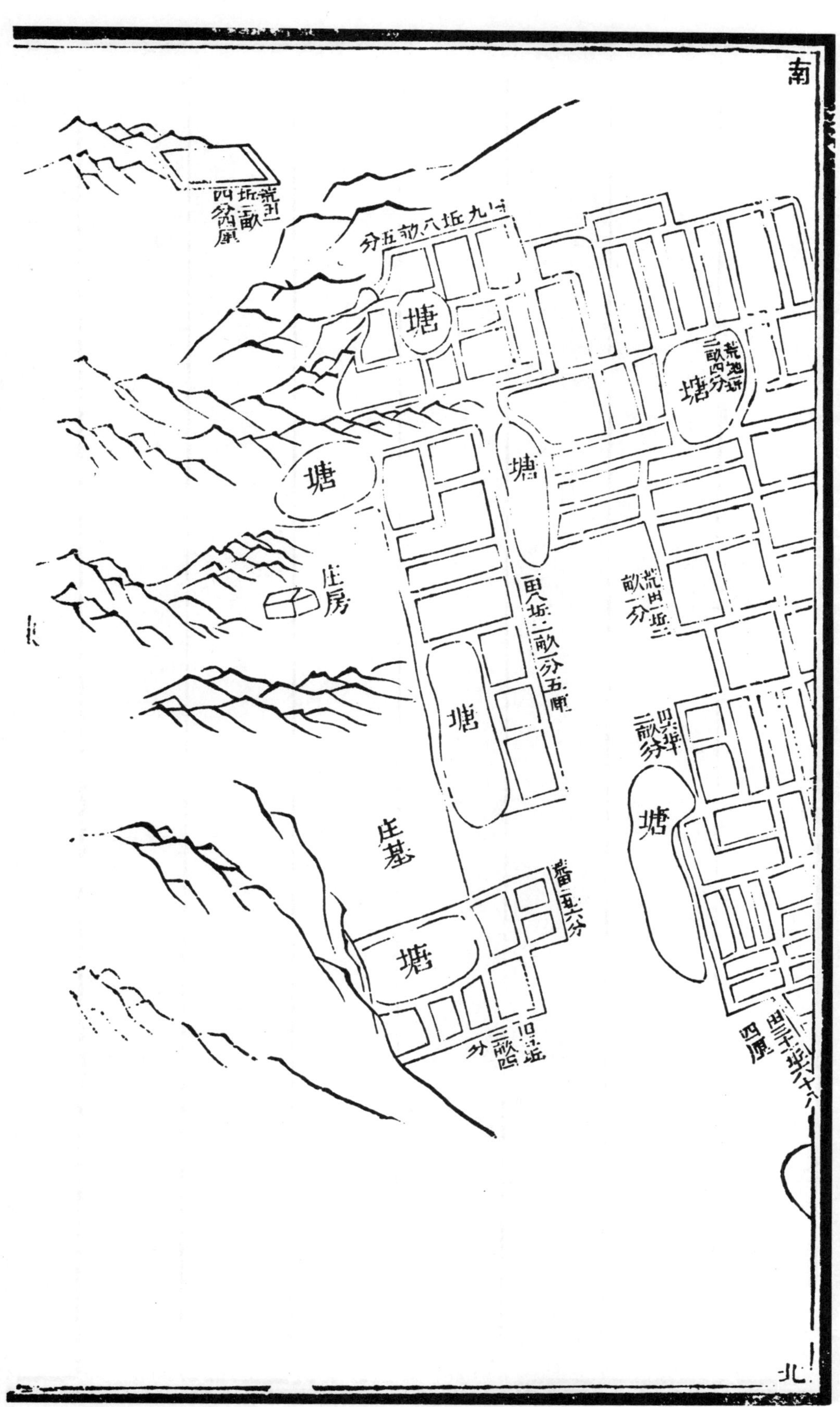
南
北
塘
塘
塘
塘
塘
塘
塘
庄房
庄基

敬甈口田圖

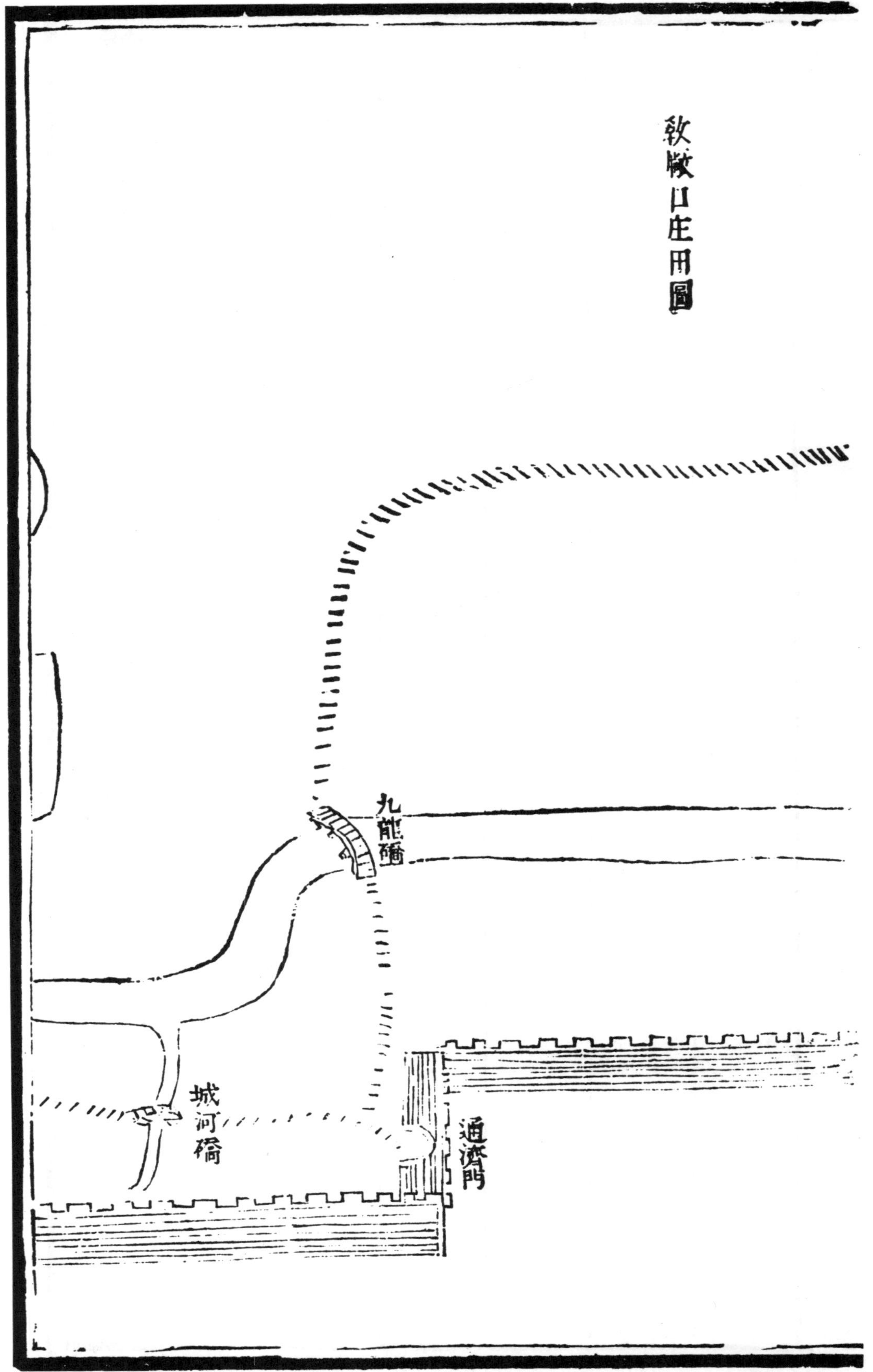
敘嶶山庄田圖
九龍橋
城河橋
通濟門

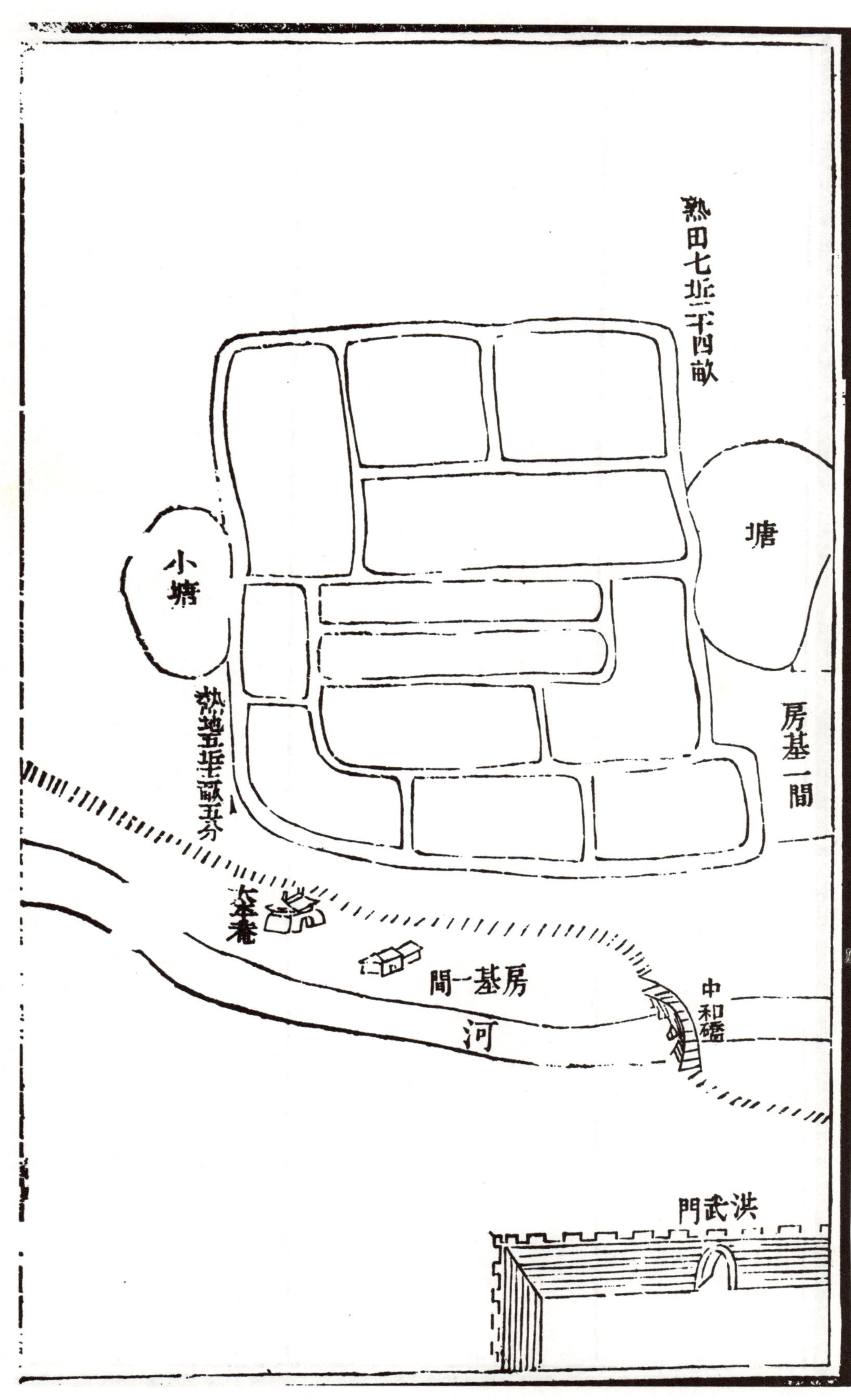
熟田七坵二十四畝
小塘
塘
熟地五坵七畝五分
房基一間
大士庵
房基一間
中和橋
河
洪武門

劉家圩田圖

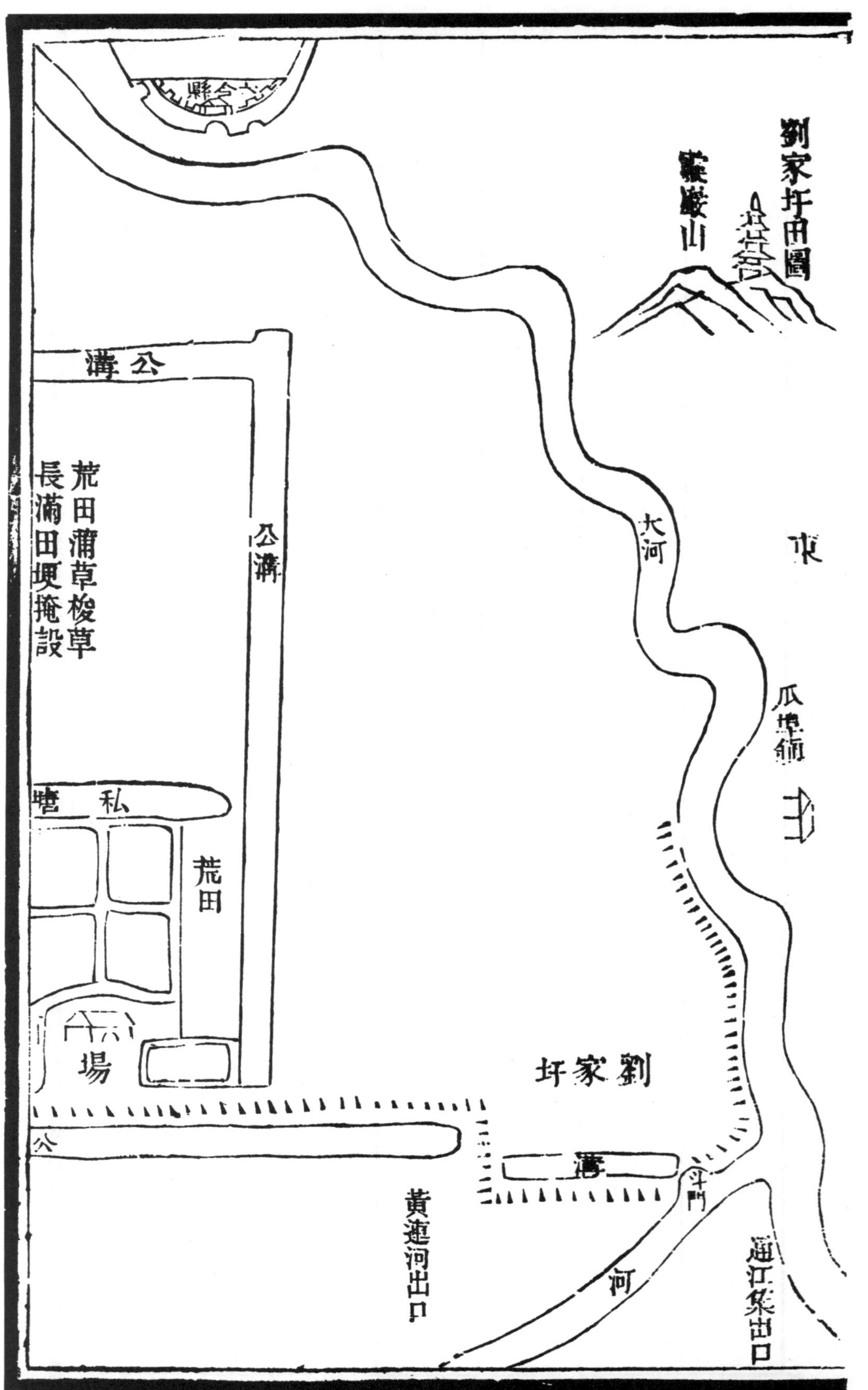
劉家圩田圖
寶華山
東
大河
瓜埠鎮
公溝
公溝
荒田蒲草梭草
長滿田埂掩設
私塘
荒田
場
劉家圩
公
溝
斗門
黄連河出口
河
通江集出口

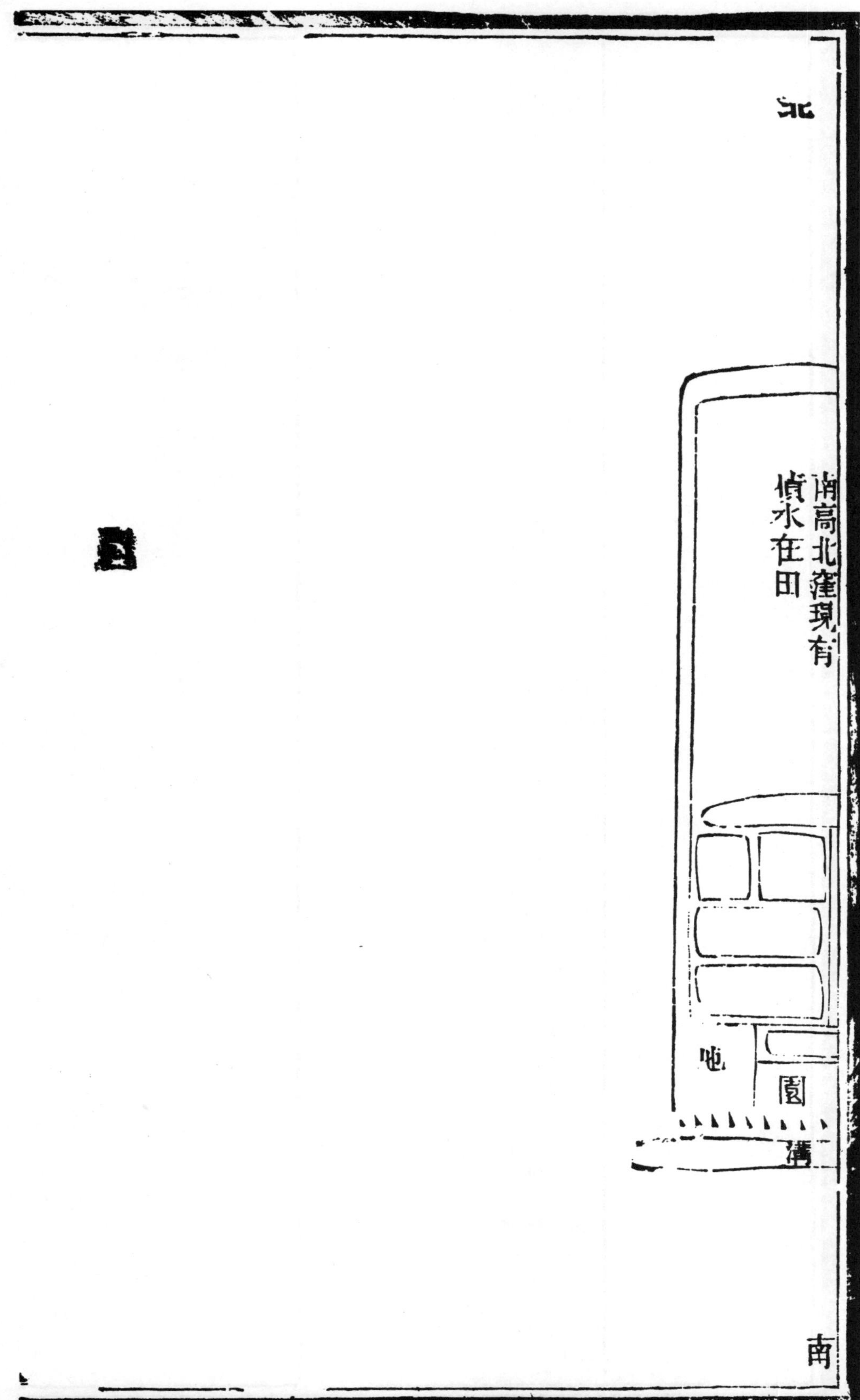
北
南高北窪現有積水在田
池
園
溝
南

六郎橋方耳崗田圖

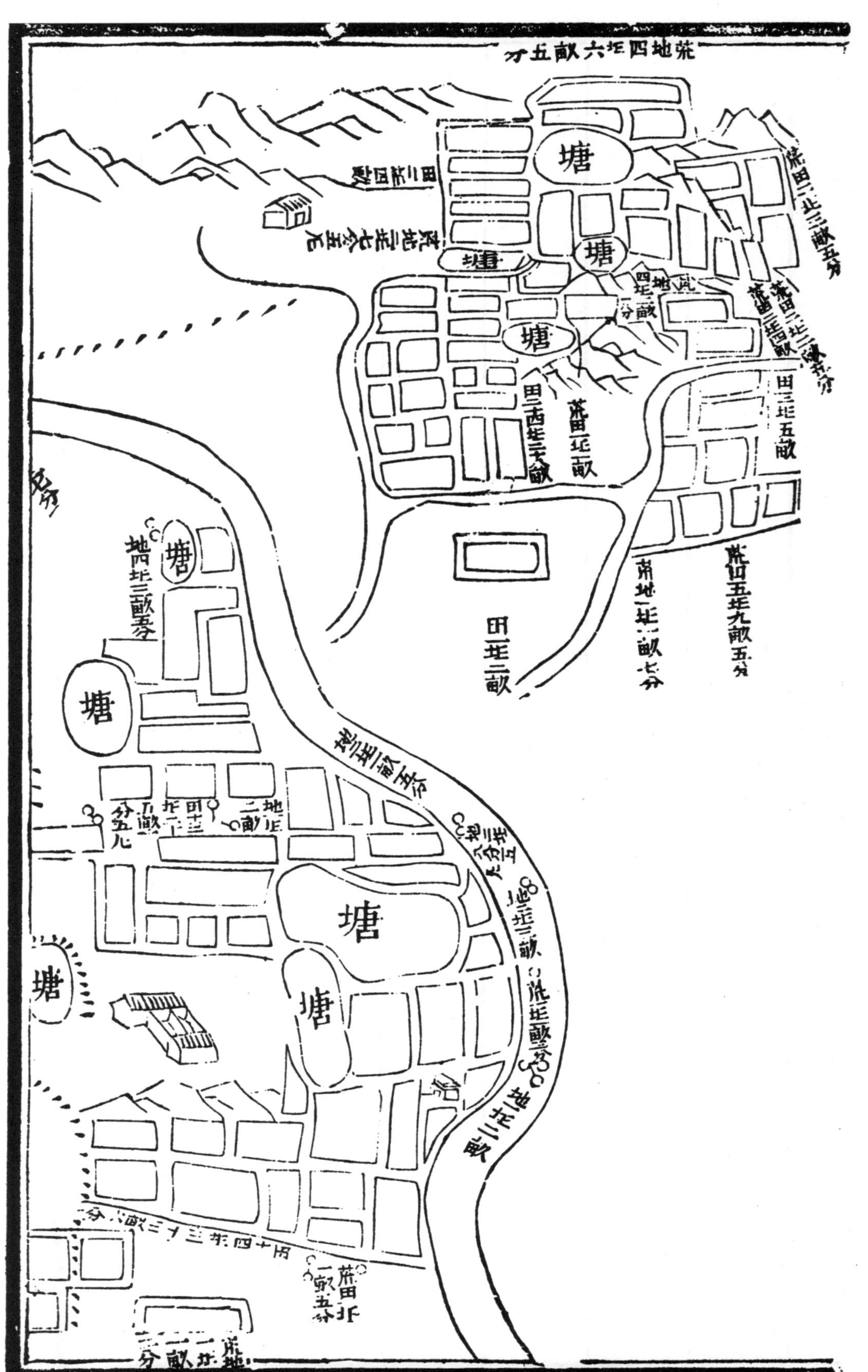
荒地四址六畝五分
荒田二址三畝五分
塘
田三址五畝
荒田一址二畝
荒田五址九畝五分
荒地一址二畝七分
田一址二畝

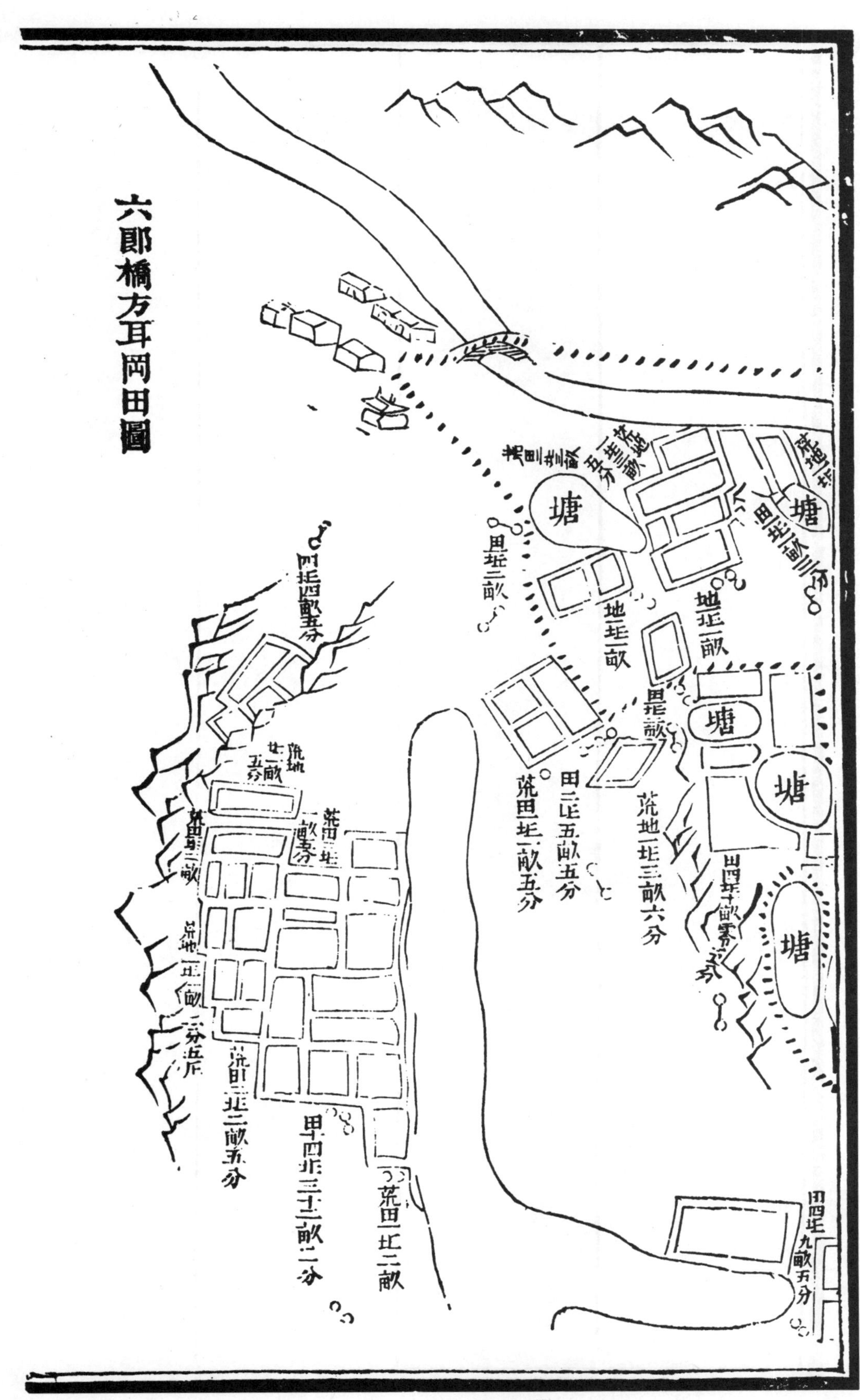
六郎橋方耳岡田圖

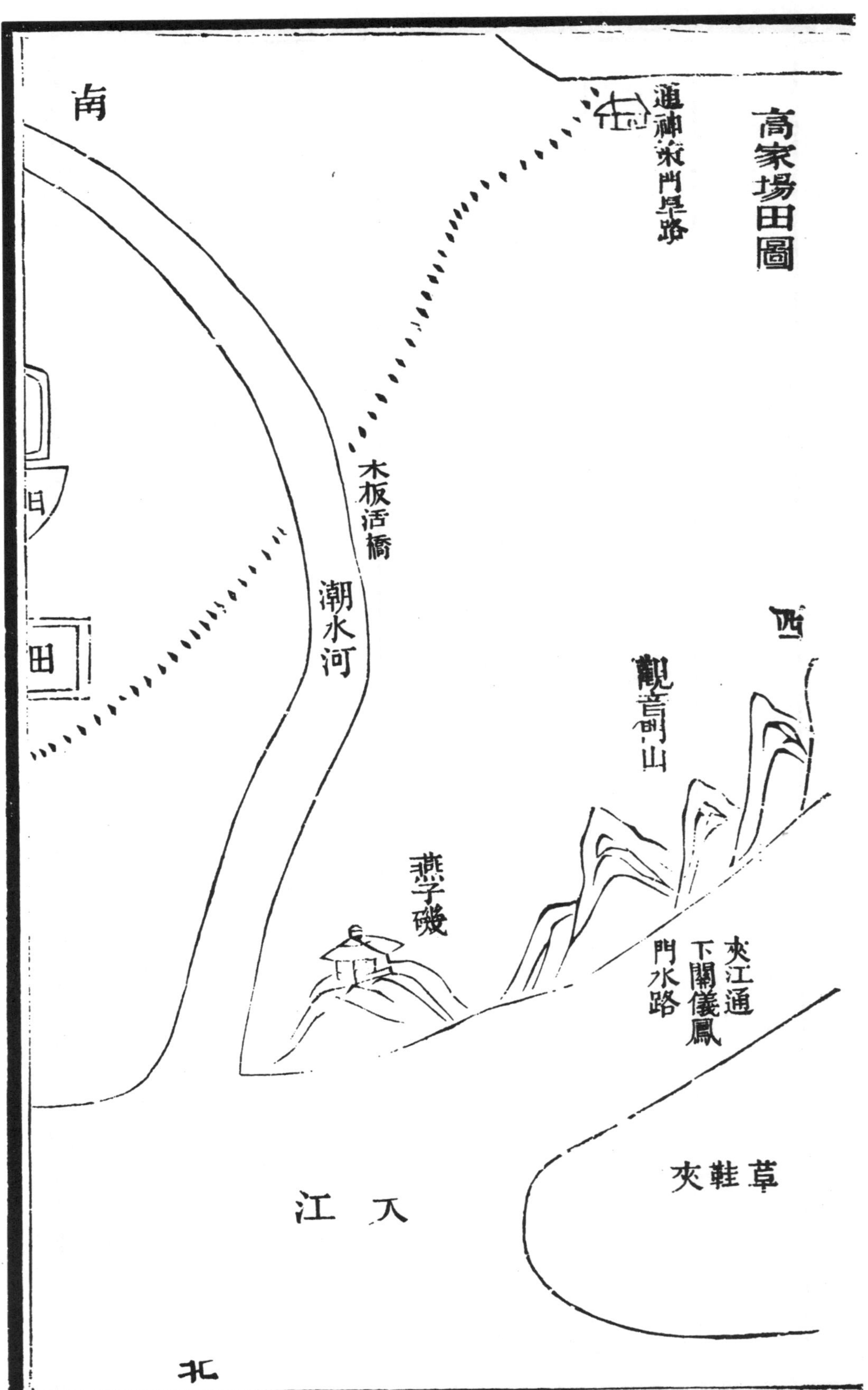
高家場田圖
通神策門旱路
南
木板活橋
潮水河
西
觀音門山
燕子磯
夾江通下關儀鳳門水路
草鞋夾
入江
北

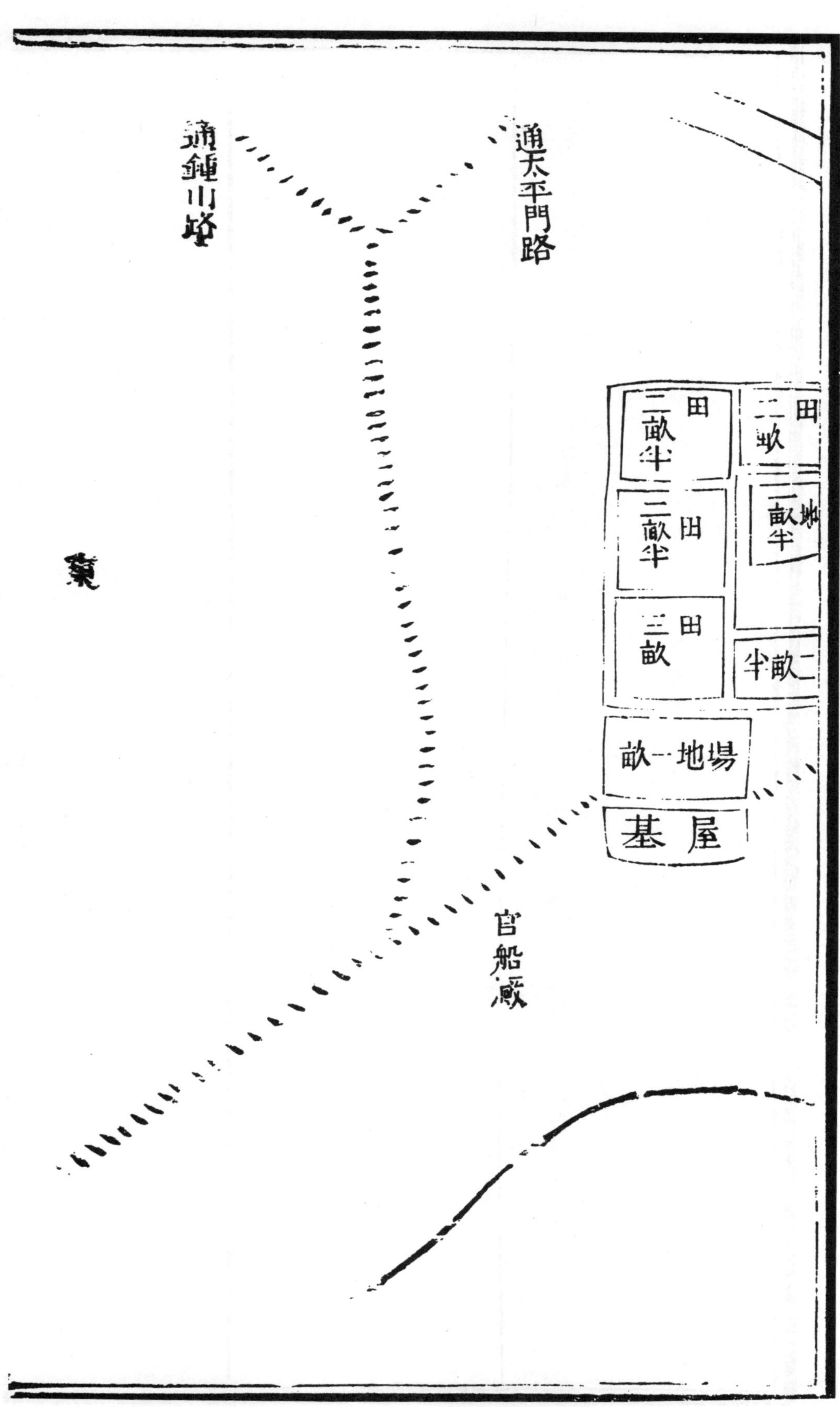
通鍾山路
通太平門路
田二畝半
田二畝
地一畝半
田二畝半
田三畝
二畝半
場地一畝
屋基
官船廠

徐茂村田圖

徐茂村田圖

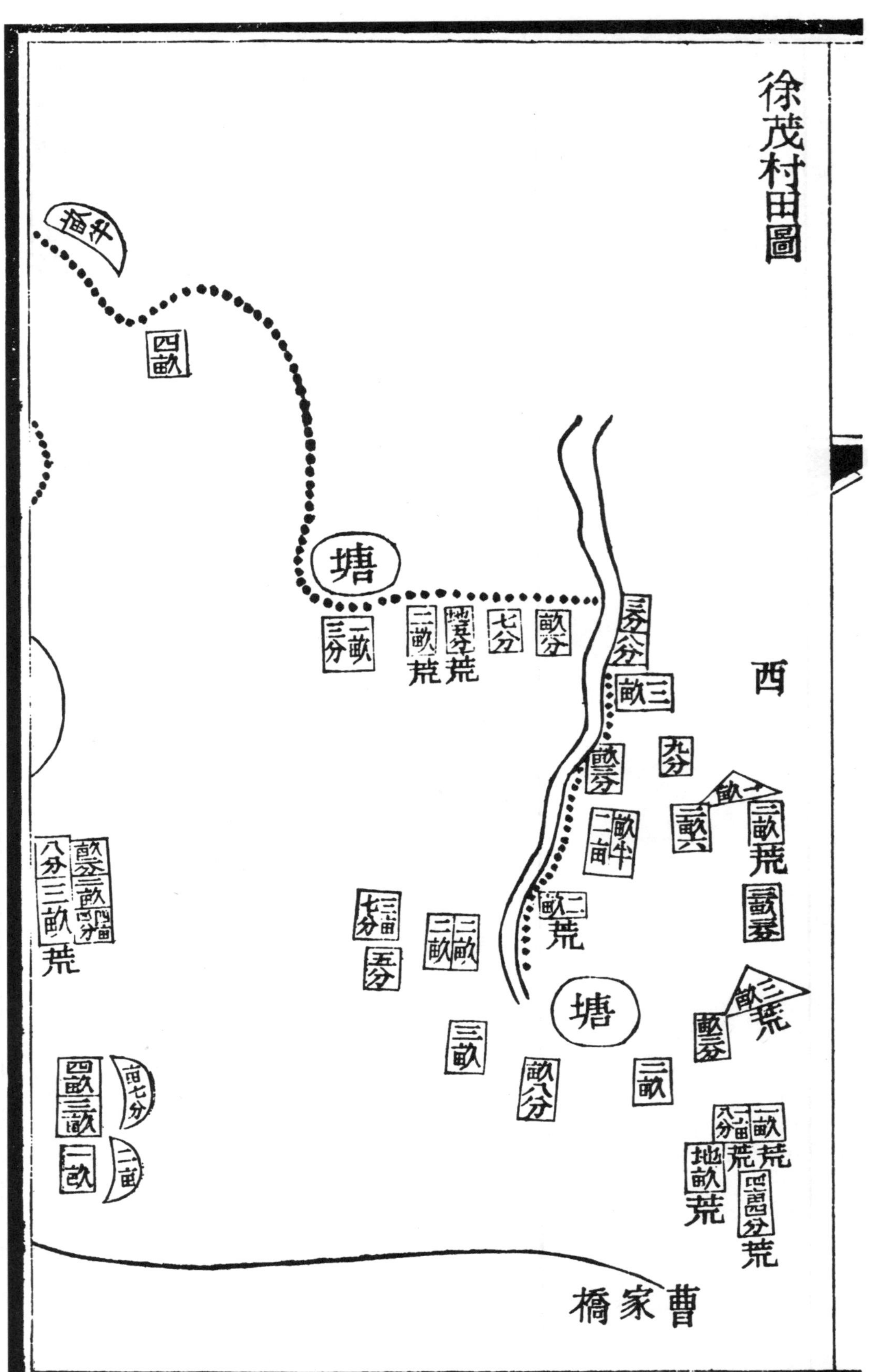

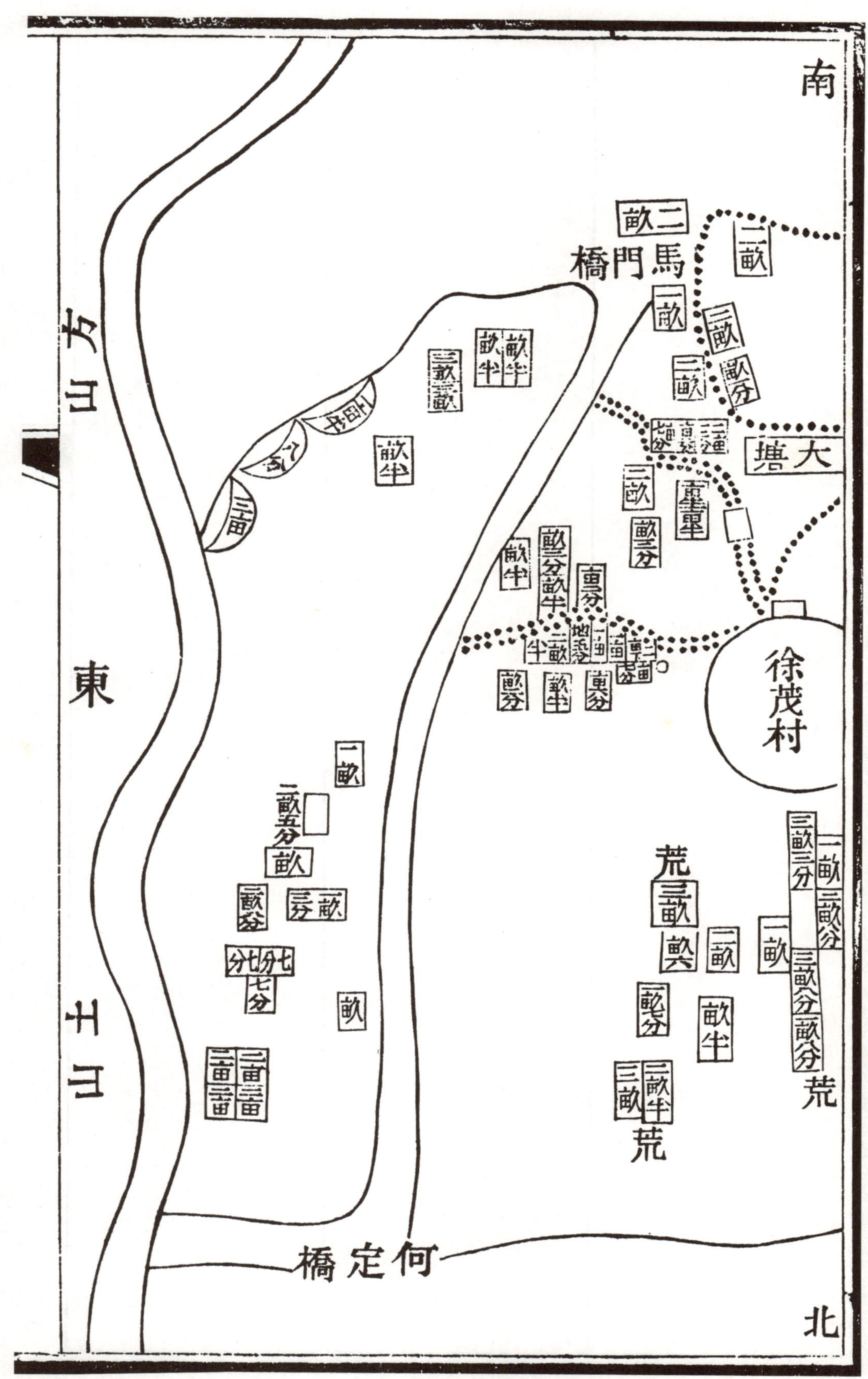
南
馬門橋
大塘
徐茂村
方山
東山
何定橋
北

高新二莊田圖

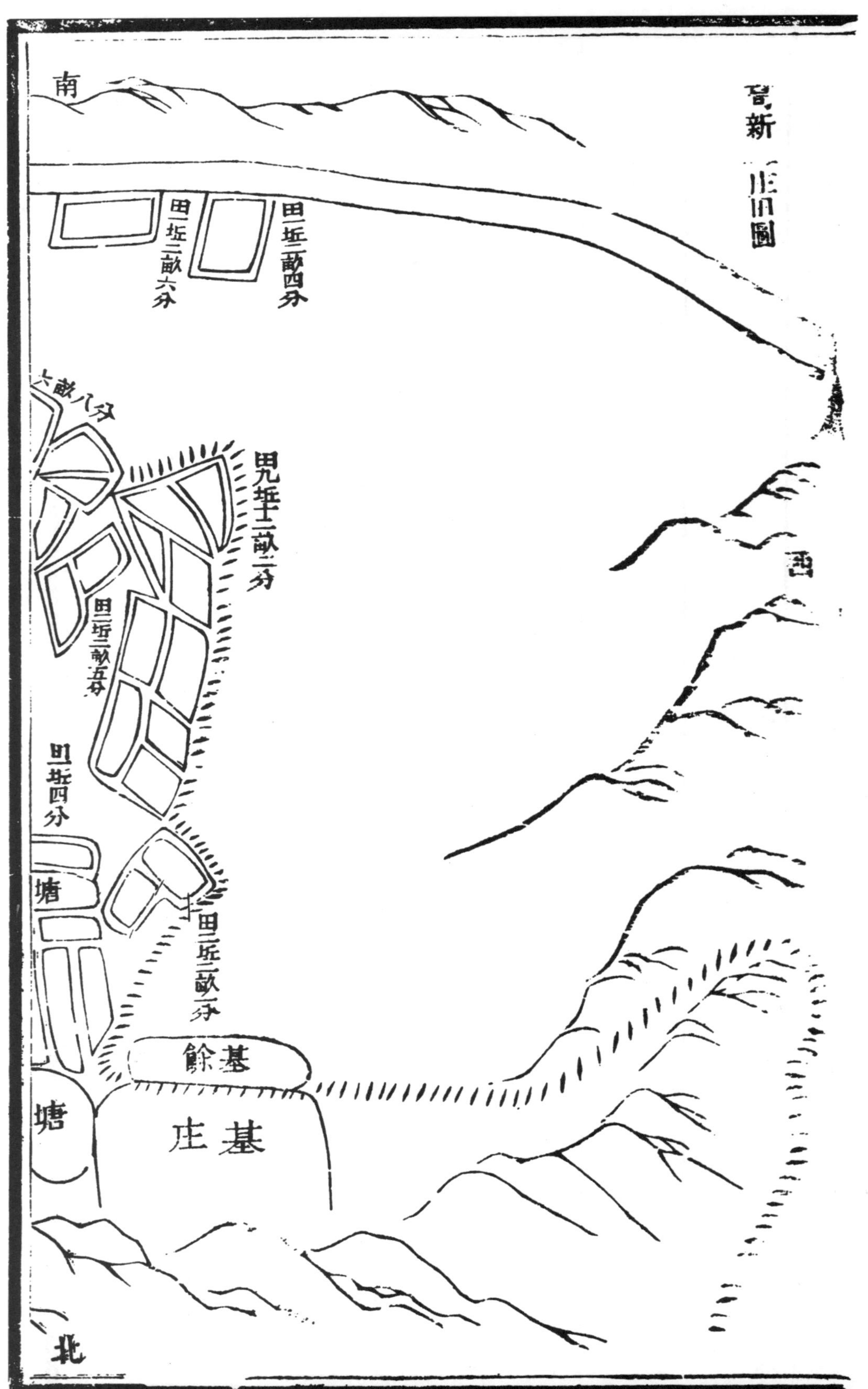
新
圖
南
田一坵三畝六分
田一坵三畝四分
六畝八分
田九坵十三畝二分
田三坵三畝五分
田一坵四分
塘
田三坵二畝一分
西
餘基
塘
庄基
北

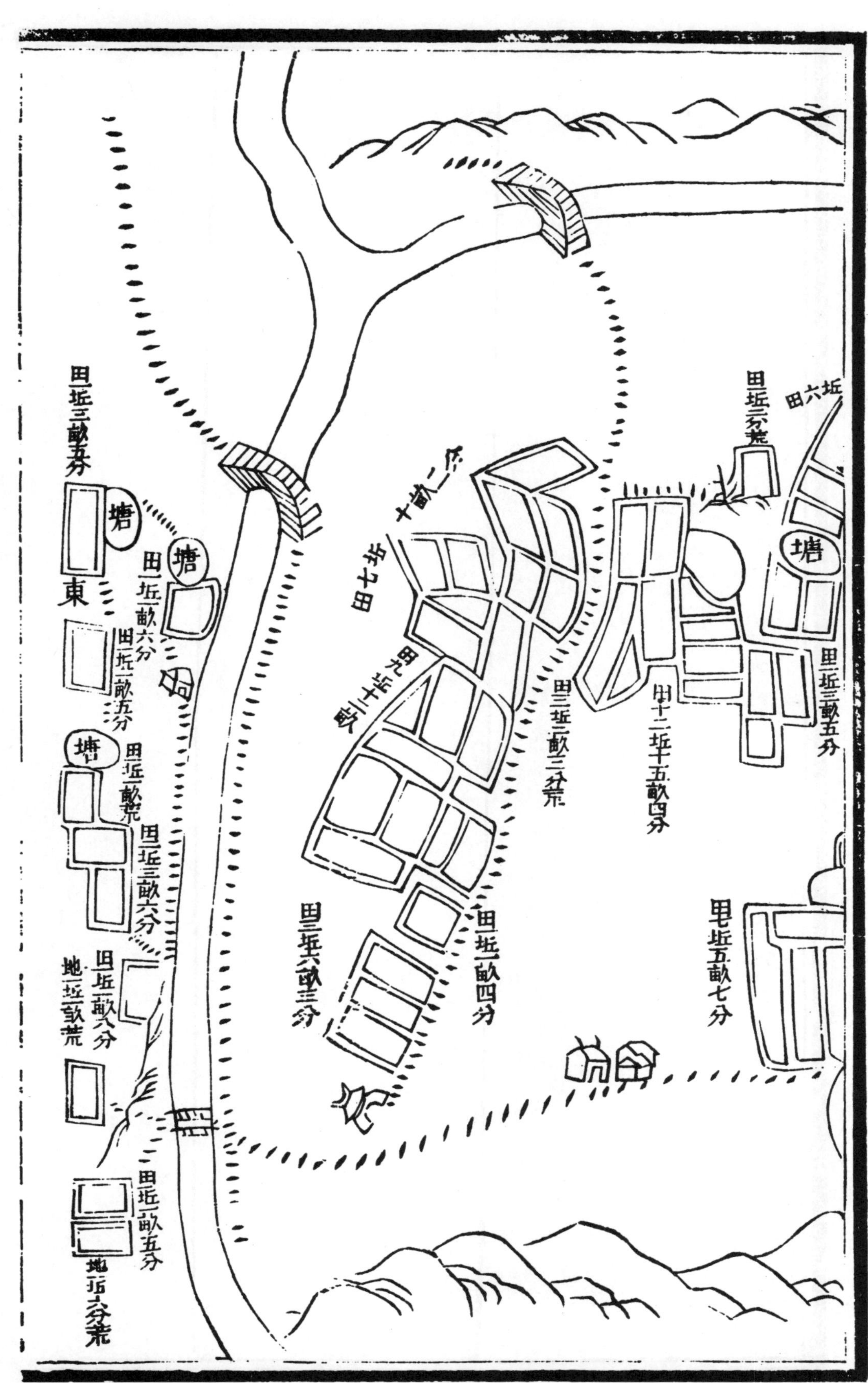
田一坵三畝五分
塘
塘
東
田一坵一畝六分
田一坵一畝五分
塘
田一坵一畝荒
田一坵三畝六分
田一坵一畝八分
地一坵一畝荒
田一坵一畝五分
地一坵六分荒
田七坵十畝一分
田九坵十二畝
田三坵六畝三分
田一坵一畝四分
田三坵二畝三分荒
田十二坵十五畝四分
田一坵三分荒
田六坵
塘
田一坵三畝五分
田七坵五畝七分

裴家集田圖

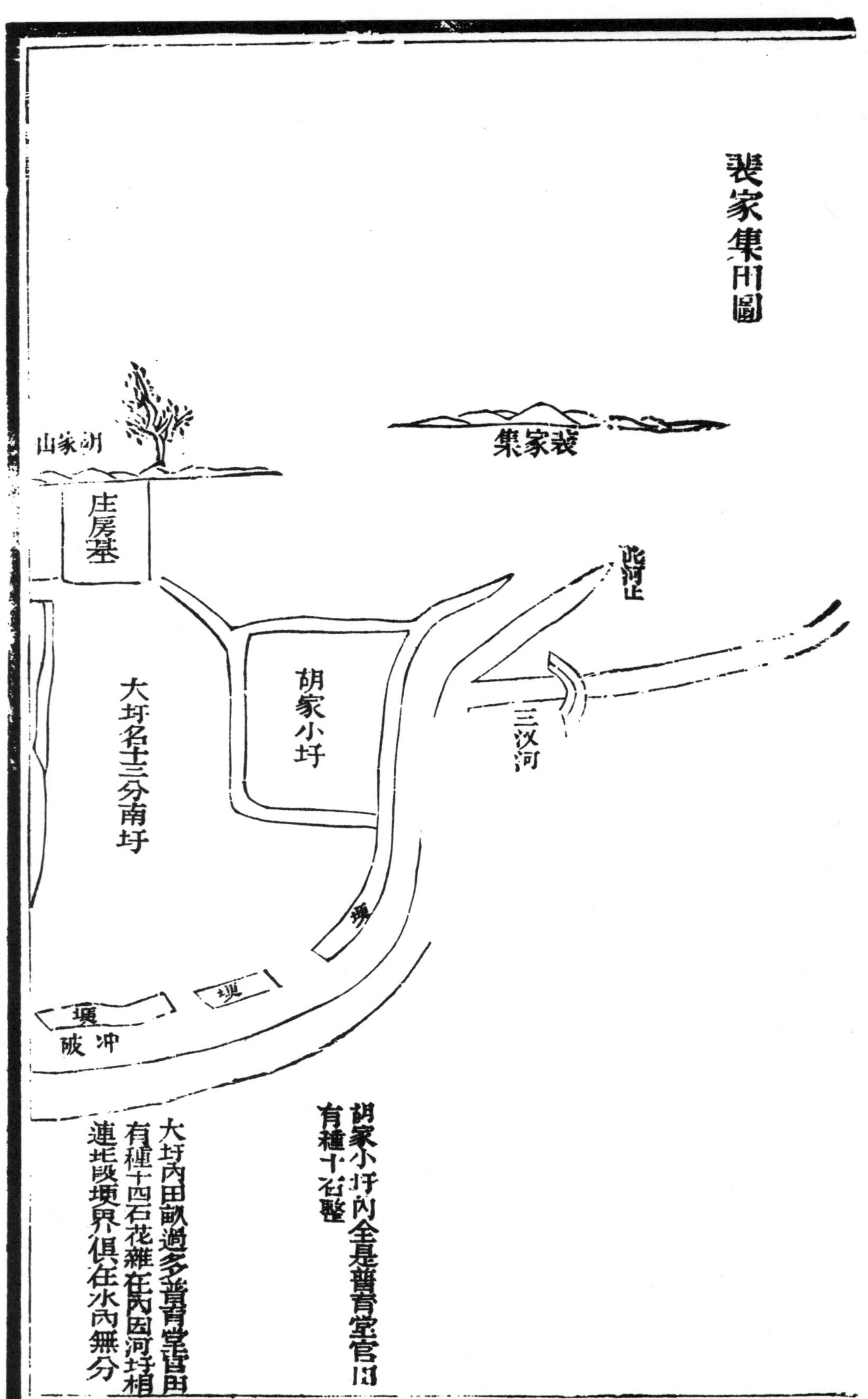
裴家集田圖
裴家集
胡家山
基房庄
大圩名十三分南圩
胡家小圩
三汊河
破冲
胡家小圩內全是普育堂官田有種十石整
大圩內田畝過多普育堂官田有種十四石花雜在內因河圩相連此段埂界俱在水內無分

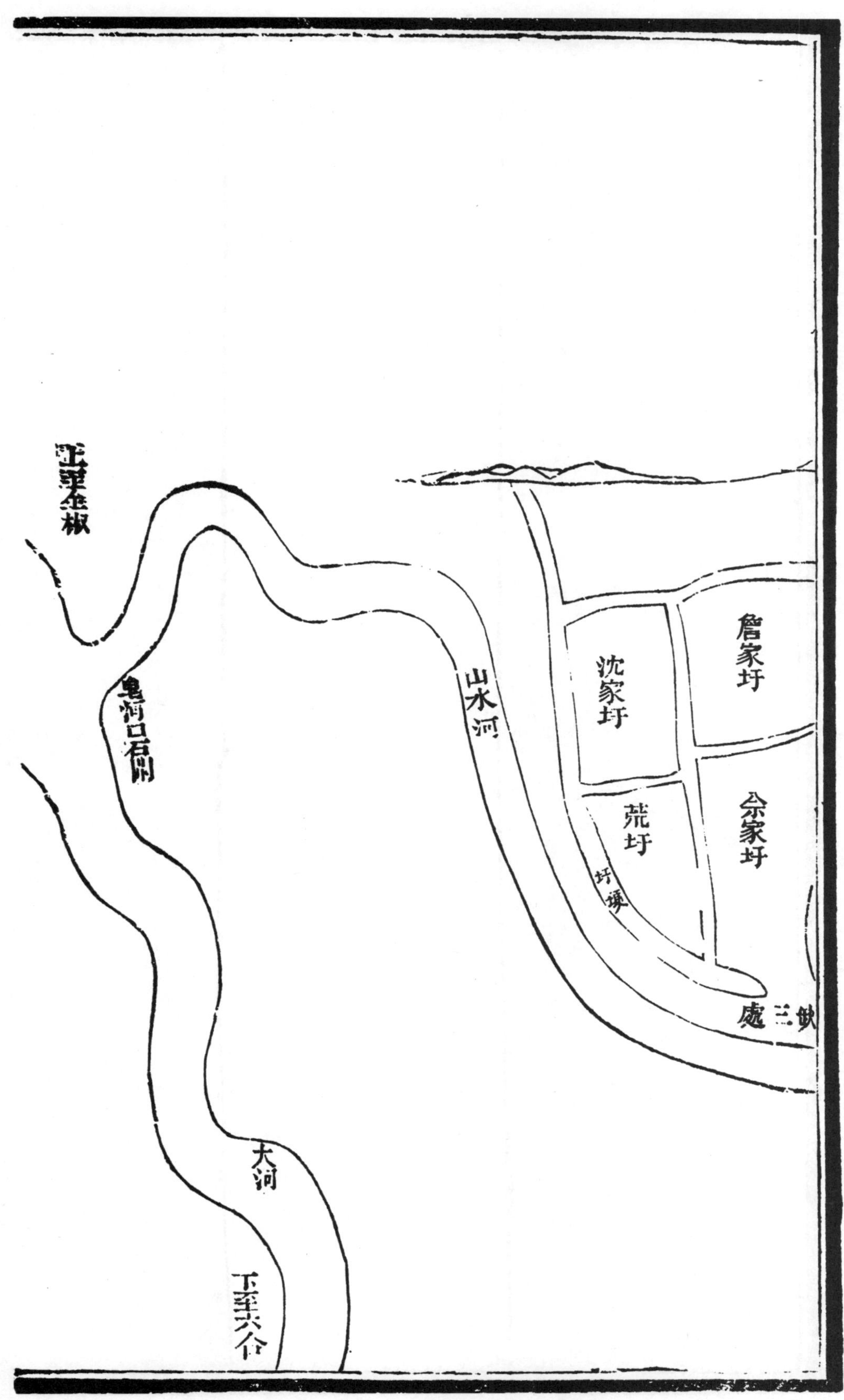
上至全椒
龜河口石閘
山水河
沈家圩
詹家圩
荒圩
佘家圩
圩埂
缺三處
大河
下至六合

江甯府重建普育堂志卷第四

升授蘇松太道江甯府知府六安涂宗瀛述

義捐

吾聞之班史云活千人子孫必封而趙威后言鍾離葉陽當其時已不業豈其言之爽與葢以德報德則民有所勸寇恂之厚施李勣之周給雖不必無欲而好仁而其福流慶溢施及子孫天之報善人何其豐也普育之復賴有愛人之仁者爲傳曰子民如父母有憯怛之愛其是之謂與

同治四年分

江甯藩憲萬印啟琛字虎軒江西豐城人　捐銀伍百兩

通州知州梁印悅馨字小曙安徽合肥人　捐銀叄百貳拾兩

海門廳李印煥文字問樵順天通州人　捐銀壹百兩

高郵州知州長印康字雲渠正黃旂內務府漢軍人　捐銀貳百兩

泰州知州松印亭字聽濤正黃旂漢軍人　捐銀叄百拾捌兩貳

沭陽縣知縣胡印承粲字伯肩四川遂甯人　捐銀肆百陸拾兩

如皋縣知縣李印振黌字羲琴安徽舒城人　捐銀叄百貳拾陸兩肆錢

阜甯縣知縣江印鴻字竹書安徽旌德人　捐銀壹百貳拾兩

鹽城縣知縣陳印崟培字又橋浙江錢塘人捐銀叁百兩
東臺縣知縣許印誦宣字敬甫浙江海甯州人捐銀貳百肆拾兩
江都縣知縣宋印傳燧字少棠安徽懷遠人捐銀壹百貳拾兩
又民捐銀貳百肆拾貳兩肆錢
山陽縣知縣姚印德彰字小梅順天大興人捐銀壹百壹兩壹錢肆分
又紳捐銀肆百兩以上四月二十七日
安東縣知縣胡印克文字約堂湖南桃源人捐銀陸拾兩五月十三日
海州知州陳印懋藹字月湖江西清江人捐銀壹百兩

又紳捐銀叁百兩以上六月初三日

共計曹平銀肆千貳百捌兩壹錢肆分內除萬藩憲發給金陵撫卹難民局曹平銀壹千兩

本堂實共收曹平銀叁千貳百捌兩壹錢肆分扣湘平銀叁千貳百陸拾兩伍錢貳分伍釐

同治七年分

提督軍門郭印松林字子美湖南湘潭人　捐九八五錢壹百千文

同治八年分

升任江甯府涂　捐湘平銀伍百兩

以上自四年起至八年六月杪止共收湘平銀叁千柒百陸拾兩伍錢貳分伍釐　九八五錢壹百千文

同治九年分

餘慶堂民人　捐洋蚨貳伯元

江甯府重建普育堂志卷第五

升授蘇松太道前江甯府知府六安涂宗瀛述

章程

昔莊生載文離疏受粟三鍾薪十束上與病者也然其糊口必資鍼繲外傳及孟子所記文王養老越句踐事亦非官爲常豢之以至老死則詩書所稱哀矜惠鮮者豈虛語與

盛朝闓澤周浹靡物不得所而大難鏟平凋瘵滿目非有養濟之所不能奉宣

天子德意也於是乃簡難民男女之老弱廢疾孀居者分堂收養焉

普育堂現行章程

一普育四堂原房均被賊毁今將城南剪子巷內崇義堂原存房屋改脩爲老婦堂又將典受李姓空房及購李氏屋西民基新建房屋分設老民堂於堂東育嬰殘廢二堂於堂後額曰普育總其成焉

一老民堂一所年六十以上之鰥者居之男殘廢及男嬰兒之無父母者同住查向來殘廢嬰兒均各專設一堂現在三者同處殘廢有人扶持嬰兒有人照料老民有人効奔走較三者分處似有裨益內分六棚每棚設棚頭一名每日黎明由各棚頭按照各棚人數領米炊熟自行分飯各餐水由堂伕挑貯鋼內柴由女伕掮

送門口歸各棚頭搬進濟爨毋派稽查火燭汚穢二人逐日到處巡察概不准點燈喫烟等事每晚再由各棚頭催令就寢院門晨開夕閉聽其出入自覓錢文貼補菜蔬日用未晚各自歸棚不歸者必先告假以示格外矜恤之意

一老婦堂一所年六十以上之寡而無子女者居之內分十四棚每棚設棚頭一名幫辦棚頭一名每日黎明由普育堂撥米交分堂委員照各棚人數發給各棚頭領去與幫辦棚頭共炊成熟按人分飯各餐水由堂伕挑給柴由普育堂女伕代掮不准點燈喫烟及燒香念佛等事以防火燭每晚委員親查一次院門晨開夕閉聽其出入自覓針線活計貼補日用因係老婦故特寬其出入焉

一育嬰女殘廢堂共立一所年十二歲以下男女嬰兒居之其嬰兒之有母者年雖未及六十而幼子無人照管不能不一併收養女殘廢及女嬰兒之無父母者同住內分三十二棚每棚設棚頭一名又設總棚頭一名扎柴挑水女伕十名查汚穢火燭女伕八名每日黎明由各棚頭按照各棚人數當堂領米回棚按人輪執炊熟交棚頭均匀分飯各餐水由女伕挑用柴由女伕扎捆歸各棚頭捐回濟爨不准點燈喫烟等事以防火燭責成各棚頭及查火女伕日夜巡察每晚再由委員親查一次總棚頭逐房督查二次總院門終日扃閉隔二日開門一天聽其出入收送針線活計以及買備什物菜蔬未晚仍各回棚遲回概不放入其有絡絲經者

平時亦准暫出收送不得在外久延所有堂内男嬰兒選入義塾讀書女嬰兒各自習學女紅針黹如各婦親族人等來堂探望雖女眷亦不准其擅入

一總會辦委員二員每員月支薪水銀二十兩又幫辦委員三員每員月支薪水銀十二兩司事三名每名月支薪水銀六兩醫士在内清書一名月給工食銀二兩總棚頭一名月給辛工錢三百文棚頭五十二名每名月給辛工錢一百文幫辦棚頭十四名每名月給辛工錢五十文扎柴挑水女伕十名每名月給辛工錢五百文專查污穢火燭男伕二名女伕八名每名月給辛工錢一百文

一普育四堂門役水伕雜差十名水龍伕五名每名月給工食銀三兩扣建

一堂內水龍一座分派四甲長管領水伕二十名每名給押帳錢一千文號甲一件遇出救時搬帶水具隨龍赴救每次賞號錢一千四百文

一堂內設義學二塾延請教讀二位每位月送脩金六兩食米三斗柴薪百五十觔燈油茶水錢四百文每歲贄敬錢四百文每節節敬錢一千文開塾酒席一桌

一每日黎明傳梆各棚頭齊集點名發給米薪無論男女大小每名每日給米五合給柴二觔冬季加給柴半觔十年五月起總散棚頭五十三名每名每日加給米三合

堂內搭兩棚設煮飯竈一座水鍋一口每早兩棚次第炊煮如有短扣偷漏米薪

等事查出逐之

一頭門內設司閽一人專司在堂窮民男婦出入出將腰牌繳掛門房入時仍領腰牌進去一切閒人不准擅入

一廳內設總門一道每日入時委員到處查點一次卽將總門重加封鎖堂內責成棚頭等令各就寢再由總棚頭率領女伕稽查火燭

一男婦大小衣服須令勤洗每日晨起卽令各房掃除潔淨无不許隨處遺臭致穢氣薰蒸瘟疫時作懶惰邋遢者逐之

一堂內照所收人數姓名年紀籍貫造册一本如有該親屬尋認指名領回者悉聽

其便

一婦女羣居坐食必好言生事須各尋執事使身手不閒卽古人勞則思善之意堂內除老弱殘廢不能力作外餘令各尋活計查現在機房旣經復業婦女能絡絲經者當不乏人其不能絡者卽自領各店舖鞋襪小帽縫紝以及糊銀錠紡紗等事俾得日覓工錢添補衣物

凡人一生成敗全在幼穉之年堂內小兒不下數百若不因材成就似失古人教養兼施之意現在本堂設義學二塾選令小兒之秀者入學讀書筆墨書紙由堂發給其本堂二塾學生足額後再於每年酌挑小兒十餘名撥送清節堂二塾內

時讀筆墨書紙仍由本堂給領每月初二十六兩日堂委分查功課一俟小兒年至十三歲以上即令出堂學習生意不但本人可自覓生活爲有用之人而堂中去一人又可補一人其造就爲無窮矣

一堂內人衆每月不免有疾病死亡等事現延醫士一名專診各堂病症藥餌之資每月需用若干隨册開報大小棺木均用杉木板隨時製備並於修園老堂基設義地一塊病故者本堂伕役裝棺後即抬至該地挨次掩埋穴深三尺墳高稱是墳前用石碣刻死者姓名年月堂中另造掩埋册一本亦挨次編就字號册子與石碣姓名次序悉符以便該親屬異日尋查不致錯誤或祭掃或遷葬均聽其便

一堂內向無鹽菜錢歷奉善後局鹽巡道憲發到各卡局緝獲私鹽私醬存堂按月照每

入口各發一觔以濟食用其收發各數分夏冬兩季開摺呈報

一住堂者各宜肅靜謹守堂規如有吵鬧毆打以及出未告假晚不回堂等事輕則

罰跪重則驅逐

一堂內支放銀錢各款以及撥發清節育嬰二堂並牛痘局用款現於每月在

善後局領湘平銀五百兩發交總管委員照章支放彙造清冊報銷如用款有餘

一俟積成臺數隨時併入洲房租款項下添置產業

一堂內洲地房租併逐年麥荳價值所收銀洋錢文即由管堂委員經收另款存儲

隨時稟請置買產業造册報銷

一堂內應發各堂食米除每年所收各堂戶租稻礱米不敷外由堂委先期稟請轉詳善後局憲在穀米局按月籌撥接濟統歸每歲年終截數隨册呈報

一堂內應發各堂柴薪查照各洲認繳堂柴數目除發給各堂濟爨外每歲尚有贏餘例由大黃洲委董照時變價繳堂歸入洲房租款項下存儲濟用亦於每歲年終截數隨册呈報

一堂內收發銀錢各款以及開收人口日發米柴數目均按照四季造報其所收洲房租款及置買產業等項即分夏冬兩季造報所有堂田麥稻租款附入冬季另

報以上各欵均由堂開造四柱報銷淸册 憲府核明蓋印轉詳請銷再將底册蓋

印發堂備案

清節堂現行章程

一清節堂一所專收孀婦之守節者居之各房編列字號視房之大小分住人數多寡每房擇立老成可靠之棚頭一名又設總棚頭一名幫辦一名查污穢火燭女佚四名扎柴挑水女佚六名每日黎明由各棚頭領各婦子女當堂聽候發給食米鹽菜錢所有買備什物菜蔬收送活計概由各棚頭經理

一管堂委員一員月支薪水銀十二兩司事一名月支薪水銀六兩門役雜差三名每名月給工食銀三兩扣建棚頭月給辛工錢一百文總棚頭月給辛工錢三百文幫辦一人半之查污穢火燭女佚每名月給辛工錢一百文扎柴挑水女佚每

名月給辛工錢五百文

一堂內設義學二塾延請教讀二位每位月送脩金六兩食米三斗柴三百觔燈油茶水錢四百文每歲贄敬錢四百文每節節敬錢一千文開塾酒席一桌

一每日黎明傳梆齊集各棚頭點名發給米薪無論棚頭節婦大小人口每名每日給米八合給柴二觔冬季加給柴半觔其鹽菜錢每名每日發給足錢十文男女嬰兒半之

一堂內按一棚設煮飯竈一座水鋼一口一棚人同爨棚頭執炊如棚頭尅扣偷漏米薪查出逐之

一堂內應發銀錢米薪各款均由普育堂按月撥發分季另造報銷清册呈府核轉並將收支總數開摺交普育堂彙報請銷

一柵門每日准開三次早時開門發錢米搬柴各棚頭出去買菜及學生進館點一枝香爲度卽行鎖門午時開門放學生進去喫飯隨開隨鎖申時開門放各棚頭出去送外活

棚頭挑水各人買菜送活及有事出入無論何時必須隨帶腰牌出則將牌交給門夫入則領牌進去以便稽查不致在外久留其棚頭出入亦在早中晚開門時易時則不准

一節婦之生母親婆每月初二十六兩日准其進棚門看視須由門夫稟明委員給予稽查腰牌進則領牌出則繳牌不准有容留住宿之事出入亦須待早中晚開門時其餘親戚人等概不准進只隔柵門會面

一節婦之親戚來堂看視者無論男女須由門夫回明堂婆帶至柵門前傳總棚頭將某氏叫出婦女在天井內隔柵門會面男丁在中門口半截柵門處隔小天井說話俟將要話說過卽令出去不准久坐閒談亦不得時常往來

一棚頭代各節婦買物作事送活每月堂內本有帖補不准索取分文如查出索取卽行驅逐

一棚頭如以公就私出去或半天或一天卽行革去

一棚頭代各節婦有要事出去或路遠須先稟明堂委某某氏托到何處去將牌子繳出亦須在開門時方准出入隨去隨回不得過久

一棚頭挑水人等上街及在各舖買物務宜自重不得嘻笑亂言違者除名

一挑水婦人不得偷懶每晚須將各棚水缸挑滿違者逐出

一節婦在堂不准說長道短搬弄是非及口角爭鬧並不准大聲疾呼

一節婦人等不准喫齋唸經

一節婦在堂內不准私行押當搖會聚賭如有犯者查出定卽嚴究不貸

一堂內每早發錢米各棚頭親自來領不准兒女代領

一堂內派定各節婦住在某字號不准此棚移住彼棚不歸派定字號亂住

一堂內男女小孩親自來領菜錢以便查數不得私到親戚住宿多日如一兩天則可至三天不回則扣米至六天不回則錢米皆扣

一堂內發給各棚物件務宜愛惜不准以大改[illegible]長截短任意蹧蹋

一堂內火燭最要小心各婦女做針線以二更爲率即要吹息燈火移開各竈前餘柴向竈門潑水冬季不許烘被及用雞罩烘衣物各件每晚總副棚頭挨棚查火每月給油燭錢六十文散棚頭各查各棚務須實力稽查如有不遵或棚頭不能

認真查察者一併革出

一節婦患病只准堂醫隔柵門診視藥由堂內給發不得出堂就醫如該婦欲另延

醫生藥敬轎資堂內概不給發

一節婦之父母翁姑病故由總柵頭稟明堂委飭本管柵頭帶赴伊家省見一面不

准住宿

一節婦之兒女在外娶嫁准同柵頭出去一天早去晚回不准過宿

一節婦之男孩在外如成立家業准其具稟申明迎養出堂如無子者非年過五十

以外親族人等概不准擅領

一節婦在堂守節至三十年以外者照例稟請入奏
旌表

一節婦在堂內病故給發錁貲五百文普育堂所做板棺一具

一節婦之男孩以十四歲爲度如不能讀書卽令出堂學習生意堂內給新棉被一床如來堂看母只准在棚門會話雖堂內亦不准住宿其年至十四歲貧質果能讀書卽在館內同先生住宿亦給棉被一床柴米菜錢每日照給亦不准進去如至二十歲不能入學者卽令出堂

一節婦之女孩以十六歲爲度卽令該母擇配出嫁堂內給嫁貲二千文

一在堂男孩從師讀書該婦等務令一早進館不准常赴親族等家或出去作無益之事致廢誦讀工夫每日進館後事事須聽先生教訓不准出館門及上街頑耍如伊母令其有事須先稟明堂委飭堂夫進館叫出不准學生叫學以杜弊端如先生放學一天不准三五成羣出去頑耍亦不准在裏面打降吵鬧該婦等務宜各教各子以望成立

一在堂男孩入館讀書所需紙筆墨由堂內給發如要添書須由先生開条註明某名應添何書送交堂委照單買給

一能讀書之男孩所有考費一切由堂給發

一節婦進堂年踰三十者不收縱年歲合例須由學中文生二名出具切實保結具稟本府查明批發普育堂先住三月以觀操守兼察年歲有無虛冒然後送入清節堂

一每棚所給澡盆一個提桶一個水挽一個鍋頭鍋鏟五年一易其籮筐撮箕箬帚竹掃箒澆筒按季給發

一冬季棉分大小口每名給棉衣一件五年一發

一病故節婦遺下男女小孩准族中人具狀領回如無親族視孩之大小分別送赴育嬰普育兩堂撫養

一節婦之子已出堂學生意者或生重病准其來堂在外邊暫爲調養數日如歇出生意不成者堂內不准收留暫住

一三姑六婆僧道等人概不准進堂內

牛痘局章程附

牛痘一法自道光十三四年間　前督憲陶文毅公飭令委員在下江考棚程公祠設局辦理大有成效兵燹以後此事遂廢今城池新復蒙
中堂暨　各大憲重設此局誠恐遠近居民未得詳悉除刊刻告示張貼外謹酌擬章程交該局遵照辦理條列於左

一牛痘局輪流施種以養漿爲第一要務先期出示招徠如願種者赴局掛號牌示定期接號佈種種過五日後其父母仍帶至局中驗看極貧者酌給錢文買香菌蘑菇鮮魚鮮筍等發物催助灌漿

一牛痘種過八九日漿既灌足必須局差傳喚到局覆看擇其花之尤好者爲新掛號之嬰孩傳漿佈種其漿童每名酌給錢一百文路遠者略豐以二百文爲度前傳後接輪流勿替

一牛痘既種後即將挑過漿之花童隨敷胭脂粉或生肌散等藥倘偶有感冒者亦由局中開單酌給藥資

一正委員月給薪水銀二十四兩又幫辦月給薪水錢八千文書識一名月給工食銀四兩局差二名每名月給工食銀三兩

一書識一名逐日掛號局差二名常川傳喚花童兼輪流守門

一酷暑嚴冬人多不肯赴局就種即再四傳喚亦裹足不前須比照平常錢數再加百文廣爲招徠庶能延漿不致失苗又冬月必須添設炭盆以便解衣傳種免致小兒受寒貧苦者遠來酌給稀飯以助暖氣

一發給花童錢文原係分別有力無力酌給但恐日久弊生不能不示以限制同治五年四月十六日核定二三四三個月花童較多每月准支錢三十六千文其餘九個月每月准支錢二十四千文油燭紙張筆墨房租並刊刻發物宜忌單掛號定期單等費一切在内

一局内月領款項均由普育堂按月撥發另造清册報銷

新建育嬰堂章程同治八年四月附

普育四堂内既有育嬰堂矣奚爲復新建育嬰堂也同治四年春撤撫卹局其中無父母之子女以及有母無父之子女咸收養於四堂内之育嬰堂大約母自撫其子女者居十之七八又其子女凡十二歲以下均收養焉同治七年冬制軍馬憲莅任憫貧民甫生之子女無力撫養容有棄之道塗者命别建育嬰堂與普育堂對衡望宇僱乳媪專收養嬰兒之哺乳者葢保赤之心周且備也一堂設江甯南門内剪子巷與重建普育堂對峙門向坐東北朝西南大門三間左一間住管門接嬰之人右一間住雜差二進五間中三間爲大廳左會客右設轉

桶爲接遞嬰兒之所旁設櫥櫃存儲被帳及乳媪嬰兒等衣服又左一間住委員又右一間住司事右偏廂房二間爲委員司事門役雜差等廚房又右爲委員等厠屋中留一巷設槽灌水入乳媪等内廚房三進五間兩披中一間祀　聖母兩旁四間隔爲八間前左一間住總棚頭前右一間留爲嬰兒養病之所餘六間住乳婦十二名左披住散副棚頭二名右披留爲嬰兒種痘之所四進樓上下十間兩披中一間均作走道餘八間住乳媪二十四名兩披住散副棚頭各二名右偏廂房爲乳媪等内廚房設三竈每竈飯菜鍋各一口總爐一座又右偏爲内厠屋此中院房間派住之大畧也由大廳左簷下開門至左院門旁亦設轉桶爲接遞

嬰兒之所其院內倉厫二間儲堂內食米中隔一牆牆內院晒晾穀米牆外院倒坐房二間爲乳媼等內厨房有井有池取水甚便設二竈每竈飯菜鍋各一口總爐一座旁巷設內厠屋一所又左首羣房十二間其簷披四間左二間住總棚頭一名並爲嬰兒養病之所右二間住散副棚頭四名內房向南三間中一間住乳媼三人左右兩間住乳媼二人左披一間住乳媼一人對面四間爲兩房每房住乳媼三人又左院中兩間左間住乳媼三人右間住乳媼二人後兩小間爲一房留爲嬰兒種痘之所通計中院內住乳媼三十六人每十二人爲一棚分爲三棚左院內住乳媼十九人分爲兩棚每棚散棚頭一名副棚頭一名供炊煮洗滌掃

除之役兩院共用散副棚頭十名兩院各立總棚頭一名中院三棚編爲育嬰堂三字號左院二棚編爲左院二字號

一兩院共住乳媪五十五名每媪乳嬰二名計乳嬰一百十名中院內門暨左院門爲乳婦出入所由鎖從外啟匙存委員處中院內後門爲入厨洗衣出穢所由鎖從內啟匙交總棚頭處外後門爲搬取柴薪所由鎖亦從內啟匙存委員處届時領用事畢鎖門卽行繳還毋得疎忽九年十月奉改一媪各哺一嬰月給工錢一千文

一堂中遴選端正誠篤實心好善出力委員一位月給薪水銀二十四兩每月油燭錢壹千文住宿堂中以堂事當作自己家事經理嬰兒當作自己子女愛惜人役

如自己奴婢防閑貲用如自己錢財節省實心寔力稽查經管並將銀錢出入按季造册送府核轉年終統結開明清單張貼堂前以昭慎重而杜弊端

一堂中暫用司事一人管理帳目雜物每月給薪水銀六兩

一堂中僱用門役一人雜差二名均要五旬以上者每月各給工食銀三兩（扣小建）大門旁懸一梆如有送嬰到堂者連擊梆數聲該門役趕請委員發鑰匙開門接進內院門旁設轉桶懸梆由委員察看嬰兒後連聲擊梆總棚頭即由轉桶將嬰兒接進分付乳媪不得稍延片刻時屆嚴冬尤爲緊要

一嬰兒進堂或還鄉攜負或夜歷星霜或赤身未着片縷或忍饑已更信宿委員收

嬰之時務宜細細察看是否殘廢有無病痛能否吃乳詳細註册派婦領養以備稽查庶免乳婦領養不力籍口推諉之弊

一堂分中院左院中院育男嬰左院育女嬰收嬰之法用千字文編號男女異册如有憑保人送至堂者詢明來歷於册内填註本嬰姓氏生辰顔色旋髮箕斗有無疤痣疾病及其父母伯叔兄弟並保人姓名住址以備日後稽查如有路旁檢送或夜間棄擲門外者無從稽查先于 聖母座前設一竹筒内籤百枝分書百家姓氏遇有嬰兒委員卽于 神前虔卜抽得某籤卽爲某姓其年庚卽于進堂之時作爲生年月日至于命名男女先定一字排行由委員擬取男名上一字取普

字排女名下一字取育字排

一僱募乳婦爲嬰孩生死之所寄選擇最宜愼重凡有投充者須由妥實人引薦或其丈夫及親人送來俱當報明姓名籍貫住址生業本婦氏某年歲若干以三十歲上下體壯乳足者方爲合式有無翁姑子女未胎所產者何年月日出堂例應三年須分娩之日扣起不得以進堂之日扣起致滋流弊詳細査明並驗明面貌純善令總棚頭察其乳漿濃足身無疾病瘡疥方准投充不得以親友薦托瞻徇情面入堂之後按名註册派嬰哺養除柴米照章發給外每月給工錢二千文每日鹽菜錢十文冬給被褥夏給帳席手巾單袷棉衣褲隨時替給一切應用器物隨時備給十年六月添設總媬頭一人承送乳媼日給工食錢一百文

一乾領之媪每媪派管四嬰月給工錢七百文柴米鹽菜錢及帳席等件照乳媪發給

一兩院各僱總棚頭一人每月給工錢一千文柴米鹽菜錢照乳媪給爲衆乳婦及散副棚頭之統率專司稽查乳婦有無口角是非乳水是否充足嬰兒飽暖饑寒及乳婦食睡覆壓等情俱憑總棚頭查察須擇心存公正老成諳練曾生子女者方准充當至各房什物並火燭各事應責令照派管理並督率棚頭炊煮掃除經管各件不得怠惰倘有違悞或得受乳婦賄囑隱匿作弊情事定行革退

一每晨啟内院門由散棚頭領柴米買小菜事畢鎖門無論乳媪乾媪總散副各棚

頭均日給米一升二合五勺柴四斤散棚頭月給工錢三百文副棚頭月給工錢一百五十文

一嬰兒最宜清潔乳媼飯菜不得買韭蒜辣椒等物若燒酒尤易致嬰兒火毒更不許私買進堂

一乳房務宜勤加收拾凡黃霉暑濕時候須常燒蒼朮大黃葯片以避穢氣

一乳婦俱屬壯年防閑必須嚴密內院門除淸晨發柴米及買小菜暫啟外終日扃鎖匙存委員收執除查號驗乳稽查一切並收送嬰兒更換乳婦及要緊事件委員跟同總棚頭開鎖事畢卽時封固餘時不准擅開門旁設立轉桶內點外梆凡

院内所需物件俱擊點由轉桶傳遞不得違悞

一乳婦如有父母翁姑夫男子女並一切親屬來堂探問准門役回明委員即傳梆令總棚頭帶領該婦在内院門隔栅會話話畢即回一月只准一次多則門役不准代回無論男女不准進内院門

一乳婦告假宜于服役之初言明一年爲限限内不准給假如寔係親人患病急切亦須瞵佑証明方准暫歸如稍覊延堂中即行另僱又告假出堂時責成總棚頭查點堂中各物不准絲毫攜帶來往須親人伴送不准獨行

一乳婦情性嬾惰膜視嬰兒無辜打駡或不留心常時跌蹶等情立即革退如推跌

損傷致成殘廢無論有心無心送府究治

一乳婦設遇所哺之嬰夭殤查得別無疑竇與本婦無干該婦平日善視嬰兒而又自愿在堂受僱者稟明委員記名俟有新收之嬰再行補額

一乳婦有病輕者在堂就醫藥料由堂內照單助給重者卽令其親人領回將承哺之嬰另僱乳婦接管

一僱募乳婦若任其攜帶子女並哺堂嬰必致厚薄分心礙難兼收如果該婦夫故無依或夫雖未故而有殘廢篤疾無力養贍是該兒已同無父之孤不得逕不收但須易子而哺本婦酌減工錢以示區別如父母俱存力可自哺者不收倘先棄所

生在堂潛來應募者察出擯逐

一每嬰歲給棉夾布帽各一頂大小棉襖棉裙單袷衣衫裙各一件乾領之嬰易裙以褲添給鞋襪各給冬夏草囤坐車一切先期預製隨時給發替換責成各乳婦加意洗晒補綴毋許遭蹋給發時逐件點交繳還者編字存架乳媪出堂該委員查明交割遺失者賠私帶回家者罰

一孩嬰補貼新鮮糕粉每日每嬰定錢六文按定時候貼喂總棚頭須常時細心看食免致乳婦不喂亂攙別物委員亦偶一抽查

一嬰孩薙髮除嚴冬大風及病疾之時不薙外春夏秋每月二次冬令一次著各乳

婦抱至廳前輪雍男左女右各留髮一提以示區别俱以六歲留頂女嬰十二歲留滿

一嬰兒種痘爲生死關鍵每年於正二月間由牛痘局委員分期種痘小心調護如遇自出天花一經覺察隨卽責令承領之乳婦另房居住格外留心以保嬰命並須將現種者另房居住庶與弱不能種尚須遲緩者不致薰染

一嬰兒斷乳以十八個月爲限然須視小兒强壯無疾能食飯者方可斷乳倘疾弱不能食飯者應予展限再斷乳之嬰不離乳所必害乳嫏應另僱妥媪移就别屋撫養十年八月酌定乳媪煮哺一嬰每月加給工錢四百文

一嬰兒無論大小有願領男作子嗣領女作養媳者赴堂報明住址生業委員稽查

來歷清楚取具身家清白不致凌虐販賣甘結及鄉保保結方可准領其現未離乳之嬰有人願領爲子媳自行乳哺者每月朔日來堂驗看一次給糕錢一百文以十個月爲滿准其作爲已出卽由堂中給予執照蓋用府印由委員赴府請用印信不准丁役需索分文庶日後不致以異姓亂宗爲詞驅逐失所領照之時堂中不准需索分文倘有僧尼道士賭棍娼家一切人等領男作童僕優伶領女作婢女妓妾及凌虐販賣諸弊一經查出送府嚴懲

一男嬰除人願領撫養外其餘養至七歲令進義學讀書書籍紙筆送交塾師管理冬夏衣服由堂送給讀至十三歲除材可上進酌留教養外餘各量其材質妥爲

安置或爲覔主幫丁或鄉間耕牧其引薦學習手藝者每人給拜師錢一千文均將某年月日何人引薦何師教習詳細註册並取中保的証甘結二分一存府一存堂備案

一女嬰除人願領撫育外其餘養至八歲著總棚頭教其紡織縫紉至十三歲確交妥人擇配取具本人身家清白及鄰保甘結二分一送府一存堂備案註銷檔册

一男嬰殘瞎養至十三歲准人領去習學星卜卦筭亦當報明姓名籍貫住址生業取具本人及親族鄰佑保人甘結給予執照一紙以杜冒認自領之後每月朔望師徒來堂一驗每驗給錢一百文驗以五個月爲止錢以一千文爲率如有不善教養者不准給錢倘二次驗明仍不盡心教養立卽收回另予承領其餘殘廢嬰兒養至十三歲卽

行出堂令其配偶或男女殘瞎成配自謀生計給謀生錢一千文或撥入普育堂內之殘廢堂以資養活

一嬰兒既由本生父母送堂凡親屬不得再來看望設有疾病夭殤或經他人領去者一概不准與聞如未經他人領去而本生父母願領回自養者准赴堂報明查確亦准領去

一小兒偶有疾病總棚頭禀明委員即延醫調治小心服藥性嬰孩服藥最是難事恐乳婦怨其哭鬧不肯耐煩灌服須總棚頭親看服完仍隨時禀明委員察驗以昭慎重如實在難治竟至夭殤委員驗明寔係因病身死如有疑竇及貪睡覆壓必提該乳婦送府懲辦

然後給予殮具收（殮週歲內者僅予一席　殮週歲外者木匣一具）送埋義塚册內註銷

一端午中秋年節定錢二千文備辦福物祀　聖母及堂中諸神三月二十日爲　聖母誕辰謹照三節舉行虔誠禱祀以保嬰孩平安又三節暨　聖母誕辰堂中乳媪乾媪棚頭各役每名給犒賞錢一百文又本堂大門油燈每月給錢二百四十文

一查驗爲育嬰要事定於朔望兩日放給媪婦人役各項工錢朔日發前月十六至三十日工錢望日發本月初一至十五日工錢即令各乳媪抱驗嬰兒届時由委員稟府或自到或另委委員當堂點驗察嬰兒之肥瘠驗哺字之勤惰定賞罰以

為勸懲其小兒有本屬多病該媪盡心撫養漸見起色者亦有本屬强壯該媪調養失宜漸至消瘦者非臨時所能猝定惟一月之內逢三逢六逢九日期由委員詳審驗看數次庶嬰兒識別有素該媪勤惰無從遮飾如有盡心撫字嬰兒日益强壯無病者明晰開單屆時面呈驗確優給賞錢其乳哺失宜嬰兒瘦病者立將該媪攆逐換人管領

一堂中經費現由善後局支發將來籌足欵項置辦田產市房庶垂久遠

一堂中不准演戲不准博奕不准吸洋烟不准外客借寓腰牆中門終日扃鎖酉刻加填月日封條委員親驗

江甯府重建普育堂志卷第六

升授蘇松太道江甯府知府六安涂宗瀛述

報銷

周官司書之職亞於司會所以主計會之簿書也普育堂出入欵目歷經造冊報銷不出三項曰收捐收租置產爲一冊歷年收支稻麥雜粮細帳附曰堂用銀錢爲一冊曰堂用米薪爲一冊謹撮其大凡以俟銁考

收捐收租置產項下

舊管無

新收

同治四五兩年分

一收　萬藩憲發下各州縣捐項湘平銀叁千貳百陸拾兩伍錢貳分五釐

一收當塗縣大黃洲四年分麥租九八五錢捌百叁拾肆千貳百叁拾貳文

每錢壹千叁百捌拾柒文貳毫兌湘平銀壹兩　扣湘平銀陸百壹兩叁錢柒分捌釐

一收當塗縣大黃洲四年分秋租九八五錢壹百肆拾玖千伍百柒拾叁文

每錢壹千叁百捌拾文兌湘平銀壹兩　扣湘平銀壹百捌兩叁錢捌分陸釐

一收上元縣高新二莊田莊頭龐茂旺繳五年分稻租貳拾担折價洋錢貳

拾圓柒錢壹分 扣湘平銀拾肆兩貳錢

一收江甯縣典牧所田莊頭方永年繳四年分秋租九八五錢伍千貳百文每錢壹千叁百玖拾文兌湘平銀壹兩 扣湘平銀叁兩柒錢肆分壹釐

一收江甯縣徐茂村田莊頭孫長林繳四年分秋租九八五錢拾伍千叁百伍拾文每錢壹千叁百玖拾文兌湘平銀壹兩 扣湘平銀拾壹兩肆分叁釐

一收江甯縣王家莊田莊頭吳宗林繳四年分春秋租洋錢柒拾圓柒錢壹分 扣湘平銀肆拾玖兩柒錢

一收六合縣文山集田莊頭唐兆儀繳四年分春秋租湘平銀叁拾玖兩玖錢

一收江浦縣烈山洲𧴪戶陳沅繳四年分𧴪價洋錢貳拾圓柒錢壹分扣湘平銀拾肆兩貳錢

一收上元縣靖安廠田莊頭潘道利繳四年分秋租洋錢貳拾肆圓柒錢壹分扣湘平銀拾柒兩肆分

一收上元縣宜昌洲叁段叁塊𧴪戶陳慶鳳繳四年分𧴪價湘平銀叁拾玖兩捌錢又洋錢伍拾陸圓柒錢壹分扣湘平銀叁拾玖兩柒錢陸分兩共湘平銀柒拾玖兩伍錢陸分

一收六合縣劉家圩田莊頭沈榮元繳四年分秋租洋錢捌圓柒錢壹分扣湘平

銀伍兩陸錢捌分又九八五錢伍百貳拾文（每錢壹千叁百玖拾文兌湘平銀壹兩）扣湘平銀叁錢柒分肆釐兩共湘平銀陸兩伍分肆釐

一收江甯縣王家莊田莊頭吳宗林繳五年分春租九八五錢拾千玖百肆拾貳文（每錢壹千肆百叁拾文兌湘平銀壹兩）扣湘平銀柒兩陸錢伍分貳釐

一收江甯縣徐茂村田莊頭孫長林繳五年分春租九八五錢拾柒千肆百捌拾文（每錢壹千肆百叁拾文兌湘平銀壹兩）扣湘平銀拾貳兩貳錢貳分叁釐

一收江甯縣殷巷田莊頭張忠恕繳五年分春租九八五錢貳拾壹千捌百伍拾捌文（每銀壹千肆百叁拾文兌湘平銀壹兩）扣湘平銀拾伍兩貳錢捌分伍釐

一收上元縣夏村田莊頭雷國明許永善等繳五年分春租九八錢陸千叁百拾貳文每錢壹千肆百叁拾文兌湘平銀壹兩　扣湘平銀肆兩肆錢壹分肆釐

一收江浦縣劉家圩田莊頭蔣世全繳五年分麥租九八錢壹千肆百文每錢壹千肆百叁拾文兌湘平銀壹兩　扣湘平銀玖錢柒分玖釐

一收上元縣常家圩田莊頭常永泰繳五年分麥租九八五錢拾千貳百貳拾文每錢壹千肆百叁拾文兌湘平銀壹兩　扣湘平銀柒兩壹錢肆分柒釐

一收上元縣長甯鄉田莊頭李芳林繳五年分麥租九八五錢陸千肆百貳拾文每錢壹千肆百叁拾文兌湘平銀壹兩　扣湘平銀肆兩肆錢玖分

一收無爲州無三下汛田稻租變價洋錢柒拾柒圓貳角柒錢壹分扣湘平銀伍拾肆兩捌錢壹分貳釐無三下汛即十連圩之永豐圩汛名

一收當塗縣大黃洲委董胡恩燮繳五年分初限九八五錢叁百叁拾叁千叁百叁拾叁文每錢壹千肆百叁拾文兌湘平銀壹兩扣湘平銀貳百叁拾叁兩壹錢

一收本堂出售蘆柴叁拾貳萬捌千捌拾壹觔每百觔壹百伍拾玖文四釐捌絲伍忽共九八五錢伍百貳拾壹千捌百捌文每錢壹千肆百叁拾文兌湘平銀壹兩扣湘平銀叁百陸拾肆兩玖錢

一收營務處發下罰款洋錢肆圓柒錢壹分扣湘平銀貳兩捌錢肆分又九八五

錢壹千柒百文每錢壹千肆百叁拾文兌湘平銀壹兩扣湘平銀壹兩壹錢捌分玖釐兩共

湘平銀肆兩貳分玖釐

一收石將軍巷方維珍房租自四年七月二十二日起至五年十二月底止每月壹千肆百文正臘月租減半共九八五

錢貳拾貳千壹百貳拾文

一收石將軍巷蕭德馨房租自四年十一月初一日起至五年十二月底止每月叁百伍拾文五年正臘月租減半共九八五

錢肆千伍百伍拾文

一收石將軍巷蕭啟榮房租自四年七月十五日起至五年十二月底止每月叁百伍拾文正臘月租減半共九八五

錢伍千陸百文

一收石將軍巷蕭楚生房租自四年八月初一日起至五年十二月底止每月叁百文正臘月租減半共九八五錢肆千陸百伍拾文

一收石將軍巷蕭瑞庭房租自四年八月初一日起至五年二月底止每月叁百文正臘月租未減共九八五錢貳千壹百文

一收石將軍巷傅湘保房租自四年八月初一日起至月底止計一個月共九八五錢叁百伍拾文

一收石將軍巷慶如松房租自四年八月初一日起至五年十二月底止每月肆百貳拾文正臘月租減半共九八五錢陸千伍百伍文少錢五文讓訖

一收石將軍巷陳仲懷房租自四年八月初一日起至五年十二月底止每月肆百文正臘月租減半　共九八五陸千貳百文

一收石將軍巷劉先發房租自四年八月初一日起至十月底止每月叁百伍拾文　共九八五錢壹千伍拾文

一收石將軍巷傅壽保房租自五年正月初一日起至十二月底止每月叁百文正臘月租減半外讓去錢陸拾文　共九八五錢叁千貳百肆拾文

一收石將軍巷高少瞻房租自五年六月十五日起至十二月底止每月叁百文臘月租減半　共九八五錢壹千捌百文

一收大夫第江甯府公館房租自五年二月初一日起至十二月底止每月叁千文臘月租未減共九八五錢

叁拾叁千文

一收大夫第發審局房租五年二三兩個月每月叁千文自四月至十二月每月肆千文臘月租未減共九八五

錢肆拾貳千文

一收大夫第江俊先房租自五年八月二十四日起至十二月底止每月壹千文臘月租未減共九八五錢肆千

貳百叁拾叁文

一收大夫第朱寶樹房租自五年二月十五日起至十二月底止每月柒百文臘月租減半共九八五錢柒千

文

以上十五戶房租共收九八五錢壹百肆拾肆千叁百玖拾捌文每錢壹千肆百叁拾文兌湘平銀壹兩扣湘平銀壹百兩玖錢柒分捌釐

同治六年分

一收石將軍巷楊仲乾住房押租湘平銀拾肆兩

一收石將軍巷房屋寓考租洋錢拾捌圓柒錢貳分扣湘平銀拾貳兩玖錢陸分

又九八五錢貳千貳百文每錢壹千伍百伍拾文兌湘平銀壹兩扣湘平銀壹兩肆錢壹分玖釐兩共扣湘平銀拾肆兩叁錢柒分玖釐

一收大夫第織造公館押租九八五錢叁拾陸千文每錢壹千伍百伍拾文兌湘平銀壹兩扣

湘平銀貳拾叁兩貳錢貳分肆釐伍毫

一收南門外佟園佃戶王有順繳地租九八五錢陸千文每錢壹千伍百五十文兌湘平銀壹兩扣湘平銀叁兩捌錢柒分壹釐

一收江甯縣典牧所田莊頭方永年繳地租九八五錢壹千文每錢壹千五百五拾文兌湘平銀壹兩扣湘平銀陸錢肆分伍釐

一收漢西門內蛇山官茶局佃戶方三元繳押租九八五錢貳拾千文每錢壹千五百五拾文兌湘平銀壹兩扣湘平銀拾貳兩玖錢叁釐

一收陳世泉蒲繖楊庫村田五年分春租洋錢陸圓柒錢貳分扣湘平銀肆兩叁

錢貳分

一收江甯縣楊庫村田莊頭王有林繳還彭領水車價洋錢柒圓柒錢貳分扣湘平銀貳兩壹錢陸分

一收當塗縣杜村散佃朱守富繳還借款洋錢壹圓扣湘平銀柒錢貳分

一收江浦縣宜昌洲則戶陳慶鳳繳則價曹平銀拾叁兩柒錢申湘平銀拾叁兩玖錢叁分叁釐

一收江浦縣宜昌洲則戶陳慶鳳繳則價洋錢六拾圓柒錢貳分扣湘平銀貳拾叁兩柒錢陸分又錢柒百文壹千伍百五十文一兩扣湘平銀肆錢伍分貳釐兩共湘

平銀貳拾肆兩貳錢壹分貳釐

一收江浦縣烈山洲卝戶陳沅繳卝價洋錢叁拾圓柒錢貳分扣湘平銀貳拾壹兩陸錢

一收城南保甲局移交罰款洋錢貳拾伍圓柒錢貳分扣湘平銀拾捌兩

一收西南保甲局移交席永康應付張錦之子小十房價洋錢肆拾圓柒錢貳分扣湘平銀貳拾捌兩捌錢

一收官蔴局餘存湘平銀肆拾兩壹錢玖分

一收本堂出售苞穀肆拾肆担每担價洋壹元柒角共計洋錢柒拾肆圓捌角柒錢貳分扣

湘平銀伍拾叁兩捌錢伍分陸釐

一收本堂出售芭穀貳担共計九八錢貳千貳百文每錢壹千伍百五拾文兌湘平銀壹兩扣

湘平銀壹兩肆錢壹分九釐

一收本堂出售白芝蔴壹担計洋柒圓貳角壹分柒錢貳分扣湘平銀伍兩壹錢

玖分壹釐

一收本堂出售青荳紅荳貳拾柒担捌升共計洋錢陸拾陸圓玖角貳分肆

釐柒錢貳分扣湘平銀肆拾捌兩壹錢捌分伍釐

一收本堂出售青紅荳柒担貳斗柒升共九八五錢拾玖千壹百伍拾陸文

每錢壹千五百伍拾文兌湘平銀壹兩扣湘平銀拾貳兩叁錢伍分玖釐

一收本堂出售蘆柴壹萬肆千玖百柒拾陸觔每百觔貳百貳拾文共九八五錢叁拾貳千玖百肆拾文少錢柒文讓訖每錢壹千伍百伍拾文兌湘平銀壹兩扣湘平銀貳拾壹兩貳錢伍分貳釐

一收鳳池書院修屋借用木瓦償價湘平銀貳拾壹兩叁錢叁分壹釐

一收大夫第江甯府公館房租自正月初一日起至十月底止每月陸千文正月租未減共九八五錢陸拾千文

一收大夫第發審局房租自正月初一日起至十月底止每月捌千文正月租未減共九八五錢捌拾千文

一收大夫第江俊先房租自正月初一日起至十二月底止每月壹千文（正臘月未減）共九八五錢拾貳千文

一收大夫第朱寶樹房租自正月十六日起至二月底止每月柒百文（正月租未減）共九八五錢壹千伍拾文

一收大夫第陸長元房租自四月初一日起至十二月底止每月壹千文（臘月租未減）共九八五錢玖千文

一收石將軍巷楊仲乾房租自四月初一日起至十二月底止每月陸千文（臘月租未減）共九八五錢伍拾肆千文（內短數四文）

一收大夫第織造公館房租自十一月初一日至十二月底止每月叁拾陸千文（臘月租未減）共九八五錢柒

拾貳千文

以上七戶房租共收九八五錢貳百捌拾捌千肆拾陸文每錢壹千伍百伍拾文兌湘平銀壹兩扣湘平銀壹百捌拾伍兩捌錢叁分陸釐

一收當塗縣大黃洲出售課柴肆千壹百束每束陸拾文共九八五錢貳百肆拾陸千文

一收當塗縣大黃洲委董胡恩燮繳五年分貳叁限貼價九八五錢陸百陸拾陸千陸百陸拾柒文

一收當塗縣大黃洲委董胡恩燮繳本年分初限貼價九八五錢叁百陸拾陸千陸百陸拾陸文

一收胡恩燮繳還五年分借款九八五錢貳百千文

同治七年分

一收評事街方復隆租開棧房押租京平銀肆拾肆兩扣湘平銀肆拾叁兩壹錢貳分

一收評事街方復隆房租自十月初一日起至十二月底止每月京平銀貳拾貳兩糨糊租共扣湘平銀伍拾叁兩玖錢

一收城南保甲局移交李鼎榮房價充公九八兌曹平銀伍拾兩合湘平銀伍拾兩短平無申

一收陸陳氏認回石將軍巷房屋繳還裝修曹平銀壹百貳拾兩申湘平銀

壹百貳拾貳兩肆錢

一收石壩街陳鶴軒住房押租洋錢陸圓

一收石壩街陳鶴軒房租自正月初一日起至四月底止每月洋柒圓自閏四月初一日起至十二月底止每月洋陸圓正臘閏月租減半　共洋錢柒拾貳圓伍角

一收承恩寺孫炳南租開銀匠舖押租洋錢拾圓

一收承恩寺孫炳南房租自五月初一日起至十二月底止每月洋拾圓臘月租減半　共洋錢柒拾伍圓

一收上元縣靖安廠田佃戶陳慶鳳租稻折價除完抵征外　實共洋錢捌圓叁角

叁分叁釐

江甯府重建普育堂志　卷六　二

一收當塗縣杜村田散佃朱守富繳還借欵洋錢貳圓

一收江浦縣烈山洲⿰貝卜戶陳沅繳六年分⿰貝卜價洋錢叁拾圓

一收本堂出售綠荳陸担每担洋壹圓叁角柒分捌釐共洋錢捌圓貳角柒分

一收本堂出售大麥壹担貳斗陸升每担洋捌角柒分叁釐共洋錢壹圓壹角

一收本堂出售元麥拾伍担柒斗伍升每担洋壹元貳角陸分捌釐共洋錢拾玖圓玖角
捌分

一收本堂出售小麥玖拾捌担捌斗叁升陸合每担洋壹圓壹角陸分玖釐貳毫共洋錢壹
百拾伍圓伍角陸分

一收本堂出售黄荳貳拾叁担捌斗每担洋壹圓捌角肆分共洋錢肆拾叁圓柒角玖分貳釐

一收難女陳氏捐緣洋錢叁拾圓

以上十三項共收洋錢肆百貳拾貳圓伍角叁分伍釐柒錢肆分扣湘平銀叁百拾貳兩陸錢柒分陸釐

一收石將軍巷楊仲乾房租自正月初一日起至十一月二十月止每月陸千文閏月租減半共九八五錢陸拾柒千文

一收本堂對面孫海亭房租自八月二十二日起至十二月底止每月肆千文臘月租減半共九八五錢拾伍

千文少錢陸拾陸文讓訖

一收大夫第織造公館房租自正月初一日起至十二月底止每月叁拾陸千文正臘閏月租未減共九八五錢肆百陸拾捌千文

一收大夫第江俊先房租自正月初一日起至十二月底止每月壹千文正臘閏月租未減共九八五錢拾叁千文

一收大夫第陸長元房租自正月初一日起至十二月底止每月壹千文閏月租減半共九八五錢拾貳千五百文

一收石壩街第一號市房周聚隆房租自正月初一日起至十二月底止每月肆百文正臘閏月租減半共九五

錢肆千陸百文

一收石壩街第二號市房尹長庚房租自正月初一日起至四月底止每月壹千文減半正月租共九八五

錢叁千伍百文

一收本堂對面第一號市房許文宏房租自十月初六日起至十二月底止每月壹千文減半臘月租共九

八五錢貳千叁百叁拾肆文

一收本堂對面第二號市房范友山房租自六月二十一日起至十二月底止每月壹千捌百文減半臘月租減

共九八五錢拾千伍百文

一收本堂對面第三號市房鄧積之房租自七月十六日起至十二月底止每月叁千陸百文減半臘月租減共

九八五錢拾捌千文

一收本堂對面第五號市房蔡庚祥汪學貴先後房租自八月十六日起至九月十五日止又自九月二十日起至十二月底止每月壹千捌百文減讓半月租共九八五錢陸千玖百文

一收本堂對面第六號市房傅麗記房租自六月初七日起至九月初七日止每月壹千捌百文共九八五錢伍千肆百文

一收漢西門外蛇山官茶局佃戶方三元繳春秋季地租九八五錢拾捌千伍百文

一收漢西門內蛇山茶局佃戶余金元繳押租九八五錢貳拾千文

一收南門外佟園佃戶王有順繳地租九八五錢拾千文

一收江甯縣安德門田莊頭張龍和繳地租九八五錢柒百文

一收上元縣教場口田莊頭楊德福繳地租九八五錢叁千壹百文

一收上元縣洪武門外田莊頭吳文林繳地租九八五錢捌千文

一收當塗縣大黃洲委董胡恩燮六年分二三限七年分初限貼價共九八五錢壹千壹百串文

一收胡恩燮繳還六年分借欵九八五錢叁百千文

一收當塗縣大黃洲出售課柴肆千束每束捌拾叁文共九八五錢叁百叁拾貳千文

一收本堂出售芭穀肆担壹斗每担壹千壹百文共九八五錢肆千伍百拾文

一收本當出售豌荳叁斗每斗壹百五拾陸文共九八五錢肆百陸拾捌文

一收本堂出售碎米壹担貳斗每担肆百文共九八五錢肆百捌拾文

一收孟士和等捐出信府河厠屋繳租九八五錢陸千陸百陸拾文

一收城南保甲局移存唐王氏房價九八五錢貳拾千文此係暫存堂內如林煥元不回即充堂用

一收句容縣鄉董朱惟楷浮收花戶畝捐九八五錢捌千柒百陸拾文

一收陸陳氏認回石將軍房屋繳還裝修費九八五錢捌千文

一收郭軍門捐項九八五錢壹百千文

同治八年分

一收升任江甯府涂　捐項湘平銀伍伯兩

一收評事街方復隆房租　自正月初一日起至八月初九日止每月京銀貳拾貳兩八月初十日至十二月底止每月貳拾陸兩正臘減半　扣湘平銀叁百拾玖兩捌分叁厘

一收李芳林贖回長甯鄉田產繳還原價湘平銀伍百玖拾柒兩貳錢伍分

一收中河魚滄張應文等繳七年魚租九八五錢壹百千文　每錢一千六百四十文兌湘平銀一兩　扣湘平銀陸拾兩玖錢柒分陸厘

一收石壩街陳鶴軒房租　自正月初一日起至五月底止每月洋錢六元正月減半共洋錢貳拾柒元

一收石壩街接租吳少篯房租　自十月十六日起至十二月底止每月洋錢七元臘月減半共洋錢拾肆元

一收承恩寺孫炳南房租自正月初一日起至月底止每月洋錢拾元正月減半計洋錢伍元

一收承恩寺穆德春房租自七月二十四日起至八月二十四日止每月洋錢叁元貳角計洋錢叁元貳角

一收承恩寺接札億昌號房租自十月初一日起至十二月底止每月洋錢叁元貳角共洋錢玖元陸角

一收承恩寺一號白玉明房租自十一月初一日起至十二月底止每月洋錢肆元共洋錢捌元

一收承恩寺後樓許聚盛房租自六月初一日起至十二月底止每月洋錢叁元臘月減半共洋錢拾玖元伍角

一收評事街市房恒昌押租洋錢叁拾肆元

一收剪子巷堂間壁住房吳少發行租 自九月初一日起至十月半止每月洋錢拾貳元 共洋錢拾捌元

一收江浦縣烈山洲貼戶陳沅繳七年分貼價洋錢叁拾元

一收江浦縣烈山洲七年充公貼戶沈巧繳七年分貼價洋錢拾柒元

一收江浦縣烈山洲七年充公貼戶王德和繳七年分貼價洋錢拾貳元伍角

一收李芳林繳還水車價洋錢拾叁元

一收本堂出售黃豆拾陸担陸斗 每担洋壹元陸角 共洋錢貳拾陸元伍角陸分

一收本堂出售綠豆肆担壹升 每担洋壹元伍角陸分 共洋錢陸元貳角伍分伍厘

一收靖安廠佃戶陳慶鳳稻租折價洋錢拾元柒角伍分

一收無爲洲佃戶張應飛周有文繳還舊借洋錢叁元

以上十七項共收洋錢貳百伍拾柒元叁角陸分伍厘內壹百柒拾肆元叁角壹分伍厘柒錢伍分扣湘平銀壹百叁拾兩柒錢叁分陸厘又捌拾叁元伍分柒錢伍分伍厘扣湘平銀陸拾貳兩柒錢叁厘總共計湘平銀壹百玖拾叁兩肆錢叁分玖厘

一收大夫第織造公館房租自正月初一日起至十二月底止每月錢叁拾陸千文共九八五錢肆百叁拾貳千文

一收大夫第江俊先房租自正月初一日起至十二月底止每月錢壹千文臘月減半共九八五錢拾壹

錢柒千貳百文

一收本堂對面第伍號市房顧長興房租自三月初一日起至月底止每月壹千捌百文共九八五

錢叁千陸百文

一收本堂對面第伍號市房蕭士林房租自五月初四日起至六月底止每月壹千捌百文共九八五

錢叁千肆百貳拾文

一收本堂對面第六號市房朱兆林房租自六月初一日起至月底止每月壹千捌百文共九八五

錢壹千捌百文

一收本堂對面第六號市房鄧積之房租自三月十六日起至五月十五日止每月壹千捌百文共九

八五錢叁千陸百文

一收本堂對面第七八號市房戈彭永蘇正鴻房租自四月初九日起至六月底止每月貳千文　共九八五

錢伍千肆百陸拾伍文

一收本堂對面孫海岑房租自正月初一日起至三月初十日止每月肆千文正月租減半　共九八五錢柒千

叁百叁拾叁文

一收老婦堂門首市房陳寬惠房租自四月初一日起至六月底止每月壹千捌百文　共九八五錢

伍千肆百文

一收承恩寺市房壹間宋長慶房租自二月初一日起至五月底止每月叁千文　共九八五錢拾

貳千文

一收雙塘市房押租共九八五錢貳拾捌千肆百文

一收雙塘第一號市房劉炳升房租自二月初一日起至十六月底止每月貳千文共九八五錢拾

千文

一收雙塘第二號市房黃發旺謝思明房租自二月初一日起至十六月底止每月叁千文共九八五錢拾

五千文

一收雙塘第三號市房屠隆大房租自二月初一日起至十六月底止每月玖百文共九八五錢肆

千伍百文

一收雙塘第四號市房馬家興房租自二月初一日起至六月底止每月壹千貳百文　共九八五錢陸千文

一收雙塘第五號市房談廣盛房租自二月初一日起至六月底止每月壹千文　共九八五錢伍千文

一收漢西門內蛇山官茶局佃戶余金元繳春季地租九八五錢陸千文

一收南門外佟園佃戶王有順繳春季地租九八五錢肆千文

一收當塗縣大黃洲賍戶胡恩燮繳七年分貳限賍價九八五錢叁百陸拾陸千陸百陸拾陸文

一收當塗縣大黃洲貯戶胡恩爕繳七年分叁限貯價九八五錢叁百陸拾陸千陸百陸拾陸文

一收胡恩爕繳還七年分借欵九八五錢叁百千文

一收當塗縣大黃洲出售課柴壹千陸百柒拾捌束每束柒拾文共九八五錢壹百拾柒千肆百陸拾文

一收金川門外寶塔橋塘內取魚變價除去使用外九八五錢陸千壹百貳拾叁文

一收孟士和等捐出信府河廁屋繳租九八五錢叁千叁百叁拾叁文

以上自四年起至八年六月杪止總共收湘平銀柒千伍百柒拾柒兩柒錢陸分伍毫九八五錢伍千伍百捌拾伍串捌百拾柒文

開除

同治四五兩年分

一支買金姓樓房一所坐落武定橋大夫第計湘平銀壹千兩

一支脩理金姓房屋工料雜用湘平銀叁百肆拾陸兩壹錢叁分伍釐

一支買單姓樓房一所坐落武定橋大夫第計湘平銀壹千貳百兩

一支脩理單姓房屋工料雜用湘平銀壹百貳拾兩柒錢五分捌釐

一支給陸徐氏捐送平房一所（坐落城南石將軍巷）錢捌千文（每錢一千四百三十文兑湘平銀一兩）扣

湘平銀伍兩五錢玖分肆釐

一支脩理陸徐氏房屋工料雜用錢拾叁千陸百伍拾玖文（每錢壹千肆百叁拾文兑湘平銀壹兩）扣湘平銀玖兩伍錢伍分壹釐

一投印（金單）二姓屋契正稅湘平銀捌拾陸兩捌錢捌分陸釐貳毫

一支買胡姓莊田壹百拾柒畝陸分（坐落當塗縣杜村）湘平銀柒百陸拾肆兩四錢

一支投印胡姓杜村田契正稅湘平銀貳拾柒兩柒錢玖分捌釐

一支完杜村熟田柒拾捌畝伍分（上下）忙湘平銀陸兩捌錢柒分玖釐

一支完杜村漕米壹担捌斗貳升捌合五勺（每担扣足錢肆千捌百文）扣湘平銀陸兩貳錢陸釐

一支買夏姓莊田壹百拾柒畝肆分（坐落上元縣長甯鄉）湘平銀伍百玖拾柒兩貳錢五分

一支買夏姓基地一方洋錢伍圓（柒錢壹分）計湘平銀叁兩伍錢伍分

一支投印夏姓田契正稅湘平銀貳拾貳兩叁分玖釐

一支買王姓莊田貳百拾貳畝肆分地伍拾玖畝柒分（坐落江甯縣葛塘寺）湘平銀肆百玖拾兩

一收石壩街吳少籛房租自正月初一日起至四月初十日止每月洋錢柒元正月減半其洋錢拾玖元捌角叁分叁厘

一收石壩街接租雲公館房租自四月二十一日起至八月二十日止每月洋錢柒元科場外加一月其洋錢叁拾伍元

一收石壩街雲公館押月洋錢柒元

一收石壩街接租尹公館房租自九月初三日起至十二月底止每月洋錢柒元閏臘減半臘月半租未繳其洋錢貳拾肆元伍角

一收石壩街尹公館押月洋錢柒元

一收石壩街胡謹菴濮桐樓房租自五月初一日起至十月半止每月洋錢柒元科場外加一月共洋錢肆拾伍元

伍角

一收石壩街胡謹菴濮桐樓押月洋錢柒元

收石壩街接租劉公館房租自十二月十八日起至月底止每月洋錢陸元計洋錢貳元陸角

一收石壩街劉公館押月洋錢陸元

一收承恩寺高金榮房租自正月二十日起至六月十四日止每月洋錢叁元貳角共洋錢拾陸元伍角

叁分叁厘

一收承恩寺丁昌樹房租自七月初一日起至十月底止每月洋錢叁元貳角科場外加一月共洋錢拾陸元

一收承恩寺白玉明房租自正月初一日起至八月底止每月洋錢肆元科場外加一月共洋錢叁拾肆元

一收承恩寺白玉明押月洋錢肆元

一收承恩寺後樓許聚盛房租自正月初一日起至九月底止每月洋錢叁元正月減半科場外加一月共洋錢貳拾捌元伍角

一收承恩寺後樓許聚盛押月洋錢叁元

一收承恩寺總租朱森亭房租自閏十月初一日起至十二月底止每月洋錢拾壹元貳角閏臘減半共洋錢貳拾貳元肆角

一收承恩寺總租朱森亭押月洋錢貳拾貳元肆角

一收三山街邵國樹房租自五月初一日起至十二月底止每月洋錢捌元閏臘減半　其洋錢陸拾肆元

一收三山街邵國樹押月洋錢拾陸元

一收三山街王萬盛房租自十一月二十日起至十二月底止每月洋錢拾壹元臘月減半　其洋錢玖元伍角叁分

一收講堂大街馬春山房租自十二月十六日起至月底止每月洋錢伍元　計洋錢貳元伍角

一收講堂大街馬春山押月洋錢拾元

一收走馬巷口方必林房租自八月十六日起至十二月底止每月洋錢陸元閏臘減半　其洋錢貳拾柒元

一收走馬巷口方必林押租洋錢叁拾元

一收大黃洲出售課柴捌千肆百束每洋壹元合柴拾肆束共洋錢陸百元

一收出售小麥陸担伍斗每担價洋壹元柒角共洋錢拾壹元伍分

一收出售元麥捌担玖斗柒升每担價洋壹元叁角共洋錢拾壹元陸角陸分壹厘

一收出售次元小麥捌拾貳担貳斗伍升每担價洋壹元壹角共洋錢玖拾元肆角柒分伍厘

一收出售黃豆叁拾伍担每担價洋壹元叁角伍分共洋錢肆拾柒元貳角伍分

一收江浦縣烈山洲八年分則價伍拾玖元伍角

一收靖安廠潘道利稻租折價洋錢拾玖元捌角

一收靖安廠薛家小圩陳慶鳳稻租折價洋錢伍元捌角

一收常家圩常永泰欠數稻租折價洋錢貳元肆角玖分

以上三十六項共收洋錢壹千陸百拾陸元叁角貳分貳厘內壹千陸拾捌元柒角肆分貳厘（柒錢肆分捌厘）扣湘平銀柒百玖拾玖兩肆錢壹分玖厘又伍百肆拾柒元伍角捌分（柒錢叁分）扣湘平銀叁百玖拾玖兩柒錢叁分叁厘

總共計湘平銀壹千壹百玖拾玖兩壹錢伍分貳厘

一收大夫第織造公館房租自正月初一日起至十二月底止每月錢叁拾陸千文　共九八五錢肆百陸拾捌千文

一收大夫第江俊先房租自正月初一日起至十二月底止每月錢壹千文正臘閏月減半科場外加一月共九八五錢拾貳千伍百文

一收大夫第陸長元房租自正月初一日起至十二月底止每月錢壹千文正臘閏月減半科場外加一月共九八五錢拾貳千伍百文

一收石壩街周聚隆房租自正月初一日起至十二月底止每月錢肆百文正臘閏月減半科場外加一月共九八五錢伍千文

一收石壩街周聚隆押月錢捌百文

一收本堂對面第壹號許文宏房租自正月初一日起至十二月底止每月錢壹千文正臘閏月減半科場外加一

月

共九八五錢拾貳千伍百文

一收本堂對面第壹號許文宏押月錢壹千文

一收本堂對面第貳號范友山房租自正月初一日起至九月底止每月錢壹千捌百文正月減半科場外加一月

共九八五錢拾柒千壹百文

一收本堂對面第貳號范友山押月錢壹千捌百文

一收本堂對面接租第貳號李得盛房租自十月初一日起至閏十月十五日止每月錢壹千捌百文共

九八五錢貳千柒百文

一收本堂對面第叁號吳耀中房租自正月初一日起至十二月底止每月錢貳千文正臘閏月減半科場外加一月

共九八五錢貳拾伍千文

一收本堂對面第叁號吳耀中押月錢貳千文

一收本堂對面第肆號汪聚源房租自正月初一日起至十二月底止每月錢壹千捌百文正臘閏月減半科場外加一月　共九八五錢貳拾貳千伍百文

一收本堂對面第肆號汪聚源押月錢壹千捌百文

一收本堂對面第伍號蕭士林房租自正月初一日起至六月初五日止每月錢壹千捌百文正月減半　共九八五錢捌千肆百文

一收本堂對面接租第伍號孫蓬廷房租自六月十九日起至十二月底止每月錢壹千捌百文閏臘月減半

科場外加一月共九八五錢拾叁千叁百貳拾文

一收本堂對面第伍號孫達廷押月錢壹千捌百文

一收本堂對面第陸號胡廣培房租自二月初一日起至十二月底止每月錢壹千捌百文閏臘月減半科場外加一月共九八五錢貳拾壹千陸百文

一收本堂對面第陸號胡廣培押月錢壹千捌百文

一收本堂對面第七號戈彭永房租自正月初一日起至六月十九八號蘇正鴻日止每月錢貳千文正月減半共九八五錢拾千貳百陸拾陸文

一收本堂對面接租第七八號劉珍林自六月二十日起至十二月底止每月錢貳千文閏臘月減半科場外加一月

共九八五錢拾肆千柒百叁拾叁文

一收本堂對面第七八號劉珍林押月錢貳千文

一收老婦堂門首市房陳寬惠房租自正月初一日起至十二月底止每月錢壹千捌百文正臘閏月减半 共九八五錢貳拾千柒百文

一收老婦堂門首市房陳寬惠押月錢壹千捌百文

一收評事街恒昌煙店房租自正月初一日起至十二月底止每月錢拾捌千文正臘閏月减半 共九八五錢貳百柒千文

一收評事街後進住房王子九房租自三月二十六日起至十二月底止每月錢伍千捌百文閏臘月减半 共

九八五錢伍拾叁千壹百陸拾柒文

一收評事街後進住房王子九押月錢伍千捌百文

一收糖坊廊張陽清房租自四月初一日起至十二月底止每月錢陸千文閏臘減半 共九八五錢伍拾肆千文

一收糖坊廊張陽清押月錢拾貳千文

一收雙塘第壹進劉炳升房租自正月初一日起至十二月底止每月錢貳千肆百文閏月減半正臘全讓 共九八五錢貳拾伍千貳百文

一收雙塘第貳進黃發旺謝忠明房租自正月初一日起至十二月底止每月錢叁千陸百文閏月減半正臘全讓 共九

八五錢叁拾柒千捌百文

一收雙塘第叁進屠隆大房租自正月初一日起至十二月底止每月錢壹千捌拾文閏月減半正臘全讓共九八五錢拾壹千叁百肆拾文

一收雙塘第肆進馬宗興房租自正月初一日起至十二月底止每月錢壹千肆百肆拾文閏月減半正臘全讓共九八五錢拾伍千壹百貳拾文

一收雙塘第伍進談廣盛房租自正月初一日起至十二月底止每月錢壹千貳百文閏月減半正臘全讓共九八五錢拾貳千陸百文

一收漢西門內蛇山官茶局佃戶余金元繳地租九八五錢貳拾千文

一收南門外佟園佃戶王有順繳地租九八五錢拾千文

一收信府河厠屋包租民人孟士和等三限繳九八五錢拾千文

一收當塗縣大黃洲委董胡恩燮繳八年分貼價九八五錢伍百千文

一收當塗縣大黃洲委董胡恩燮繳還八年分借欵九八五錢叁百千文

一收當塗縣大黃洲接辦委董胡思楨繳九年分初限貼價九八五錢叁百伍拾千文

一收印子洲洲首潘上義繳還舊借九八五錢肆千文

一收金川門寶塔橋塘內取魚變價除去使用外九八五錢貳千貳百伍拾

文，

一收前脩理評事街棧房用餘木料板片各件陸續脩補各處市房照估價

值九八五錢壹百拾壹千叁百拾捌文

一收中河魚佃張應文戴震之繳八年分租柴折價九八五錢拾壹千貳百陸拾肆

文

以上自四年起至九年底止共收各項九八五錢捌千肆百玖拾玖串

壹百捌拾文內除置產需銀用九八五錢壹千肆百陸拾玖千壹百

叁拾肆文壹千陸百柒拾肆文玖

百貳拾肆千捌百壹千柒百

玖拾文壹拾伍折扣湘平銀壹千肆百拾玖兩壹分伍厘外實收九

八五錢陸千壹百伍串壹百伍拾陸文

同治十年六月杪止

一收評事街方復隆房租自正月初一日起至六月底止每月銀貳拾陸兩正月減半共湘平銀壹百肆拾叁兩

一收走馬巷口方必林房租自正月初一日起至五月十三日止每月洋錢陸元正月減半共洋錢貳拾叁元陸角

一收講堂大街馬春山房租自正月初一日起至月底止每月洋錢伍元正月減半洋錢貳元伍角

一收講堂大街接租震開泰房租自二月初一日起至六月底止每月洋錢伍元共洋錢貳拾伍元

一收三山大街邵國樹房租 自正月初一日起至六月底止每月洋錢捌元正月減半 共洋錢肆拾肆元

一收三山大街王萬盛房租 自正月初一日起至五月初十日止每月洋錢拾壹元又自五月十一日起至六月底止每月洋錢拾壹元捌角正月減半 共洋錢陸拾壹元捌角叁分

一收承恩寺朱森亭房租 自正月初一日起至五月底止每月洋錢拾壹元貳角正月減半 共洋錢伍拾元肆角

一收承恩寺接租王祥順房租 自六月初一日起至月底止每月洋錢拾壹元貳角 洋錢拾壹元貳角

一收剪子巷堂間壁葉公館房租 自四月初一日起至六月底止每月洋錢拾元六月租未繳 共洋錢貳拾元

一收石壩街尹公館房租 自正月初一日起至六月底止每月洋錢柒元正月減半五六兩月租洋未繳 共連去臘欠繳月 收洋錢貳拾捌元

一收石壩街劉公館房租 自正月初一日起至二月底止每月洋錢陸元又自三月起至六月底止每月洋錢陸元伍角正月減半五六兩月租未繳 共洋錢貳拾貳元

一收水西門外周信隆昌房租 自六月十一日起至月底止每月洋錢陸元伍角 洋錢肆元叁角叁分

一收水西門外周信隆昌押月洋錢拾五元

一收水西門外茆宏發押月洋錢拾元

一收銅作坊邱長春押月洋錢伍元

一收銅作坊劉萬順押月洋錢伍元

一收江浦縣烈山洲九年分貼價洋錢伍拾玖元伍角

一收出售大麥貳拾玖担貳斗伍升每担價洋柒角共洋錢貳拾元肆角柒分伍厘

一收出售小麥柒拾捌担柒斗伍升每担價洋壹元共洋錢柒拾捌元柒角伍分

一收出售元麥貳拾捌担壹斗每担價洋玖角捌分共洋錢貳拾柒元伍角叁分捌厘

一收出售黃豆柒拾捌担伍斗每担價洋壹元伍角柒分共洋錢壹百貳拾叁元貳角肆分伍厘

一收靖安厰佃戶潘道利繳本年麥租折價洋錢貳元

一收靖安厰佃戶陳慶鳳繳九年稻租尾欵洋錢肆元

一收板橋柏家村堂田本年麥租欠數折價洋錢壹元柒角捌分

一收大夫第織造公館房租自正月初一日起至六月底止每月錢叁拾陸千文共九八五錢貳百拾陸千文

一收大夫第江俊先房租自正月初一日起至六月底止每月錢壹千文正月減半共九八五錢伍千伍百文

一收大夫第陸長元房租自正月初一日起至六月底止每月錢壹千文正月減半共九八五錢伍千伍

百文

一收石壩街周聚隆房租自正月初一日起至六月底止每月錢肆百文正月減半共九八五錢貳千貳百文

一收本堂對面第壹號許文宏房租自正月初一日起至六月底止每月錢壹千文正月減半共九八五錢伍千伍百文

一收本堂對面第貳號黃祥光房租自二月十九日起至六月底止每月錢壹千捌百文共九八五錢柒千玖百貳拾文

一收本堂對面第貳號黃祥光押月錢壹千捌百文

一收本堂對面第叁號吴耀中房租自正月初一日起至六月底止每月錢貳千文正月減半共九八五錢拾壹千文

一收本堂對面第肆號汪敉源房租自正月初一日起至六月底止每月錢壹千捌百文正月減半共九八五錢玖千玖百文

一收本堂對面第伍號孫達廷房租自正月初一日起至六月底止每月錢壹千捌百文正月減半共九八五錢玖千玖百文

一收本堂對面第陸號胡廣培房租自正月初一日起至六月底止每月錢壹千捌百文正月減半共九八五錢玖千玖百文

一收本堂對面第七八號劉珍林房租自正月初一日起至六月底止每月錢貳千文正月減半共九八五錢拾壹千文

一收老婦堂門首市房陳寬惠房租自正月初一日起至六月底止每月錢壹千捌百文正月減半共九八五錢玖千玖百文

一收評事街恒昌煙店房租自正月初一日起至六月底止每月錢拾捌千文正月減半共九八五錢玖拾玖千文

一收評事街後進住房王子九房租自正月初一日起至六月底止每月錢伍千捌百文正月減半共九八五錢叁拾壹千玖百文

一收糖坊廊張陽清房租自正月初一日起至月底止每月錢陸千文又自二月初一日起至六月底止每月錢陸千叁百文正月減半共九八五錢叁拾肆千伍百文

一收雙塘第壹進劉炳升房租自正月初一日起至六月底止每月錢貳千肆百文正月全讓共九八五錢拾貳千文

一收雙塘第貳進黃發旺謝思明房租自正月初一日起至六月底止每月錢叁千陸百文正月全讓共九八五錢拾捌千文

一收雙塘第叁進屠隆大房租自正月初一日起至六月底止每月錢壹千捌拾文正月全讓共九八五錢伍千肆百文

一收雙塘第肆進馬緣興房租自正月初一日起至六月底止每月錢壹千肆百肆拾文正月全讓其九八五錢柒千貳百文

一收雙塘第伍進談廣盛房租自正月初一日起至六月底止每月錢壹千貳百文正月全讓其九八五錢陸千文

一收銅作坊邱長春房租自六月初五日起至月底止每月錢貳千肆百文　九八五錢貳千捌拾文

一收銅作坊劉萬順房租自六月初五日起至月底止每月錢貳千肆百文　九八五錢貳千捌拾文

一收水西門外茆宏發房租自六月初一日起至月底止每月錢貳千壹百文　九八五錢貳千壹百文

一收漢西門內蛇山官茶局佃戶余金元繳春租九八五錢捌千文

一收南門外佟園佃戶王有順繳春租九八五錢肆千文

一收信府河廁屋包租民人孟士和等繳初限九八五錢叁千叁百叁拾叁文

一收中河魚佃張應文戴震之繳九年分租九八五錢貳拾伍千文

一收當塗縣大黃洲委董胡恩植繳九年分二三兩限財價九八五錢柒百千文

一收當塗縣大黃洲委董胡恩植繳還九年分借欵九八五錢叁百千文

以上統自四年起至十一年六月杪止其收湘平銀壹萬壹千捌百玖拾貳兩玖錢陸分貳厘叁毫洋錢陸百肆拾伍元壹角肆分捌厘九八五錢柒千陸百柒拾壹串柒百陸拾玖文

開除

同治四五兩年分

一支買金姓樓房一所坐落武定橋大夫第計湘平銀壹千兩

一支脩理金姓房屋工料雜用湘平銀叁百肆拾陸兩壹錢叁分伍厘

一支買單姓樓房一所坐落武定橋大夫第計湘平銀壹千貳百兩

一支脩理單姓房屋工料雜用湘平銀壹百貳拾兩柒錢伍分捌厘

一支給陸徐氏捐送平房一所坐落城南石將軍巷錢捌千文每錢一千四百三十文兌湘平銀一兩扣湘平銀伍兩伍錢玖分肆厘

一支修理陸徐氏房屋工料雜用錢拾叁千陸百伍拾玖文每錢一千四百三十文兌湘平銀一兩扣湘平銀玖兩伍錢伍分壹厘

一投印金單二姓房契正稅湘平銀捌拾陸兩捌錢捌分陸厘貳毫

一支買胡姓莊田壹百拾柒畝陸分坐落當塗縣杜村湘平銀柒百陸拾肆兩肆錢

一支投印胡姓杜村田契正稅湘平銀貳拾柒兩柒錢玖分捌厘

一支完杜村熟田柒拾捌畝伍分上下忙湘平銀担兩捌錢柒分玖厘

一支完杜村漕米壹担捌斗貳升捌合伍勺每担扣足錢肆千捌百文扣湘平銀陸兩貳錢陸厘

一支買夏姓莊田壹百拾柒畝肆分（坐落上元縣長甯鄉）湘平銀伍百玖拾柒兩貳錢伍分

一支買夏姓基地一方洋錢伍元（柒錢壹分）計湘平銀叁兩伍錢伍分

一支投印夏姓田契正稅湘平銀貳拾貳兩叁分玖厘

一支買王姓莊田貳百拾貳畝肆分地伍拾玖畝柒分（坐落江甯縣葛塘寺）湘平銀肆百玖拾兩

一支投印王姓田契正稅湘平銀貳拾壹兩壹錢肆分叁厘叁毫

一支借給六邑陳官渡莊頭孫有康等牛本湘平銀叁拾玖兩

一支借給胡恩爕承開大黃洲錢貳百千文每錢壹千肆百叁拾文兌湘平銀壹兩扣湘平銀壹百叁拾玖兩捌錢陸分

一支買蔣姓房基地一方坐落糞子巷湘平銀貳拾玖兩柒錢

同治六年分

一支歲脩金單二姓房屋錢拾千陸百叁拾陸文每錢壹千伍百伍拾文兌湘平銀壹兩扣湘平銀陸兩捌錢陸分貳厘

一支買福姓房屋一所坐落石壩街湘平銀叁百柒拾兩

一借給杜村莊頭侯立本洋叁元柒錢貳分扣湘平銀貳兩壹錢陸分

一借給胡恩燮承開大黄洲九八五錢叁百千文

同治七年分

一支買孫姓市房一所坐落黎字鋪郎驢子巾湘平銀肆百伍拾陸兩

一支投印孫姓市房契正税湘平銀拾捌兩玖分捌厘

一退還石將軍巷楊仲乾押租湘平銀拾肆兩

一支買張姓市房一所坐落評事街九八五錢貳千伍拾壹串壹百伍拾陸文

一支張姓市房成契酒席雜用九八五錢陸千玖百伍拾伍文

一支買張姓莊熟田壹百陸拾貳畝貳分荒田伍拾貳畝捌分熟地伍畝捌

分荒地拾捌畝伍分塘拾肆口莊房水車晒場坐落陸郎橋村名方耳崗九八五錢壹千叁百伍拾柒串伍百玖拾陸文

一支孫姓市房成契酒席雜用並給官牙九八五錢肆千伍拾肆文

一退還方三元承種茶局押租九八五錢貳拾千文

一借給胡恩燮開洲九八五錢叁百千文

同治八年分

一支買柏姓市房一所坐落評事街湘平銀玖百柒拾兩

一支買張姓住房一所坐落剪子巷湘平銀柒百陸拾伍兩

一支中河俞滄魚稅庫平銀陸錢叁分申湘平銀陸錢伍分陸厘

一退還承恩寺市房租戶孫炳南押租洋拾元柒錢伍分扣湘平銀柒兩伍錢

一退還石壩街住房租戶陳鶴軒押租洋陸元柒錢伍分扣湘平銀肆兩伍錢

一支買劉姓市房一所坐落江甯縣城西雙塘足錢申九八五錢陸百肆拾陸千捌百拾柒文

一支劉姓市房成契酒席雜用并給官牙九八五錢貳千陸百貳拾文

一支典李姓住房一所坐落剪子巷即本堂間壁湘平銀肆百伍拾兩每兩兌錢壹千陸百肆拾文共九八五錢柒百叁拾捌千文

一支李姓住房成契酒席雜用九八五錢貳千壹百貳拾捌文

一支張姓住房成契酒席雜用并給官牙九八五錢貳千捌百文

一支柏姓市房成契酒席雜用并給官牙九八五錢叁千柒百拾捌文

一支借給大黃洲委董胡恩燮八年分開洲經費九八五錢叁百千文

一支借給印子洲洲首潘士義九八五錢肆千文

同治九年分

一支買卓燊堂基叁拾方每方價銀壹兩肆錢貳分捌厘湘平銀肆拾貳兩捌錢肆分

一支買賀文蔚靑馬羣田地一業湘平銀叁百壹兩伍錢陸分

一支牛痘局發給花童並委員書識薪水局用各項湘平銀壹百伍拾兩

秋季分

一支普育四堂委員委紳學師薪水雜差水龍夫等工食湘平銀叁百拾叁兩陸錢壹分

一支普育四堂各項雜用湘平銀叁百拾兩叁錢肆分捌釐

一支清節堂委員學師書識薪水孀婦鹽菜各項湘平銀貳百貳拾伍兩陸錢貳釐

一支牛痘局發給花童並委員書識薪水局用各項湘平銀壹百伍拾兩

冬季分

一支採買稻穀並開礱碓置辦家具雜用湘平銀貳千叁百陸拾兩捌錢壹分陸釐

一支普育四堂委員委紳學師薪水雜差水龍夫等工食湘平銀叁百柒兩柒錢壹分肆釐

一支普育四堂各項雜用湘平銀肆百玖拾肆兩叁錢壹分玖釐

一支清節堂委員學師書識薪水孀婦鹽菜各項湘平銀貳百叁拾貳兩貳錢陸分伍釐

一支牛痘局發給花童並委員書識薪水局用各項湘平銀壹百陸兩伍錢捌分

同治六年春季分

一支礱碓夫工食雜用湘平銀肆拾柒兩柒錢叁分

一支普育四堂委員委紳學師薪水雜差水龍夫等工食湘平銀叁百陸兩陸錢伍分柒釐

一支普育四堂各項雜用並石將軍巷陸徐氏捐房脩費湘平銀捌百捌拾柒兩陸錢柒分陸釐

一支淸節堂委員學師書識薪水孀婦鹽菜各項湘平銀貳百拾肆兩肆錢壹分

一支牛痘局發給花童並委員書識薪水局用各項湘平銀壹百陸拾兩

夏季分

一支普育四堂委員委紳學師薪水雜差水龍夫等工食湘平銀叁百陸兩肆錢玖分

一支普育四堂各項雜用湘平銀叁百捌拾柒兩伍錢壹分

一支淸節堂委員委紳學師書識薪水孀婦鹽菜各項湘平銀貳百拾捌兩

貳錢捌釐

一支牛痘局發給花童並委員書識薪水局用各項湘平銀壹百肆拾兩

秋季分

一支普育四堂委員委紳學師薪水雜差水龍夫等工食湘平銀肆百叁拾柒兩陸錢

一支普育四堂各項雜用九八五錢壹百肆拾柒千玖百貳拾捌文

一支清節堂委員學師書識薪水湘平銀壹百拾陸兩肆錢

一支清節堂孀婦鹽菜各項九八五錢壹百伍拾肆千柒百壹文

一支牛痘局委員書識薪水各項湘平銀捌拾兩

一支牛痘局發給花童並用九八五錢柒拾貳千文

冬季分

一支採買熟糙米稻並使用各費九八五錢貳千叁百拾壹千玖百陸拾柒文

一支買木料松板湘平銀叁拾伍兩柒錢玖分

一支普育四堂委員委紳學師薪水雜差水龍夫等工食並置買房基湘平銀肆百叁拾玖兩

一支普育四堂各項雜用九八五錢貳百陸拾肆千陸百玖拾捌文

一支清節堂委員學師書識薪水湘平銀壹百拾柒兩

一支清節堂孀婦鹽菜各項九八五錢壹百陸拾肆千肆拾柒文

一支牛痘局發給花童並委員書識薪水局用各項湘平銀壹百貳拾叁兩玖錢陸分叁釐

同治七年春季分

一支普育四堂委員委紳學師薪水雜差水龍夫等工食湘平銀貳百陸拾捌兩貳錢貳分貳釐

一支普育四堂各項雜用湘平銀貳百肆拾叁兩貳錢陸分

一支普育四堂各項雜用九八五錢拾陸千柒拾陸文

一支清節堂委員學師書識薪水孀婦鹽菜各項湘平銀貳百柒兩柒錢捌分肆釐

一支牛痘局發給花童並委員書識薪水局用各項湘平銀貳百叁拾陸兩捌錢肆分捌釐

夏季分 閏四月

一支礱碓夫工食並雜用湘平銀壹百貳拾玖兩捌錢肆分叁釐

實在

一現存湘平銀壹百柒拾玖兩玖錢玖分陸厘壹毫

一現存洋錢壹百伍拾壹元壹角肆分捌厘

一現存九八五錢壹千肆百捌拾千陸百叁拾柒文

歷年收支稻麥雜粮細帳附

計開

舊管

無

新收

同治五年分

一收當塗縣杜村租稻壹百柒石壹斗

一收上元縣青山嘴租稻伍石

一收上元縣長甯鄉租稻捌拾石貳斗伍升

一收上元縣東陽圩租稻貳拾伍石伍斗伍升

一收上元縣靖安厰租稻拾柒石捌斗原斛較堂斛每石大壹斗伍升

一收上元縣常家圩租稻叁拾捌石陸斗叁升

一收上元縣夏村租稻拾捌石陸斗黃荳貳石伍升

一收上元縣慈仁鄉租米肆石肆斗捌升

一收江甯縣典牧所租稻壹石

一收江甯縣王家莊租稻伍拾玖石捌斗

江甯府重建普育堂志　卷六

一收江甯縣仙後莊租稻拾玖石

一收江甯縣仙前莊租稻伍石捌斗

一收江甯縣葛塘寺租稻玖拾伍石陸斗伍升

一收江甯縣楊庫村租稻壹百肆拾玖石伍斗

一收江甯縣殷巷莊租稻貳拾石陸斗貳升 黄荳柒石壹斗

一收江甯縣徐茂村莊租米拾石 黄荳玖石

一收江浦縣劉家圩租稻玖石壹斗陸升

一收六合縣劉家圩租稻玖石捌斗原斛較堂斛每石大貳斗

一收六合縣文山集租稻陸拾貳石柒斗伍升原斛較堂斛每石大壹斗

以上共收堂斛租稻柒百貳拾陸石貳斗壹升

米拾肆石肆斗捌升

黄荳拾捌石壹斗伍升

同治六年分

一收漢西門内蛇山官茶局白芝蔴壹石肆斗陸升　紅黄荳玖石　小麥玖斗玖升　苞穀伍拾石壹斗　青荳柒石

一收上元縣建康圩租小麥貳斗伍升

一收上元縣青山嘴租小麥壹石伍斗伍升

一收上元縣靖安廠租小麥捌斗伍升原斛較堂斛每石大壹斗伍升

一收上元縣高新莊租元麥伍石

一收上元縣長甯鄉小麥貳拾伍石捌斗陸合

一收上元縣慈仁鄉元麥肆石伍升

一收上元縣常家圩租小麥貳石貳斗捌升

一收上元縣東陽圩租小麥肆石肆斗貳升

一收上元縣夏村莊租小麥壹石陸斗陸升

一收江甯縣王家莊租小麥玖石柒斗捌升元麥肆石

一收江寧縣楊庫村租小麥伍石大麥捌斗壹升

一收江寧縣徐茂村租小麥拾捌石伍斗元麥壹石伍斗

一收江寧縣殷巷租小麥拾伍石元麥壹石貳斗

一收江寧縣仙前莊租小麥陸石柒斗伍升

一收江寧縣仙後莊租小麥陸石壹斗

一收江浦縣劉家圩租大麥肆斗伍升

一收六合縣陳官渡租豌荳叁斗

一收當塗縣杜村莊租稻陸拾伍石

一收上元縣靖安廠租稻貳拾肆石貳斗伍升原斛較堂斛每石大壹斗伍升

一收上元縣長甯鄉租稻柒拾肆石貳斗柒升

一收上元縣慈仁鄉租稻拾壹石伍斗

一收上元縣東陽圩租稻叁拾陸石柒斗貳升

一收上元縣夏村租稻貳拾叁石黃荳貳石

一收上元縣常家圩租稻叁拾貳石柒斗伍升

一收上元縣青山觜租稻拾陸石黃荳貳石

一收上元縣張家潭租稻壹石貳斗

一收上元縣高新莊租稻肆拾陸石
一收江甯縣王家莊租稻玖拾貳石陸斗
一收江甯縣楊庫村租稻壹百陸拾石捌斗
一收江甯縣典牧所租稻拾陸石
一收江甯縣徐茂村租稻伍拾陸石 黃荳拾石
一收江甯縣殷巷莊租稻陸拾叁石 黃荳玖石
一收江甯縣仙前莊租稻叁拾石壹斗
一收江甯縣仙後莊租稻叁拾陸石

一收江甯縣葛塘寺租稻壹百叁石伍斗

一收江浦縣劉家圩租稻貳拾叁石肆斗

一收六合縣文山集租稻陸拾肆石柒斗原斛較堂斛每石大壹斗

一收六合縣劉家圩租稻貳拾石伍斗原斛較堂斛每石大貳斗

一收六合縣陳官渡租菉荳陸石原斛較堂斛每石大壹斗

一收無爲州十連圩租稻貳百拾陸石貳斗伍升原斛較堂斛每石大貳斗

一收買救生局十連圩租稻貳百拾陸石貳斗伍升

一收報恩寺僧念深歸還四年分在十連圩莊上溢支稻叁拾陸石

以上共收堂斛租稻壹千肆百陸拾伍石柒斗玖升

小麥玖拾捌石捌斗肆升陸合

大麥壹石貳斗陸升

元麥拾伍石柒斗伍升

黃荳貳拾叁石

紅黃荳玖石肆斗陸升

芭穀伍拾石壹斗

白芝蔴壹石

青荳柒石

菉荳陸石

豌荳叁斗

同治七年分

一收上元縣教厰口租小麥柒石

一收上元縣高新莊租元麥叁石伍斗

一收上元縣夏村租小麥貳石伍斗

一收上元縣慈仁鄉租小麥肆石

一收上元縣東陽圩租小麥伍石伍斗

一收江甯縣徐茂村租小麥拾伍石

一收江甯殷巷租小麥貳拾石

一收當塗縣杜村租稻壹百拾肆石貳斗肆升玖合

一收上元縣清涼菴租稻捌石伍斗

一收上元縣東陽圩租稻叁拾石

一收上元縣靑山嘴租稻捌石

一收上元縣夏村租稻拾石眞荳貳石

一收上元縣常家圩租稻拾叁石

一收上元縣教厰口租稻拾柒石捌斗

一收上元縣靖安厰租稻貳拾陸石玖斗原斛較堂斛每石大壹斗伍升

一收上元縣慈仁鄉租稻拾貳石

一收上元縣長甯鄉租稻柒拾陸石貳斗

一收上元縣高新莊租稻肆拾貳石

一收江甯縣仙後莊租稻拾貳石

一收江甯縣仙前莊租稻拾壹石

一收江甯縣葛城寺租稻玖拾陸石捌斗

一收江甯縣石左所租稻拾石伍斗

一收江甯縣楊庫村租稻貳百貳拾壹石

一收江甯縣王家莊租稻壹百叁拾叁石

一收江甯縣徐茂村租稻叁拾玖石黃荳拾壹石

一收江甯縣殷巷租稻柒拾叁石伍斗黃荳叁石

一收六合縣文山集租稻叁拾陸石陸斗，原斛較堂斛每石大壹斗

一收六合縣劉家圩租稻拾陸石玖斗原斛較堂斛每石大壹斗

一收六合縣陳官渡租稻貳拾玖石伍斗，菉荳肆石原斛較堂斛每石大壹斗

一收無爲州十連圩租稻壹百拾肆石叁斗捌升壹合原斛較堂斛每石大貳斗

一收買救生局報恩寺十連圩租稻貳百壹石叁斗柒升

以上共收堂斛租稻壹千叁百伍拾肆石貳斗

小麥伍拾肆石

元麥叁石伍斗

黄荳拾陸石

菉荳肆石

同治八年分

一發柴拾肆萬柒千柒百肆拾叁觔

冬季分

一發米肆百伍拾肆石壹斗捌升

一發柴貳拾萬陸千貳拾伍觔

一售出柴壹萬肆千玖百柒拾陸觔

同治七年春季分

一發米肆百伍拾石伍升玖合

一發柴拾肆萬捌千捌百捌拾陸觔

夏季分閏四月

一發米伍百玖拾伍石陸斗捌升捌合

一折耗糙米伍拾肆石陸斗叁升

一發柴拾玖萬肆千捌拾貳觔

秋季分

一發米肆百肆拾捌石肆斗伍升肆合

一發柴拾肆萬伍千捌拾陸觔

冬季分

一發米肆百伍拾壹石柒斗伍升柒合

一發柴拾玖萬捌千玖百肆拾觔

同治八年春季分

一發米肆百叁拾捌石陸斗柒升

一發柴拾肆萬伍千玖百捌拾觔

夏季分

一發米肆百叁拾壹石玖升捌合連新設育嬰堂在內以下并仝

一發柴拾肆萬肆千壹百玖拾玖觔

以上自四年起至八年六月杪止共發米捌千柒百柒拾貳石捌斗肆升肆合柴叁百貳拾柒萬捌千拾伍觔

實在

一現存米伍百拾柒石柒斗貳升陸合又歷年撥買邵伯和嘗長合米伍百陸拾玖石捌升捌合伍勺實共存堂米壹千捌拾陸石捌斗壹升肆合伍勺

一現存柴壹百肆萬玖千伍百貳拾伍觔因四年夏季分內實存項下少報拾觔致報銷上僅存壹百肆萬玖千伍百拾伍觔

一收江甯縣方耳崗租小麥貳拾肆石貳斗

一收江甯縣葛塘寺租小元麥拾叁石三莊較堂斛歟九斗

一收江甯縣安德門租小元麥捌斗

一收江甯縣徐茂村租小元麥拾柒石伍斗

一收江甯縣殺巷街租小元麥拾陸石肆斗

一收上元縣夏村莊租小元麥肆石叁斗二莊較堂斛歟伍斗

一收上元縣清涼菴租小元麥捌石肆斗伍升

一收上元縣青馬羣租小元麥肆石肆斗陸升

一收上元縣教塲口租小麥叁石壹斗貳升伍合
大麥陸石肆斗捌升

一收六合縣陳官渡租大麥貳拾石較堂斛趱貳石

一收江甯縣葛塘寺租稻柒拾柒石又稻壹石伍斗作春季元麥壹石

一收江甯縣仙前莊租稻肆拾柒石
稻捌斗作黄荳伍斗

一收江甯縣仙後莊租稻玖拾叁石

一收江甯縣安德門租黄荳柒斗

一收江甯縣方耳崗稻捌拾石壹斗
壹石貳斗作春季小麥捌斗

一收江甯縣王家莊租稻叁拾玖石伍斗陸升

一收江甯縣典牧所租稻拾貳石伍斗

一收江甯縣石左所租黃荳陸石

一收江甯縣楊庫村租米稻貳百陸石玖斗伍升較堂斛歉貳石拾貳石柒斗肆升作春季小麥柒石玖斗肆升

一收江甯縣殷巷街租稻伍拾石黃荳拾柒石捌斗伍升

一收江甯縣徐茂村租稻叁拾石黃荳拾柒石

一收上元縣東陽圩租稻叁拾肆石肆石[illegible]斗作春季小麥叁石肆斗貳升

一收上元縣建康圩青山嘴張家潭租稻貳拾[illegible]石陸斗作春季小麥肆斗

一收上元縣高新二莊租稻拾壹石伍斗拾叁石壹斗作春季小麥捌石肆斗

一收上元縣青馬羣租稻拾壹石柒斗

一收上元縣夏村莊租稻貳拾叁石又[illegible]黃荳叁石

一收上元縣教場口租黃荳玖石捌斗伍升五合

一收上元縣常驀圩租稻叁拾叁石伍升貳石肆斗作春季小麥壹石伍斗

一收上元縣金川門寶塔橋租稻拾石

一收上元縣慈仁鄉高家場租稻捌石叁石貳斗作春季元麥叁石貳斗

一收上元縣清涼菴租黃荳拾壹石柒斗肆升

一收六合縣文山集租稻肆拾玖石伍升畯堂斛趟座石玖斗伍升伍石作春季大麥伍石

一收六合縣陳官渡租黃荳拾石捌斗 較堂斛越壹斗
一收六合縣劉家圩租稻拾肆石 較堂斛越叁石
一收當塗縣杜村莊租稻壹百伍石壹斗伍升 肆石貳斗伍升作春季大麥肆石貳斗伍升
一收買鳳池書院租稻拾肆石 較堂斛越叁石
以上共收堂斛租稻壹千貳拾捌石柒斗
小麥壹百拾伍石捌斗叁升伍合 伏天晒折歉斛玖石陸斗捌升伍合
元
黃荳柒拾柒石肆升伍合 伏天晒折歉斛壹石貳斗玖升伍合
大麥貳拾捌石肆斗捌升 伏天晒折歉斛肆斗捌升

開除其賣出麥荳雜粳銀數見前收捐收租置田項下
其舊礱租稻米數見後堂用柴米項下

同治五年分

一支礱碓五年分租稻柒百貳拾陸石貳斗壹升

一支碓熟五年分租拾肆石肆斗捌升

同治六年分

一支賣五六年分租青黃紅荳叁拾肆石陸斗壹升內折斛貳斗陸升實賣叁拾肆石叁斗伍升

一支賣六年分租芭穀肆拾陸石

一支賣六年分租白芝麻壹石

同治七年分

一支賣六年分租大麥壹石貳斗陸升

一支賣六年分租小麥玖拾捌石捌斗肆升陸合內折斛壹升實賣玖拾捌石捌斗叁升陸合

一支賣六年分租元麥拾伍石柒斗伍升

一支賣六年分租豌荳叁斗

一支賣六年分租稻穀肆石壹斗

一支賣六年分租黄荳貳拾叁石 外中斛捌斗 實賣貳拾叁石捌斗

一支賣六年分租菉荳陸石

一支礱推六年分租稻壹千肆百陸拾伍石柒斗玖升

同治八年分

一支賣七年分租黄荳拾陸石 外中斛陸斗 實賣拾陸石陸斗

一支賣七年分租菉荳肆石 外中斛壹升 實賣肆石壹升

一支礱七年分租稻壹千叁百伍拾肆石貳斗

一支礱八年分租稻玖百叁拾玖石貳升

同治九年分

一支賣八年分小麥陸石伍斗

一支賣七八年分租元麥捌石玖斗柒升

一支賣七八年分租小元麥捌拾陸石叁斗伍升統共歉斛肆石壹斗實賣捌拾貳石貳斗伍升

一支賣八年分租黄荳叁拾肆石肆斗外申斛陸斗實賣叁拾伍石

一支糶九年分租稻壹千貳拾捌石柒斗

同治十年分

一支賣九年分租小元麥除去晒折壹百陸石壹斗伍升外申斛七斗實賣壹百陸

石捌斗伍升

一支賣九年分租大麥除去晒折貳拾捌石外申斛壹石貳斗伍升實賣貳拾玖石貳

斗伍升

一支賣九年分租黃荳除去晒折柒拾伍石柒斗伍升外申斛貳石叁斗伍升實賣柒

拾捌石伍斗

實在

無

常用銀錢項下

舊管 無

新收

同治四年春季分

一收善後局湘平銀叁千貳百貳拾伍兩捌錢叁分

一收善後局大錢伍百千文

夏季分

一收善後局湘平銀叁千柒百陸拾陸兩肆錢叁分捌釐

一收善後局九八五錢壹千壹百串文

秋季分

一收善後局湘平銀叁千伍百兩

冬季分

一收善後局湘平銀壹千柒百兩

同治五年春季分

一收善後局湘平銀壹千肆百兩

夏季分

一收善後局湘平銀玖百兩

秋季分

一收善後局湘平銀玖百拾柒兩捌錢伍分

冬季分

一收善後局湘平銀壹千叁百陸兩玖釐

一收善後局湘平銀貳千貳百兩 採買稻穀

一收本堂出售粗細糠九八五錢柒拾壹千貳百肆拾五文 每錢壹千肆百文兌湘平銀壹兩

扣湘平銀伍拾兩捌錢捌分玖釐

同治六年春季分

一收善後局湘平銀壹千叄百伍拾肆兩玖錢陸釐

一收本堂出售粗細糠並小口九八五錢貳拾玖千捌百貳拾柒文每錢壹千肆百陸拾文兌湘平銀壹兩扣湘平銀貳拾兩肆錢叄分

夏季分

一收善後局湘平銀壹千壹百柒拾叄兩壹錢貳分

秋季分

一收善後局湘平銀陸百拾兩叄錢貳分

一收善後局足錢申九八五錢伍百拾叁千叁百肆拾柒文

冬季分

一收善後局湘平銀柒百兩

一收善後局足錢申九八五錢叁百捌千捌文

一收畝捐足錢申九八五錢貳千叁百拾串陸拾貳文

同治七年春季分

一收善後局湘平銀玖百捌拾兩

夏季分

一收善後局湘平銀壹千捌百伍拾柒兩壹錢貳分

一收本堂出售粗細糠九八五錢伍拾玖千玖百柒拾捌文每錢壹千陸百叁拾伍文兌湘平銀壹兩扣湘平銀叁拾陸兩陸錢捌分肆釐

一收畝捐足錢申九八五錢壹千柒百玖拾壹串玖百貳拾五文脩造本堂對面市房樸房倉厫等項

秋季分

一收善後局湘平銀玖百兩

冬季分

一收善後局湘平銀壹千肆百兩

同治八年春季分

一收善後局湘平銀壹千肆百兩

夏季分

一收善後局湘平銀貳千叁百兩

秋季分

一收善後局湘平銀壹千伍百兩

冬季分

一收善後局湘平銀壹千兩

一收本堂出售稻殼粗糠九八五錢陸拾貳千捌百伍拾貳文每錢一千六百零五文兑銀壹兩

扣湘平銀叁拾玖兩壹錢陸分

同治九年春季分

一收善後局湘平銀壹千伍百兩

夏季分

一收善後局湘平銀壹千伍百兩

秋季分

一收善後局湘平銀壹千伍百兩

冬季分閏十月

一收善後局湘平銀貳千兩

一收本堂出售稻殼粗糠九八五錢貳拾肆千陸百拾貳文每錢一千七百十五文兑銀一兩

扣湘平銀拾肆兩叁錢伍分壹厘

同治十年春季分

一收善後局湘平銀壹千伍百兩

夏季分

一收善後局湘平銀壹千伍百兩

以上自四年起至十年六月杪止總共收湘平銀肆萬叁千柒百伍拾叁兩壹錢柒厘九八五錢陸千伍百貳拾叁串叁百肆拾貳文

開除

同治四年春季分

一支脩理崇義堂湘平銀叁百貳拾捌兩肆錢肆分

一支脩理崇義堂九八五錢叁百貳拾捌千捌百陸拾叁文

一支脩理李姓房屋九八五錢壹百柒拾壹千壹百叁拾柒文

一支採買米價合堂斛壹千肆拾捌石陸斗陸升　湘平銀貳千叁百伍拾貳兩叁錢陸分伍厘

一支普育四堂委員委紳書識薪水湘平銀叁百拾伍兩陸錢柒分叁厘

一支普育四堂各項雜用湘平銀壹百柒拾陸兩玖錢叁分陸厘

夏季分　閏五月

一支脩理清節堂湘平銀壹千貳百叁拾肆兩貳錢柒分捌釐

一支脩理清節堂九八五錢陸百千文

一支普育四堂委員委紳書識薪水湘平銀伍百捌拾玖兩陸分捌釐

一支普育四堂各項雜用湘平銀伍百柒拾肆兩捌錢玖分陸釐

一支牛痘局發給花童並委員書識薪水局用各項湘平銀貳百伍拾兩

秋季分

一支普育四堂委員委紳學師書識薪水湘平銀肆百拾玖兩陸錢柒分釐

一支普育四堂各項雜用湘平銀肆百柒拾貳兩捌錢貳分陸厘

一支清節堂委員學師書識薪水孀婦鹽菜各項湘平銀貳百拾貳兩貳錢陸分陸厘

一支牛痘局發給花童並委員書識薪水局用各項湘平銀壹百伍拾兩

冬季分

一支脩造普育堂湘平銀叁千肆百叁拾貳兩肆錢肆分肆厘

一支脩造普育堂九八五錢伍百千文

一支普育四堂委員委紳學師薪水雜差水龍夫等工食湘平銀肆百玖兩

陸錢陸分陸厘

一支普育四堂各項雜用湘平銀肆百叁拾陸兩叁錢壹分捌厘

一支濟節堂委員學師書識薪水孀婦鹽菜各項湘平銀壹百玖拾貳兩壹錢叁分捌厘

一支牛痘局發給花童並委員書識薪水局用各項湘平銀壹百伍拾兩

同治五年春季分

一支普育四堂委員委紳學師薪水雜差水龍夫等工食湘平銀叁百陸拾兩陸錢柒分柒厘

一支普育四堂各項雜用湘平銀伍百玖拾兩貳錢貳分捌釐

一支清節堂委員學師書識薪水孀婦鹽菜各項湘平銀貳百叁拾兩肆錢陸分肆釐

一支牛痘局發給花童並委員書識薪水局用各項湘平銀貳百伍拾兩

夏季分

一支普育四堂委員委紳學師薪水雜差水龍夫等工食湘平銀叁百玖拾壹兩柒錢壹分肆釐

一支普育四堂各項雜用湘平銀叁百柒兩貳錢柒分叁釐

一支清節堂委員學師書識薪水孀婦鹽菜各項湘平銀貳百貳拾叁兩貳分貳厘

一支牛痘局發給花童並委員書識薪水局用各項湘平銀壹百伍拾兩

秋季分

一支普育四堂委員委紳學師薪水雜差水龍夫等工食湘平銀叁百拾叁兩陸錢壹分

一支普育四堂各項雜用湘平銀叁百拾兩叁錢肆分捌厘

一支清節堂委員學師書識薪水孀婦鹽菜各項湘平銀貳百貳拾伍兩陸

錢貳厘

一支牛痘局發給花童並委員書識薪水局用各項湘平銀壹百伍拾兩

冬季分

一支採買稻穀並開礱碓置辦傢具雜用湘平銀貳千叁百陸拾兩捌錢壹

分陸厘

一支普育四堂委員委紳學師薪水雜差水龍夫等工食湘平銀叁百柒兩

柒錢壹分肆厘

一支普育四堂各項雜用湘平銀肆百玖拾肆兩叁錢壹分玖厘

一支清節堂委員學師書識薪水孀婦鹽菜各項湘平銀貳百叁拾貳兩貳錢陸分伍厘

一支牛痘局發給花童並　員書識薪水局用各項湘平銀壹百陸兩伍錢捌分

同治六年春季分

一支礱碓夫工食雜用湘平銀肆拾柒兩柒錢叁分

一支普育四堂委員委紳學師薪水雜差水龍夫等工食湘平銀叁百陸兩陸錢伍分柒厘

一支普育四堂各項雜用並石將軍巷陸徐氏捐房脩費湘平銀捌百捌拾柒兩陸錢柒分陸厘

一支濤餘堂委員學師書識薪水孀婦鹽菜各項湘平銀貳百拾肆兩肆錢壹分

一支牛痘局發給花童並委員書識薪水局用各項湘平銀壹百陸拾兩

夏季分

一支普育四堂委員委紳學師薪水雜差水龍夫等工食湘平銀叁百陸兩肆錢玖分

一支普育四堂各項雜用湘平銀叁百捌拾柒兩伍錢壹分

一支清節堂委員委紳學師書識薪水孀婦鹽菜各項湘平銀貳百拾捌兩
貳錢捌厘

一支牛痘局發給花童並委員書識薪水局用各項湘平銀壹百肆拾兩

秋季分

一支普育四堂委員委紳學師薪水雜差水龍夫等工食湘平銀肆百叁拾
柒兩陸錢

一支普育四堂各項雜用九八五錢壹百肆拾柒千玖百貳拾捌文

一支清節堂委員學師書識薪水湘平銀壹百拾陸兩肆錢

一支清節堂孀婦鹽菜各項九八五錢壹百伍拾肆千柒百壹文

一支牛痘局委員書識薪水各項湘平銀捌拾兩

一支牛痘局發給花童並用九八五錢柒拾貳千文

冬季分

一支採買熟糙米稻並使用各費九八五錢貳千叁百拾壹千玖百陸拾柒文

一支買木料松板湘平銀叁拾伍兩柒錢玖分

一支普育四堂委員委紳學師薪水雜差水龍夫等工食並置買房基湘平銀肆百叁拾玖兩

一支普育四堂各項雜用九八五錢貳百陸拾叁千陸百玖拾捌文

一支清節堂委員學師書識薪水湘平銀壹伯拾柒兩

一支清節堂孀婦[illegible]菜各項九八五錢壹百陸拾肆千肆百肆拾柒文

一支牛痘局發給花童並委員書識薪水局用各項湘平銀壹百貳拾叁兩玖錢陸分叁釐

同治七年春季分

一支普育四堂委員委紳學師薪水雜差水龍夫等工食湘平銀貳百陸拾

捌兩貳錢貳分貳厘

一支普育四堂各項雜用湘平銀貳百肆拾叁兩貳錢陸分

一支普育四堂各項雜用九八五錢拾陸千柒拾陸文

一支清節堂委員學師書識薪水孀婦鹽菜各項湘平銀貳百柒兩柒錢捌

分肆厘

一支牛痘局發給花童並委員書識薪水局用各項湘平銀貳百叁拾陸兩

捌錢肆分捌厘

夏季分 閏四月

一支礱碓夫工食並雜用湘平銀壹百貳拾玖兩捌錢肆分叁厘

一支新造本堂對面市房并倉廒樓房雜用九八五錢壹千柒百玖拾壹串玖百貳拾伍文

一支普育四堂委員委紳學師薪水雜差水龍夫等工食湘平銀叁百玖拾叁兩叁錢伍分捌厘

一支普育四堂各項雜用湘平銀陸百玖兩叁分伍厘

一支清節堂委員學師書識薪水孀婦鹽菜各項湘平銀貳百玖拾捌兩貳

錢陸厘

一支牛痘局發給花董並委員書識薪水局用各項湘平銀叁百叁拾陸兩柒錢伍分柒厘

秋季分

一支普育四堂委員委紳學師薪水雜差水龍夫等工食湘平銀貳百玖拾玖兩柒錢

一支普育四堂各項雜用湘平銀肆百貳拾叁兩捌錢叁分肆厘

一支清節堂委員學師書識薪水孀婦鹽菜各項湘平銀壹百柒拾壹兩伍

錢捌分貳厘

一支牛痘局發給花童並委員書識薪水局用各項湘平銀貳百叁拾肆兩貳錢

冬季分

一支普育四堂委員委紳學師薪水雜差水龍夫等工食湘平銀叁百肆兩叁錢陸分

一支普育四堂各項雜用湘平銀肆百柒拾捌兩叁錢伍分叁厘

一支清節堂委員學師書識薪水孀婦鹽菜各項湘平銀壹百陸拾陸兩伍

錢柒分捌厘

一支牛痘局發給花童並委員書識薪水局用各項湘平銀貳百拾捌兩叁錢貳分

同治八年春季分

一支普育四堂委員學師委紳薪水湘平銀貳百玖拾貳兩壹錢伍分肆厘

一支普育四堂雜差水龍夫工食並各項雜用湘平銀柒伯玖拾貳兩柒厘

一支清節堂委員學師書識薪水孀婦鹽菜各項湘平銀壹百陸拾叁兩壹錢捌分叁厘

一支牛痘局發給花童並委員書識薪水局用各項湘平銀貳百肆兩柒錢肆分肆厘

夏季分

一支普育四堂修理評事街市房磚瓦木料工價湘平銀叁百陸拾貳兩陸錢肆分伍厘

一支普育四堂委員學師書識薪水湘平銀貳百玖拾伍兩玖錢肆分陸厘

一支普育四堂雜差水龍夫工食並各項雜用湘平銀貳百玖拾捌兩柒錢肆分叁厘

一支清節堂委員學師書識薪水孀婦鹽菜各項湘平銀壹百玖拾叁兩伍錢捌分壹厘

一支新建育嬰堂委員書識薪水雜差工食乳婦鹽菜並各項雜用湘平銀陸百伍拾兩叁錢陸分柒厘

一支牛痘局發給花童並委員書識薪水各項湘平銀壹百叁拾伍兩貳錢柒分叁厘

秋季分

一支普育四堂委員司事教讀薪水並雜差水龍夫工食湘平銀肆百貳拾

捌兩

一支普育堂各項雜用湘平銀壹百伍拾肆兩壹錢柒釐

一支脩整雙塘住房工料價値湘平銀柒拾叁兩伍錢玖分

一支淸節堂委員書識教讀薪水差役工食孀婦口糧菜各項湘平銀貳百陸兩壹錢捌分壹釐

一支新建育嬰堂委員書識薪水差役工食乳婦工菜錢文並各項雜用湘平銀貳百貳拾玖兩肆錢捌分叁釐

一支牛痘局委員書識薪水差役工食並發給花童各項雜用湘平銀壹百

貳拾捌兩柒錢柒分

冬季分

一支普育四堂委員司事教讀薪水差役水龍夫工食湘平銀肆百叁拾叁兩貳錢

一支普育堂各項雜用湘平銀叁百伍拾兩叁錢玖分壹厘

一支淸節堂委紳書識教讀薪水差役工食孀婦臨粟各項湘平銀貳百拾捌兩貳錢陸分貳厘

一支新建育嬰堂委員書識薪水差役工食乳婦工柒錢文各項雜用湘平

銀叁百伍拾叁兩捌錢陸分柒厘

一支牛痘局委員書識薪水差役工食並發給花童各項雜用湘平銀壹百貳拾捌兩陸分

同治九年春季分

一支普育四堂委員司事教讀薪水差役水龍夫工食湘平銀肆百貳拾陸兩

一支普育堂各項雜用湘平銀貳百玖拾玖兩玖錢肆分玖厘

一支清節堂委紳司事教讀薪水差役工食孀婦鹽菜各項湘平銀壹百玖

拾陸兩貳錢捌分伍厘

一支新建育嬰堂委員司事薪水差役工食乳婦工菜錢文並各項雜用湘平銀貳百伍拾陸兩叁錢玖厘

一支牛痘局委員司事薪水差役工食並發給花童各項雜用湘平銀壹百肆拾捌兩陸分伍厘

夏季分

一支普育四堂委員司事教讀薪水差役水龍夫工食湘平銀肆百伍拾肆兩

一支普育堂各項雜用湘平銀貳百拾壹兩玖錢捌分玖厘肆毫

一支清節堂委紳司事教讀薪水差役工食孀婦鹽菜各項湘平銀壹百玖拾玖兩壹錢柒分貳厘

一支新建育嬰堂委員司事薪水差役工食乳婦工菜錢文湘平銀貳百陸拾叁兩捌錢叁分伍厘陸毫

一支牛痘局委員司事薪水差役工食並發給花童各項雜用湘平銀壹百肆拾柒兩肆錢捌分陸厘

秋季分

一支普育四堂委員司事教讀薪水差役水龍夫工食湘平銀肆百伍拾陸兩

一支普育堂各項雜用湘平銀壹百伍拾玖兩壹錢肆分叁厘陸毫

一支清節堂委紳司事教讀薪水差役工食孀婦賙䘏各項湘平銀壹百玖拾陸兩柒錢捌分捌厘

一支新建育嬰堂委員司事薪水差役工食乳婦工桊錢文等項湘平銀貳百叁拾柒兩肆分肆厘陸毫

一支牛痘局委員司事薪水差役工食並發給花童各項雜用湘平銀壹百

叁拾陸兩貳錢壹分貳厘

冬季分　閏十月

一支普育四堂委員司事教讀薪水差役水龍夫工食湘平銀伍百玖拾壹兩

一支普育堂各項雜用湘平銀伍百拾柒兩伍錢肆分叁毫

一支清節堂委紳司事教讀薪水差役工食孀婦鹽菜各項湘平銀貳百陸拾叁兩壹錢捌分陸厘

一支新建育嬰堂委員司事薪水差役工食乳婦工菜錢文等項湘平銀伍

百伍拾貳兩陸錢壹分伍厘

一支牛痘局委員司事薪水差役工食並發給花童各項雜用湘平銀壹百柒拾陸兩伍錢陸厘

一支月用餘欵併入房租置產項下湘平銀壹千叁拾壹兩壹錢叁分壹厘捌毫

同治十年春季分

一支普育四堂委員司事教讀薪水差役水龍夫工食湘平銀肆百伍拾柒兩伍錢

一支普育堂各項雜用湘平銀叁百貳拾玖兩肆錢玖分貳厘
一支清節堂委員司事教讀薪水差役工食孀婦鹽菜各項湘平銀壹百捌拾柒兩貳錢伍分壹厘
一支新建育嬰堂委員司事薪水差役工食乳婦工菜等項湘平銀貳百捌拾肆兩陸錢捌分貳厘
一支牛痘局委員司事薪水差役工食並發給花童各項雜用湘平銀壹百柒拾貳兩貳錢
夏季分

一支普育四堂委員司事教讀薪水差役水龍夫工食湘平銀肆百伍拾柒
兩伍錢

一支普育堂各項雜用湘平銀叁百叁拾叁兩伍錢伍分叁厘

一支清節堂委員司事教讀薪水差役工食孀婦鹽菜各項湘平銀壹百玖
拾捌兩玖錢柒分肆厘

一支新建育嬰堂委員司事薪水差役工食乳婦工菜錢文等項湘平銀貳
百捌拾兩貳錢柒分貳厘

一支牛痘局委員司事薪水差役工食並發給花童各項雜用湘平銀壹百

柒拾貳兩肆錢柒分叁厘

以上自四年起至十年六月杪止總其支用湘平銀肆萬叁千陸百

貳拾柒兩肆厘九八五錢陸千伍百貳拾叁串叁百肆拾貳文

實在

一現存湘平銀壹百貳拾陸兩壹錢叁釐

一現存九八錢無

堂用米薪項下

舊管無

新收

同治四年春季分

一收米叁拾陸石捌斗善後局原發來玖拾貳包每包肆斗

一收米壹千肆拾捌石陸斗陸升三次採辦

一收柴拾萬伍千捌百觔大黃洲課柴

夏季分

一收米肆百叁拾伍石藩憲原發來壹千包每包肆斗叁升伍合

一收柴拾陸萬肆千貳百拾觔大黃洲課柴

秋季分

一收柴拾萬玖千捌百玖拾伍觔本堂採買

一收木片柴壹萬捌千觔工程局移交

冬季分

一收米貳千石宮保爵督憲李　飭發

一收柴貳拾陸萬捌千捌百捌觔大黃洲課柴

同治五年春季分

一收柴捌拾貳萬陸千貳百柒觔 大黃洲課柴

夏季分

一收米肆百石 宮保爵督憲李 飭發

一收柴玖萬肆千柒百貳拾觔 大黃洲課柴

冬季分

一收米壹百壹石伍斗貳升 穀米局原發來淮觧壹百捌石

一收米叁百捌拾石貳斗叁升 五年租稻礱碓成熟

一收柴貳拾肆萬伍千貳百觔 内大黄洲課柴貳拾叁萬貳千貳百觔 秀才洲課柴壹萬叁千觔

同治六年春季分

一收米壹千貳百陸拾肆石陸斗伍升 買稻礱碓成熟

收柴伍拾萬貳千玖百觔 内大黄洲課柴肆拾玖萬陸千九百觔 秀才洲課柴陸千觔

夏季分

一收柴拾玖萬捌千玖百觔 大黄洲課柴

冬季分

一收熟米叁百玖拾貳石 採辦

一收糙米柒百柒拾石採辦

一收柴壹萬叁千貳百觔秀才洲課柴

同治七年夏季分

一收米陸百肆拾伍石伍斗肆升六年租稻礱碓成熟

一收柴肆拾玖萬肆千壹百觔內大黃洲課柴肆拾捌萬陸千叁百觔秀才洲課柴柒千捌百觔

秋季分

一收熟米壹百叁拾玖石穀米局發

一收糙米壹千玖拾叁石穀米局發

冬季分

一收柴肆萬貳千觔 印子洲課柴

同治八年春季分

一收糙米伍百捌拾肆石壹斗柒升 穀米局原斛發來

一收柴壹百貳拾肆萬叁千陸百觔 內大黃洲課柴壹百貳拾叁萬壹千觔 秀才洲課柴壹萬貳千陸百觔

冬季分

一收糙米壹千捌拾貳石伍斗

一收柴貳萬捌[illegible]

一收歷年採買邵伯和州長合米伍百陸拾玖石捌升捌合伍勺

同治九年春季分

一收柴貳拾貳萬壹千肆百觔內大黃洲課柴貳拾壹萬觔秀才洲課柴壹萬壹千肆百觔

秋季分

一收米貳百石糓米局原斛發來

冬季分

一收米陸百貳拾石糓米局原斛發來

一收米肆百玖拾陸石貳斗伍升九年租稻礱出

一收長合米壹百捌拾肆石貳斗玖升柒合

一收柴拾伍萬柒千貳百觔內大黃洲課柴拾壹萬捌千貳百觔
印子洲課柴叁萬玖千觔

同治十年春季分

一收柴貳拾壹萬陸千肆百觔大黃洲課柴

夏季分

一收米陸百捌拾石穀米局原斛發來

一收柴叁拾伍萬伍千伍百觔內大黃洲課柴叁拾肆萬捌千柒百觔
秀才洲課柴陸千捌百觔

以上自四年起至十年六月杪止共收米壹萬叁千壹百貳拾貳石柒斗伍合伍勺
柴伍百叁拾萬陸千叁百觔

開除

同治四年春季分

一發米貳百捌拾玖石玖斗肆升

一發柴柒萬柒千壹百陸拾陸觔

夏季分 閏五月

一發米陸百叁拾柒石柒斗肆升

一發柴拾柒萬肆千壹百貳拾觔

秋季分

一發米伍百陸拾陸石壹斗柒升捌合 連清節堂在內以下并同

一發柴拾肆萬壹千柒百捌拾壹觔 內有水片柴壹萬捌千觔

冬季分

一發米伍百捌拾壹石叁斗肆升伍合

一發柴拾捌萬陸千貳百柒拾捌觔

同治五年春季分

一發米伍百柒拾捌石叁升伍合

一發柴拾捌萬捌千壹百玖拾觔

夏季分

一發米肆百伍拾玖石伍斗叁合

一發柴拾陸萬捌千壹百貳觔

秋季分

一發米肆百伍拾石叁斗玖升伍合

一發柴拾伍萬柒千捌百陸拾觔

一售出柴叁拾貳萬捌千捌拾壹觔

冬季分

一發米肆百玖拾貳石柒斗玖升

一發柴貳拾萬玖千柒百柒拾伍觔

同治六年春季分

一發米肆百柒拾伍石捌斗柒升伍合

一發柴拾伍萬壹千貳百陸拾觔

夏季分

一發米肆百陸拾貳石壹斗玖升伍合

一發柴拾肆萬玖千肆百玖拾伍觔

秋季分

一發米肆百伍拾肆石叁斗壹升貳合

一發柴拾肆萬柒千柒百肆拾叁觔

冬季分

一發米肆百伍拾肆石壹斗捌升

一發柴貳拾萬陸千貳拾伍觔

一售出柴壹萬肆千玖百柒拾陸觔

同治七年春季分

一發米肆百伍拾石伍升玖合

一發柴拾肆萬捌千捌百捌拾陸觔

夏季分　閏四月

一發米伍百玖拾伍石陸斗捌升捌合

一折耗糙米伍拾肆石陸斗叁升

發柴拾玖萬肆千捌拾貳觔

秋季分

一發米肆百肆拾捌石柒斗伍升肆合

一發柴拾肆萬伍千捌拾陸觔

冬季分

一發米肆百伍拾壹石柒斗伍升柒合

一發柴拾玖萬捌千玖百肆拾觔

同治八年春季分

一發米肆百叁拾捌石陸斗柒升

一發柴拾肆萬伍千玖百捌拾觔

夏季分

一發米肆百叁拾壹石玖升捌合連新設育嬰堂在內以下并仝

一發柴拾肆萬肆千壹百玖拾玖觔

秋季分

一發米肆百叁拾捌石貳斗叁升陸合

一發柴拾肆萬柒千伍拾陸觔

冬季分

一發米肆百陸拾伍石伍斗柒升

一發柴貳拾萬叁千肆百柒拾玖觔半

同治九年春季分

一發米肆百捌拾叁石貳斗玖升壹合伍勺

一發柴拾柒萬陸千柒百陸拾陸觔

夏季分

一發米肆百柒拾石伍斗捌升叁合伍勺

一發柴拾柒萬壹千陸百玖拾貳觔

秋季分

一發米肆百柒拾貳石叁斗陸升叁合

一發柴拾柒萬貳千捌百拾肆觔

冬季分 閏十月

一發米陸百肆拾伍石肆斗伍升肆合伍勺

一發柴貳拾捌萬柒千柒百叁拾肆觔

一積年折糯貳拾陸萬柒千拾玖觔

同治十年春季分

一發米伍百壹石柒斗捌升伍勺

一發柴拾捌萬叁千貳百陸拾肆觔

夏季分

一發米伍百貳拾石玖斗捌升柒合伍勺

一發柴拾捌萬柒千肆百貳拾捌觔

以上自四年起至十年六月杪止共發米壹萬貳千柒百柒拾壹石壹斗壹升叁合分
柴伍百柒萬伍千貳百柒拾柒觔半

實在

一現存米叁百伍拾壹石伍斗玖升伍合

一現存柴貳拾叁萬壹千貳拾貳觔半

江甯府重建普育堂志卷第七

升授蘇松太道江甯府知府六安涂宗瀛述

職名

兩漢掾史俱由徵辟故人才最盛蓋古鄉舉里選之遺也然孔子固云鄉人好惡未可爲據此魏晉九品所以未爲得人與夫府主有知人之哲而後舉措當舉措當而後庶務脩未有源不清而流能不濁者也郡邑公事多以其鄉豪主之然富者畏累而貧者以爲利黠者把持而自好者皆絜身遠引以去近世之通弊也普育堂舊有董事擇殷實之戶充其選既皆謀去其籍乃以府經歷檢校理之半年而代遂不用

士人余承之兹郡始破資格簡任悃誠忠謇之士而諸君亦不余負爰仿題名記之例臚列其姓名里貫如左

正辦　月支薪水銀二十兩

廖　綸　四川巴州人江蘇候補知縣保甲總局委員兼辦堂務規模章程均其手定旋以委辦府學工程未領堂內薪水

甘紹盤　安徽桐城人江蘇候補知縣四年二月初一日任事五年三月底以委辦高淳縣招墾事去

傅　堃　四川江安人候選從九品四年二月初一日任事六年九月底請假回籍去

劉　桓　四川大足人江蘇候補縣丞四年二月初一日任事五年三月底以委辦溧水縣招墾事去

傅　誠　四川江安人鹽提舉銜候選通判六年十月初一日接傅堃手任事九年十二月底奉調赴陝去

吳廷榜安徽霍山人江蘇候補州判五年四月初一日接劉
桓手任事七月初八日以委辦盱眙縣放賑事去
陳鴻潤安徽石埭人江蘇候補縣丞五年四月初一日
接甘紹盤手任事八年七月十五日以赴滬去
錢敦泗浙江山陰人江蘇候補從九品八
年八月初一日接陳鴻潤手任事
張性淵安徽和州人知州銜江蘇候補布理問十
年正月初一日接傳誠手總理各堂事務

副辦　月支薪水銀十二兩

高福堂安徽阜陽人藍翎都司銜兩江督標補用守備四年
正月二十四日任事分住崇義堂之現改老婦堂
崔國煊安徽太平人江蘇候補縣丞四年正月二十四
日任事五年三月十一日以代理句容縣丞去
闞違焜浙江人署江甯縣典史四年正月二十四
日任事五月十一日以委辦保甲局去

路耀采 安徽懷甯人江蘇候補從九品四年正月二十四日任事十月十二日以委署百莊司巡檢去

朱一標 安徽涇縣人軍功六品四年七月初一日任事住清節堂七年六月底以病去

監福恩 安徽六安人興武衛三等千總四年五月十一日接關遠焜手任事七年七月底以委查屯田事去

吳敏樹 安徽桐城人五品銜候選從九品四年五月十三日到堂診病九年二月底以請假回籍去

裴大中 安徽霍邱人江蘇候補府經歷四年十月初一日接路耀采手任事七年五月以委辦高淳縣儒學工程去

向師梁 湖南溆浦人浙江候補從九品五年三月二十一日接崔國煊手任事五月底請假回籍去

孫廷騵 安徽歙縣人江蘇候補巡檢七年六月初一日接裴大中手任事八年三月初一日以署糧道庫大使去

第五杰 甘肅皋蘭人監生江蘇候補縣丞七年八月十三日接監福恩手任事九年九月底以奉調赴瓜差委去

萬　選　江西南昌人監生銜五品遇缺即選從九品八年四月十七日接孫廷驤手任事八年十一月十六日以請假去

查祥考　安徽涇縣人同知直隸州用江蘇候補知縣四年三月初七日委辦牛痘局事薪水由　善後局發審項下請領八月二十七日以署溧水縣去

查南崧　安徽涇縣人五品銜候選從九品四年四月二十九日委辦牛痘局事月支薪水銀十二兩五年七月加夫二名每名每月工食銀三兩十年二月加薪水銀十二兩

黃興讓　安徽桐城人候選從九品八年四月初十日委辦育嬰堂事月支薪水銀二十四兩八月底以病去

祝衍綸　河南固始人江蘇候補道庫大使八年十一月十九日接萬選手任事九年二月底以署事去

趙爾巘　河南商水人江蘇候補縣丞九年四月初六日接祝衍綸手任事

沈念椿　浙江嘉興人江蘇候補典史九年閏十月十六月接第五杰手任事十二月底以署事去

程瀛　安徽全椒人候選主簿十年正月初一日接沈金椿手任事

呂煦　安徽滁州人知州銜知縣用江蘇候補直隸州州判八年九月初一日接黃輿議手任育嬰堂事九年八月底以病去

潘泰寬　安徽當塗人五品銜江蘇候補府經歷九年九月初一日接呂煦手任育嬰堂事

委紳

陳開周　江甯府學廩生辦理救生局事襄辦堂務未領堂內薪水

謝學元　江甯府學廩生辦理救生局事襄辦公務未領堂內薪水

陳伯銘　江蘇江甯人藍翎五品銜候選從九品四年五月初一日幫辦清查堂產月支薪水錢十二千文八年四月十八日接朱一標手任清節堂事月支薪水銀拾貳兩

江甯府重建普育堂志卷第八

升授蘇松太道江甯府知府涂宗瀛述

碑記

新建普育堂碑 雍正十一年總督趙宏恩撰

周禮大司徒之職以保息六養萬民其三曰振窮謂拼救天民之窮者也遺人之職曰門關之委積以養老孤凡鰥寡孤獨廢疾者收䘏之俾無失所繇來舊矣國家重熙累洽規爲制度較三代而大備 京師有普濟堂育嬰堂栖息老疾養少存孤靡不具舉我

世宗憲皇帝擴覆載生成之量軫念民瘼更欲薄海內外窮黎均沾

惠澤雍正二年五月特沛

恩綸令直省於通都大邑皆照 京師例仿而行之甚盛典也江甯舊無普濟堂

三山門外育嬰堂傾圮廢弛歷有年所余於十一年冬建節兩江抵任之初即欽

遵

諭旨檄行各屬念省會人戶浩穰其民之惸獨無依老幼失所較他省爲多涖茲

土者冀於奉宣

德化推廣

是仁將何以安全而長養之也既而藩司李蘭力任其事與道府等會議度地於聚寶門外之佟園爲堂者一各三楹爲屋大小合計一百八十有四周以垣墻有黝堊無丹漆鳩工庀材閱數月而告成功既以多置田畝倡捐捧金自僚屬下有差而鄉里聞風慕義復樂爲勸助共襄衣食醫藥之費因斟酌區畫詳立規則擇紳士之老成者董其事委郡守邑令總其成於是會城内外矜寡孤獨老幼廢疾之民窮於天者不窮於人窮於人者不窮於盛主之世或庶於周禮振窮之政有當乎雖然剏始之難也有其繼之者乃能垂之永久無廢墜焉恭逢

聖主敷政維新湛恩汪濊欲使無一夫不被其澤無一物不得其所愿司事者身
體力行庶幾仰贊
高深於萬一也後之君子尚其勗之哉其費之所出與新舊所置田地佃房洲場
之數悉勒於後
兵部尚書兼都察院右都御史總督江南江西等處地方軍務兼理糧餉操江礼
江南江甯安徽甯池太廬鳳潁六泗滁和廣等處承宣布政使司布政使晏斯盛
宏恩
江南江甯安徽甯池太廬鳳潁六泗滁和廣淮揚徐海通等處督糧道行政使司

參議王　恕

整飭江南通省驛傳鹽法兼巡江甯道按察使司副使　孔傳煥

江南江甯府知府　張學年

江防同知　王霆

督糧同知　許炳元

理事同知　巴都善

乾隆元年十一月　日立

捐置冬衣銀碑

江南總督　趙宏恩每年捐置兩季衣服銀壹百兩

前任布政使司　李　蘭兩年捐銀壹百陸拾兩

升任江安督糧道　王　恕兩年捐銀壹百貳拾兩

前任江南驛鹽道　包　括捐銀陸拾兩

分巡蘇松道　崔　琳捐銀叁拾兩

調任江甯府知府　胡朝瑞捐銀肆拾兩

江防同知　王　霆捐銀拾陸兩

督糧同知　張雩年捐銀拾陸兩

理事同知巴都善捐銀捌兩

南捕通判戴朝冠捐銀陸兩

前南捕通判李從坦捐銀陸兩

北捕通判劉菇喬兩年捐銀拾貳兩

上元縣知縣姚日升捐銀拾陸兩

前署江甯縣知縣唐如柏捐銀拾陸兩

原任翰林院侍讀馬豫捐銀壹百陸拾叁兩

原任翰林院編修車鼎晋捐銀壹百兩

原任翰林院編修 熊 本捐銀壹百兩

原任江西臨江府知府 吳恩景（弟）恩正（姪）國艮共捐銀壹百兩

候選同知（州同） 汪 正（增泰）捐銀伍百兩

候選州同 吳永錫捐銀伍百兩

候選知州 談仕龍等捐銀伍百兩

原任河南丞城縣知縣 顧 斌捐銀伍百兩

貢監生員 胡志豐胡慧秉胡哲商捐銀壹百兩

貢 生 陸 芩捐銀壹百兩

兩淮鹽商　黄仁德每年捐銀貳百兩

汪廣達　汪恒豐　徐向先　汪仁裕　汪日初　張德樹

汪體德　汪啟源　吳啟昌　朱榮會　劉晋元　羅德裕

吳世昌　汪助田　馬德裕

以上共捐銀壹仟陸百兩

普育堂田產碑

一新建普育二堂房屋一百十四間坐落江甯縣聚寶門外佟園地方内收夏璋

官房一百一十間價銀五百二十三兩八錢計買折蓋共用工料銀一千一百十

九兩二錢九分零外塘三畝蓄産收租銀三兩

一舊育嬰堂房七十六間内倒壞十三間現存房六十三間坐落江甯縣三山門外招租　又佃房一百十八間倒壞二十四間現存房九十四間園地一方約六畝坐落上元縣虹橋地方二處每年約收租銀二百五十餘兩虹橋園地每年租銀四百兩

一舊育嬰堂田一百五十六畝共九十坵地二十七畝共三十坵坐落上元縣高庄地方每年麥租三十二石四斗八升稻租一百十二石六斗九升又房二進九間　又唐氏施田十八畝四分共十二坵地三畝八分共四坵坐落上元縣新村

地方每年麥租四石六斗稻租十八石九斗七升以上三處每年交地丁銀拾陸兩四錢糧米八石九斗南豆一斗七升五合　又慈幼莊九百六十八畝四分一釐零共四百二十坵坐落來安縣李家壩地方每年包租麥五十石稻三百石計稻種七十石八斗五升大麥種二十一石二斗九升小麥種七石八升上莊莊房二十五間下莊莊房三十二間應完錢糧銀六兩係包佃戶完納　又田三百三十六畝有零共一百三十坵地四畝五分六釐零共七坵坐落六合縣三岔河地方計稻種三十石大麥種九石小麥種三石每年麥稻可收百餘石草莊房二十間每年應完錢糧銀五兩九錢四分三釐　又太常寺田地七十五畝一分四釐

江甯府重建普育堂志　卷六

坐落上元縣天壇地方佃戶每畝夏季包租銀二錢秋租銀三錢內有地十一畝
七分八釐現在清查莊房四間每年田地收租銀三十二兩應完錢糧銀十二兩
三錢一分
一奉　總督部堂趙　飭發紋銀三千四百八十二兩零爲修葺房屋工費並置
新田一百五十五畝七分地十畝五毫坐落江甯縣江甯鎮水橋安德三圖夏季
包麥租二十九石六斗[illegible]合秋季包稻租一百九十三石一斗零瓦倉房三間一披
瓦莊房六間草房二十間三披地丁銀每年應完八兩九分九釐四毫六忽閏年
加銀四錢四分九釐九毫七忽漕米六石九斗七升四合又田二百六畝五分二

釐坐落鳳西二圖每年夏季麥租二十七石九斗九升零秋包稻租二百六十八石八升零又小租麥十四石四斗零小租稻二十五石一斗三升零每年應完錢糧銀十四兩四錢八釐六毫八忽閏年加銀五錢七分八釐二毫五絲六忽漕米八石九斗六升二合九勺七抄　又上元縣候選經歷洪仁捐田一百七十七畝二分六釐零共九十二坵地二畝三分四釐零坐落六合縣橋頭集地方夏季收大小麥莞荳共二十一石秋季收稻九十四石八斗草房十一間瓦房一間每年應完錢糧銀一兩一錢五分一毫米八石三斗六升三合八勺　又江浦縣蔣秦氏捐田一百五坵荒田五塊私塘三面官塘六面大埧五畝五分計稻種十一石

八斗五升麥種五石四斗每年約分大小麥二十餘石稻一百三十石瓦莊房十
四間半草房一間每年應完錢糧銀一兩八錢九分五釐米三石七斗四升五合
又捐蔣和之等名下贖田價銀七十三兩三錢五分
一奉　總督部堂　撥入當塗縣普育一堂官洲九千五百三十三畝八分七釐
五毫歲約收柴六十萬斤每年蘆課銀二十九兩八錢七分九釐四毫二絲二忽
一原任池州府江防廳升任金華府蘇領銀一千兩歲收租銀一百二十兩

趙公德政碑

聖人在上則下無窮民六府三事以爲治世之經而司烜之設凌人之官醫師之

職又皆所以導迎善氣消弭災沴其有天民之窮者則與以常餼而發政施仁慎必先之書曰不虐無告不廢困窮又曰懷保小民惠鮮鰥寡聖人在上而下無窮民以仁心而行仁政也我

皇上以聖繼聖重熙累洽致政之隆度越往古雍正二年制詔天下咸取則京師建普濟育嬰二堂天高地厚之德春生夏長之仁薄海蒼生其孰不優游於至化哉夫朝廷之澤必有爲之承流宣化者而後達於天下晚近以來非無愛民之政而奉行未善惠澤鮮究流弊滋多則雖置福田之院建安濟之坊而欲民之無失其所葢亦難矣詩曰四國有王郇伯勞之言聖明之代必有賛治之賢大臣也癸

丑冬　制憲趙公奉

簡命涖兩江利興弊除雲開月霽旬日之間不煩文告而吏肅民安於數千里之外公誠以存心明以鑑物敏以應事惠以濟人卓然有古大臣之風而夙夜匪懈尤以勤宣

皇上德意爲兢兢下車之始咨詢民瘼念普濟育嬰二堂痌瘝久切於

宸衷而金陵地屬省會迄今未舉有懷惻然乃度地誅茆得佟氏之故園於聚寶門外公自捐俸三千七百金購民田四百餘畝置瓦屋數百間不日而二堂落成復歲捐百金以爲常藩道各憲以下俱歲捐有差勒於碑陰而屬其事於紳士考

其成於有司於是油幢皂蓋而絡繹者稱僚[illegible][illegible][illegible][illegible]運行[illegible]聞鍾而百堵皆作也

衆匠之勸功也輦載襁負而闐溢者老幼之[illegible][illegible][illegible][illegible]一堂之[illegible]朝烟雲[illegible][illegible][illegible][illegible]

所司各盡其職者執事之無隕越也衣食有節而乳哺咸宜[illegible]老幼各得其所也

秋禾棲於隴首而倉箱彌望者一堂之田也藥餌則采製有[illegible]棺槨則緩急有備

者養生喪死可以無憾也規模宏遠而章程畫一由此[illegible]獨少于野之劬勞孩提

無載路之呱泣含哺鼓腹沐浴於

聖朝之仁心仁政者即誦公之明德於不衰而公方鰓鰓然有無窮之慮焉蓋天

下之事其創始也固難而持久則尤難今一堂舉矣非有聞風慕義樂善不倦者

以引伸於無已則興於前者不能無墜於後則惻隱慈愛之心油然於勸感之餘交相勉勵以踵事增美我矜人荷生成而躋仁壽永永平與天無極而公之一心一德所以勤宣我

皇上之德意者必如是而後爲至也猗與盛哉夫子惠困窮以萬物爲一體者

聖主大臣之德也歌詠太平紀功德以垂永久者鄉人之志也於是乎書

雍正十有二年歲次甲寅桂秋月　日闔郡紳士

車鼎晋　吳恩景　汪正　朱宏策　顧斌　熊本　馬豫

吳永錫　胡慧秉　談仕龍　沈其位　胡哲商　陸岑　公立

禁紳衿與堂事碑

乾隆五十一年十一月二十六日奉

太子太保兵部尚書兼都察院左都御史世襲一等輕車都尉兩江總督部堂孫

示開普濟育嬰堂額給銀兩爲

聖朝養老慈幼之盛典本部堂歷任各省俱屬官爲經理從不派紳衿富戶董事管理其事致滋擾累乃聞江省所屬州縣將普育二堂派出司事名曰紳衿每年一換擇殷輪點堂中食用令司事墊年年朘削貽累無窮是使

朝廷德意轉成地方厲階實屬大干

功令除通行各屬將普育堂事務一切官爲經理外合卽示仰各屬紳士耆民人等知悉嗣後如再行派充許據實確告以憑究辦等因復於十二月初十日奉府正堂李　面諭普育堂事務概屬歸官經理旋公同具呈稟明　宮保部堂孫

爲泥首謝恩叩示勒石以垂永遠事切江甯普育四堂原爲善政第派董事等經理不無支絀之虞恭逢大人仁心爲質明鏡高懸憲示昭彰無微不燭復奉府憲傳諭概屬歸官經理董事等謹領德音益深感激恩同覆載夫復何言第慮日久年湮更張善政董事等無從遵守有負鴻慈爲此冒叩大憲大人批示勒石永遠遵行以垂不朽所有感激微忱恭叩謝恩頂祝無窮公侯萬代上稟等情奉批勒

政滋累雖通行三省革除自乾隆五十六年爲始俱令官爲經理據請勒石以垂
永遠事屬可行仰即轉飭知照仍取碑摹申送備案等因奉此復於五十六年三
月初二日接奉本府正堂李　札行開奉江甯布政使司陳　轉奉
宫保部堂孫　批詳董事等經管堂田所有五十一二三四等年照額欠交麥租稻
息該董事等既免入堂辦公應一體豁免賠交合飭遵行等因奉此遵將恩免選
充董事各緣由敬謹勒石永遠遵行以垂不朽須至碑者
乾隆五十六年四月初十日原充普育四堂董事
朱之銓　彭立德　潘掄元　李廷芳　胡兆墨　徐之桂　崔自隆

芮玉棟　胡　定　李師韓　方作梅　陶敬修　于　錦　陳嘉穎

王崑峯　李　英　淩德森　楊　琰　高國綬　鄭　惠　同立

重建城中普育堂碑 同治四年立

江甯府南城外故有普育堂四曰老民曰老婦曰育嬰曰殘廢粤匪之亂堂燬無存同治三年湘鄉相國使其弟沅圃中丞既攻克金陵自安慶移節江甯制府率方伯萬公觀察李公龎公大敷善後之政招集流亡百廢俱興助牛種勸農修書院造士行保甲法以詰姦安良郵官裔士族以維廉恥禮義又令江甯太守六安涂君朗軒重建斯堂以收養無告之民鳩工庀材計食指給室廬米薪內外整肅

條理燦然使巴州廖君綸桐城甘君紹盤仙源崔君國煊潁川高君福堂大足劉
君桓江安傅君堃懷甯路君耀采六安藍君福恩桐城吳君敏樹江甯陳君開周
謝君學元陳君伯銘分任其事罔不竭忱殫力宣布
朝廷德意以佐相國愛民之心由是孑遺之黎生氣盎然太守囑宗誠記始末且
曰此本發政施仁必先四者之意願子之發其義也予惟鰥寡孤獨古所謂無告
之民而遭亂離之後則所謂無告者固不止於此矣推仁人利民愛物之心必大
生廣生無所不周而後有以滿其量然而發政施仁則不能無緩急輕重先後多
寡之序以爲之節所謂義也義以制仁而實所以全仁昔孔子謂博施濟衆堯舜

其猶病者夫堯舜之病人知其仁之至也而不知其爲義之盡也惟其義盡是以仁至使不論本末大小以權其緩急輕重先後多寡之數而概欲博以濟之則必有宜施而不能施當濟而不獲濟者矣天地有春生不能無秋肅聖王欲休養生息不能無禮樂政刑秋肅者所以凝固其春生之氣而禮樂政刑所以維持休養生息之心於不息也然天地必以春生爲本王政必以休養生息爲先分雖有限而心實無窮是又爲人上者所宜加之意也夫太守奉相國命既善養窮民又率廖君修復清節堂義學以區別其間不惟養之而又有以教之以維風化其法良其意美也昔者光武中興漢統既平大難一以吏治民事爲心明章之世循吏著

史册者甚衆而漢祚因是得以久長然則扶國家以贊化育者其在斯與其在斯

與

同治四年夏五月桐城方宗誠撰并書

新建育嬰堂記

仁之量有加乎曰無加仁之心有窮乎曰無窮然則既有普育堂育嬰矣今茲復

建育嬰堂於其道北非有窮而加之乎曰是正所謂無加無窮也同治四年湘鄉

曾爵相閔難民子女之幼者無依也十二齡以下有母無母者咸鞠之於堂大率

因母者十七八易曰物穉不可不養也仁也其後三年濟陰馬制憲命遵會典育

嬰之制而立斯堂嚴規度遴乳媪厚稟糈設醫藥課嬰肥瘠而誅賞之書曰抱保攜持厥婦子仁也昔也水火兩離瘡痏滿目故於上所長者育之漢賈彪魏鄭渾之重立其制懼其失父子之恩然未覩產子之被棄者非仁之有窮而待加也今則閭閻雖復小民之失業者衆於是有不舉子者故乳哺於斯堂遴王於將免者予之毋與饑漢之鄭產晉之王濬皆爲產子者謀休復所以體好生之德非以仁之有窮而加之也天地能生物而不能必物之咸遂其生天地之仁幾窮父母能愛子而不能必所愛者之咸爲所愛父母之仁亦窮於斯有補天地廣生之量益爲民父母愷悌之心休養生息與無終極此則因其有窮而加之者已是一役也

余皆覩其事故爲記之

同治八年仲秋月六安涂宗瀛謹撰